ELMAR F. BAUER

Die völkerrechtswidrige Entführung

Schriften zum Völkerrecht

Band 7

Die völkerrechtswidrige Entführung

Von

Dr. Elmar F. Bauer

DUNCKER & HUMBLOT / BERLIN

Gedruckt 1968 bei Buchdruckerei Bruno Luck, Berlin 65
Printed in Germany

Meinen Eltern

Vorwort

Die vorliegende Arbeit entstand als Dissertation unter der Obhut von Herrn *Professor Dr. Seidl-Hohenveldern*. Meinem verehrten Lehrer bin ich für die Anregung des aktuellen Themas sehr zu Dank verpflichtet. Die Anfertigung der Arbeit fällt in den Zeitraum, in dem Herr *Professor Dr. Seidl-Hohenveldern* die beiden Bände seines Völkerrechtslehrbuches fertigstellte; für das große Interesse und die Hilfe, die ich trotzdem stets fand, möchte ich mich besonders bedanken.

Die Arbeit wurde im Juli 1966 abgeschlossen. Nicht mehr berücksichtigt werden konnten die Monographie von *Queneudec, J.-P.:* La responsabilité internationale de l'Etat pour les fautes personnelles de ses agents (Bibliothèque de droit international tome 32, Paris 1966) und die Pariser Dissertation von *Poret, M.:* L'exercise de la puissance coercitive en territoire étranger, Paris 1965. Die Entführung des ehemaligen kongolesischen Ministerpräsidenten *Moise Tschombe* im Juli dieses Jahres und das gleichfalls im Juli dieses Jahres aufgedeckte mysteriöse Verschwinden von 17 Südkoreanern aus der Bundesrepublik, das zur Abberufung von drei Angehörigen der südkoreanischen Botschaft führte, konnten im Text nicht mehr besprochen werden.

München, Oktober 1967

Elmar F. Bauer

Inhaltsverzeichnis

Erster Teil

Abkürzungsverzeichnis

Ann. Dig.	=	Annual Digest and Reports of public International Law cases (herausgegeben von Lauterpacht).
A. J.	=	American Journal of international law.
Annuaire	=	Annuaire de l'Institut de droit international.
Br. Y.	=	British Yearbook of international law.
Int. Comp. L. Q.	=	International and Comparative Law Quarterly.
Österr. ZöR	=	Österreichische Zeitschrift für öffentliches Recht.
Rec. d. C.	=	Recueil des Cours de l'Académie de droit international de la Haye.
Rev. Belge	=	Revue Belge de droit international.
Rev. Gén.	=	Revue Générale de droit international public.
Revista española	=	Revista española de derecho internacional.
Rivista	=	Rivista di diritto internazionale.
RIAA	=	Reports of International Arbitral Awards, United Nations Publications.
St.I.G.H.	=	Ständiger Internationaler Gerichtshof.
St.I.G.H., A	=	Publications de la Cour permanente de Justice Internationale. Série A.
St.I.G.H., A/B	=	Publications de la Cour permanente de Justice Internationale. Série A/B.
ZaöRV	=	Zeitschrift für ausländisches öffentliches Recht und Völkerrecht.
Z. ö. R.	=	Zeitschrift für öffentliches Recht.
W. d. V.	=	Strupp-Schlochauer, Wörterbuch des Völkerrechts.
W. V. D.	=	Wörterbuch des Völkerrechts und der Diplomatie (herausgegeben von Strupp, 1924—1929).

Erster Teil

Der Tatbestand der völkerrechtlichen Entführung

§ 1. Einführung

Im Jahre 1569 wurde der erste königliche Professor für Civil Law an der Universität Oxford, *Dr. John Story*, der aus politischen Gründen nach Flandern geflohen war, von Agenten des britischen Schatzkanzlers Cecil aus seinem Asyl entführt und nach England verschleppt. Seitdem kennt die Geschichte des Völkerrechts eine nicht abreißende Kette von rechtswidrigen Entführungen. Die Praxis, durch Entführung aus einem fremden Territorium eines flüchtigen Verbrechers habhaft zu werden, erreichte zu Beginn dieses Jahrhunderts an der Grenze zwischen Mexiko und den Vereinigten Staaten einen gewissen Höhepunkt. Allerdings erregten diese Entführungen, bei denen in aller Regel aus falsch verstandenem Diensteifer oder im Hinblick auf eine ausgebotene Belohnung flüchtige Verbrecher festgenommen wurden, außerhalb der unmittelbar beteiligten Staaten kaum Aufsehen. Allgemeine Beunruhigung innerhalb der Staatengemeinschaft erregten dagegen seit jeher jene Zwischenfälle, bei denen Gegner einer bestehenden politischen Machtkonstellation im Ausland festgenommen wurden. Einen Musterfall dafür hatte *Bonaparte* geliefert, als er am 15. März 1804 in einer von ihm selbst bis ins Detail vorbereiteten Aktion den *Herzog von Enghien* durch dreihundert Dragoner aus dem Großherzogtum Baden entführen ließ. Damals wie heute stellt vor allem diese Art von völkerrechtswidrigen Entführungen eine ernste Bedrohung der internationalen Sicherheit und eine erhebliche Belastung der zwischenstaatlichen Beziehungen dar. Bedauerlicherweise hat es auch das moderne Völkerrecht bislang nicht vermocht, derartige Praktiken endgültig zu unterbinden. Die neueste Entwicklung zeigt, daß — insbesondere seit der spektakulären Entführung des französischen Staatsangehörigen *Argoud* aus der Bundesrepublik — diese von der Völkerrechtsordnung mißbilligte Praxis sich innerhalb und außerhalb Europas einer zunehmenden Beliebtheit erfreut. Die jüngste Entführung des marokkanischen Exilpolitikers und Oppositionsführers *Mehdi Ben Barka* aus Paris, die zu einer ernsten Krise zwischen Frankreich und Marokko führte, hat die ganze Problematik derartiger Rechtsverletzungen in völkerrechtlicher und auch in staatsrechtlicher Hinsicht gezeigt.

2. *Gang der Darstellung*

Die bedauerlichen Zwischenfälle der letzten Jahre, die geeignet sind, die Wirksamkeit der Normen des Völkerrechts in Frage zu stellen, rechtfertigen es daher, das Institut der völkerrechtswidrigen Entführung zum Gegenstand einer eingehenden Untersuchung zu machen.

Die nachfolgende Arbeit hat sich im wesentlichen mit drei Problemkreisen zu befassen. Zunächst bedürfen die einzelnen Tatbestandsmerkmale der völkerrechtswidrigen Entführung einer umfassenden Darstellung. Wie die Diskussion im Anschluß an die Entführung *Eichmanns* und die Debatte im Sicherheitsrat der Vereinten Nationen zeigte, bedarf der Begriff der völkerrechtlichen Zurechnung einer erneuten Klarstellung. Daneben ist auf die Frage einzugehen, ob das geltende Völkerrecht für den Fall einer solchen Entführung Unrechtsausschließungsgründe anerkennt. Im zweiten Teil der Arbeit werden die Unrechtsfolgen einer völkerrechtswidrigen Entführung dargestellt; dabei ist es zunächst erforderlich, allgemeine Grundsätze des Rechts der völkerrechtlichen Unrechtsfolgen zu erörtern. Von besonderer Bedeutung ist im Rahmen dieses Problemkreises die Frage, inwieweit das entführte Individuum selbst als Träger völkerrechtlicher Ansprüche in Frage kommt. Schließlich bietet sich zwangsläufig die Frage der Aburteilbarkeit des völkerrechtswidrig Entführten an. Dabei mußte sich der Verfasser vor allem mit der Praxis nationaler Gerichte auseinandersetzen.

3. *Elemente des völkerrechtlichen Delikts*

Das geltende Völkerrecht kennt, wie jede echte Rechtsordnung, den Tatbestand der Verletzung von geschützten Rechten und Rechtspositionen[1]. Um diesen Tatbestand genau zu erfassen, wurde das Institut des völkerrechtlichen Delikts entwickelt[2]; seine besondere Bedeutung zeigt sich im Rahmen der Verantwortlichkeit der Staaten[3]. Unter völkerrecht-

---

[1] Daß es sich beim Völkerrecht um eine echte Rechtsordnung handelt, wird heute nicht mehr bestritten; vgl. *Berber*, I, S. 9 ff., *Dahm*, 1, S. 7 ff., *Verdross*, 16 Rec. d. C., S. 251 ff. (1927), *Quadri*, 80 Rec. d. C., S. 618 ff. (1952).

[2] Allgemein zur Bezeichnung und zum Begriff des völkerrechtlichen Delikts vgl. I. *von Münch*, Delikt, S. 11 ff.; entgegen der Ansicht von *Kelsen* (Unrecht, S. 504), Delikt könne begrifflich nur ein Tatbestand sein, sofern er Bedingung einer Strafe sei, geht der allgemeine Rechtssprachgebrauch heute dahin, einen Sachverhalt dann als Delikt zu bezeichnen, wenn er Bedingung einer Wiedergutmachungsverpflichtung oder einer Sanktionsberechtigung ist (vgl. I. *von Münch*, a.a.O., S. 11, *Carlebach*, Problème de la Faute, S. 4; für das Völkerrecht besonders *Ago*, Délit, S. 425 ff., 433 ff.

[3] Systematische Literaturangaben über das Institut des völkerrechtlichen Delikts bei E. *Vitta*, 12/13 Revista española, S. 11 ff. (1959/60) und bei *Schwarzenberger*, Int. Law, I, 1, S. 768 ff.

licher Verantwortlichkeit oder Haftung wird die Verpflichtung verstanden, die Rechtsfolgen eines völkerrechtlichen Delikts — Reparation oder Sanktion — zu tragen. Das Prinzip der Verantwortlichkeit ist die unmittelbare Folge der Existenz von verbindlichen Rechtsnormen[4]. Die Völkerrechtslehre behandelt das völkerrechtliche Delikt fast ausschließlich unter dem Gesichtspunkt der Haftung oder Verantwortlichkeit, d. h. der Deliktsfolgen, und räumt dem Begriff des Delikts und den wesentlichen Elementen des Deliktstatbestandes regelmäßig nicht die gebührende Bedeutung ein.

Für die nachfolgende Arbeit soll das völkerrechtliche Delikt als das Verhalten definiert werden, durch das ein Subjekt des Völkerrechts in rechtswidriger und zurechenbarer Weise eine ihm obliegende Rechtspflicht verletzt und dabei in materielle oder immaterielle Rechtsgüter eines anderen Völkerrechtssubjekts eingreift[5].

Die wesentlichen Elemente des völkerrechtlichen Delikts sind:

1. Ein Verhalten, das ein Völkerrechtssubjekt in seinen subjektiven Rechten verletzt.
2. Ein Verhalten, das einem Völkerrechtssubjekt zugerechnet werden kann.
3. Das Fehlen von Unrechtsausschließungsgründen[6].

Die gegebene Definition läßt bereits erkennen, daß das völkerrechtliche Delikt zutreffend als der Angelpunkt des gesamten Völkerrechts bezeichnet wird[7]. Eine Darstellung aller denkbaren Deliktstatbestände wäre identisch mit der Darstellung des gesamten materiellen Völkerrechts, d. h. mit der Summe aller völkerrechtlichen Rechte und Pflichten.

4. Ermittlung des völkerrechtlichen Deliktstatbestandes

Wie in den nationalen Rechtsordnungen gilt auch im Völkerrecht der Grundsatz: nulla iniuria sine iure. Ein deliktisches Verhalten kann nur dann vorliegen, wenn eine völkerrechtliche Pflicht verletzt wird, die auf

---

[4] Vgl. die klassische Formulierung von Max *Huber*: „La responsabilité est le corrollaire nécessaire du droit. Tous droits d'ordre international ont pour conséquence une responsabilité internationale." (Réclamations britanniques dans la zone espagnole du Maroc, Rapport, La Haye, 1925, S. 52/53.)

[5] Vgl. *Berber*, III, S. 4, *Schüle*, W. d. V., I, S. 326, 330, *Guggenheim*, Traité, II, S. 1, *Ross*, Textbook, S. 242, Garcia *Amador*, 94 Rec. d. C. S. 376 (1958), *Balladore-Pallieri*, Dir. Int., S. 245, *Schwarzenberger*, Int. Law, I, 1, S. 563.

[6] Vgl. *Schwarzenberger*, Int. Law, I, 1, S. 572/73, der als wesentliche Elemente fordert: 1. Ad invitum, 2. Lack of justification und 3. Attributable and voluntary character of the breach.

[7] So *Carlebach*, a.a.O., S. 2.

einer positiven Rechtsnorm beruht. Während es in nationalen Rechtsordnungen nicht schwer fällt, diese Rechtsnormen und damit das Vorliegen eines Deliktstatbestandes festzustellen, bereitet das im Völkerrecht, das kein ‚Gesetzbuch' und auf dem Gebiet des Deliktsrechts keine Kodifikation kennt[8], erhebliche Schwierigkeiten. Völkerrechtliche Normen beruhen grundsätzlich auf Vertrag und Gewohnheitsrecht[9].

Jede Verletzung eines auf einer solchen Norm beruhenden Rechtes kann ein völkerrechtliches Delikt darstellen; dabei sind Verletzungen vertraglich geschützter Rechte nicht anders zu behandeln als solche gewohnheitsrechtlich geschützter[10]. Grundsätzlich hat das Bestehen des verletzten Rechtes darzutun, wer einen Verstoß geltend machen will[11]. Dabei ist der im zwischenstaatlichen Verkehr geltende Grundsatz zu beachten, daß das Vorliegen völkerrechtlicher Verpflichtungen nicht vermutet werden darf und bis zum Beweis des Gegenteils von einer Handlungsfreiheit der Staaten auszugehen ist[12].

Von einem völkerrechtlichen Delikt kann daher immer dann nicht gesprochen werden, wenn nicht die Verletzung einer positiven Rechtsnorm nachgewiesen werden kann. Ein sogenanntes unbilliges oder unfreundliches, internationale Courtoisie verletzendes Verhalten kann daher kein Delikt darstellen[13].

Ziel der nachfolgenden Ausführungen ist es, jene Normen festzustellen, die es erlauben, die Entführung einer Person als völkerrechtliches Delikt zu qualifizieren.

§ 2. Deliktssubjekt und Deliktsobjekt einer völkerrechtswidrigen Entführung

I. Allgemeines

Unter Zugrundelegung des oben entwickelten Deliktsbegriffes kann von einer völkerrechtswidrigen Entführung nur dann gesprochen wer-

---

[8] Zu den bisherigen Kodifikationsversuchen vgl. I. *von Münch*, Delikt, S. 49 ff. und *Schüle*, W. d. V., I, S. 339.

[9] Vgl. *Kelsen*, Principles, S. 307 ff., *Guggenheim*, Traité, I, S. 45 ff., *Podestá Costa*, Derecho Int., S. 14 ff., *Sørensen*, 101 Rec. d. C., S. 35 ff. (1960); vgl. auch den I.G.H. im *Asyl-Fall*, I.G.H. Rep. 1950, S. 276/7.

[10] So *Berber*, III, S. 4, *von Liszt*, Völkerrecht, S. 177, *Guggenheim*, Traité, II, S. 2, Anm. 1.

[11] Vgl. *Strupp*, Delikt, S. 8, *Bin Cheng*, Gen. Princ., S. 326 f.

[12] Das ergibt sich aus dem allgemein anerkannten Grundsatz, daß Einschränkungen der Souveränität nicht vermutet werden dürfen; vgl. St. I.G.H. im *Lotus-Fall*, St.I.G.H., A, No. 10, S. 18. Ausführlich dazu *Schwarzenberger*, Int. Law, I, 1, S. 119 ff.; kritisch dazu *Fitzmaurice*, 92 Rec. d. C., S. 55 ff. (1957).

[13] Vgl. *Berber*, III, S. 3, *von Liszt*, Völkerrecht, S. 177, *Schoen*, Haftung, S. 26 ff., *Guggenheim*, Traité, S. 2.

den, wenn sich ein Subjekt des Völkerrechts Herrschaftsgewalt über eine innerhalb der ausschließlichen Zuständigkeitssphäre eines anderen Subjekts des Völkerrechts befindliche Person dadurch verschafft hat, daß es entgegen den Regeln des allgemeinen Völkergewohnheitsrechts oder unter Mißachtung bestehender Verträge im fremden Zuständigkeitsbereich hoheitlich tätig wurde. Damit stellt sich zunächst die Frage nach der Rechtspersönlichkeit im Völkerrecht. Die Antwort darauf ist von Bedeutung für die Feststellung, wer im Falle einer Entführung Rechtsbrecher und Verletzter sein kann; sie ist gleichfalls entscheidend für die Ermittlung des Adressaten der völkerrechtlichen Unrechtsfolgen.

II. Rechtsfähigkeit als Voraussetzung der Deliktsfähigkeit

1. Begriff der Völkerrechtsperson

Gegen eine Rechtsordnung kann nur verstoßen, wer Subjekt dieser Rechtsordnung ist. Subjekt einer Rechtsordnung ist der Adressat der Normen dieser Ordnung, d. h. jede natürliche oder juristische Person, auf die sich die Normen dieser Ordnung beziehen. Subjekte des Völkerrechts sind daher die unmittelbaren Adressaten der Normen der Völkerrechtsordnung[1]. Der Begriff der Völkerrechtsperson ist identisch mit jenem des Adressaten völkerrechtlicher Rechte und Pflichten[2]. Nur ein in diesem Sinne verstandenes Völkerrechtssubjekt kann ein völkerrechtliches Delikt — eine völkerrechtswidrige Entführung — begehen; desgleichen kommt als Deliktsobjekt — als durch eine solche Entführung Verletzter — nur ein Völkerrechtssubjekt in Frage[3].

2. Die Lehre von der Völkerrechtspersönlichkeit

Die Frage, wer Adressat der Normen des Völkerrechts, d. h. Völkerrechtssubjekt, ist, darf als eine der umstrittensten in der Geschichte der Völkerrechtslehre bezeichnet werden. Eine alte Theorie, von *Heffter* und, ihm folgend, von *Martens* und *Bonfils* vertreten, besagte, daß grundsätzlich der Staat, daneben aber auch Einzelmenschen Subjekte des Völkerrechts sein könnten[4]. Dieser Lehre traten vor allem *von Liszt*,

---

[1] Zur Frage der Völkerrechtsfähigkeit vgl. vor allem *Mosler*, Berichte der deutschen Gesellschaft für Völkerrecht, Heft 4, 1961, S. 52 ff. und *Sørensen*, 101 Rec. d. C., S. 127 ff. (1960).

[2] Vgl. I.G.H., Rep., 1949, S. 178 (Rechtsgutachten im Fall der Schadensersatzansprüche der im Dienst der Vereinten Nationen erlittenen Schäden); insbesondere *Mosler*, a.a.O. und in 22 ZaöRV S. 19 (1962), *Eustathiades*, 84 Red. d. C., S. 416 (1953).

[3] Vgl. *Berber*, III, S. 7, *Verdross*, S. 374, I. *von Münch*, a.a.O., S. 95.

[4] *Heffter*, Das Europäische Völkerrecht, S. 117; ebenso *Martens* und *Bonfils*, zit. bei *Barth*, Delikt, S. 5.

Heilborn und andere entgegen und behaupteten, daß nur Staaten Subjekte des Völkerrechts seien[5]; das galt lange Zeit als absolut herrschend[6] und wurde erst in der Zeit zwischen den beiden Weltkriegen zunehmend aufgegeben. Eine genau entgegengesetzte Theorie, die besagte, daß nur Individuen Subjekte des Völkerrechts seien, wurde von der sogenannten französischen Schule vertreten[7], konnte aber, da sie mit der völkerrechtlichen Praxis nicht in Einklang zu bringen war, keine weitere Anerkennung finden. Heute ist es allgemein anerkannt, daß Staaten nicht die einzig möglichen Subjekte des Völkerrechts sind[8]. Die Möglichkeit, internationalen und supranationalen Organisationen Völkerrechtssubjektseigenschaft zuzusprechen, wird seit einiger Zeit sowohl von der völkerrechtlichen Praxis wie auch von der Lehre allgemein anerkannt[9]. Eine Ausnahme macht lediglich noch die sowjetische Völkerrechtslehre, die internationalen Organisationen grundsätzlich keine Völkerrechtssubjektseigenschaft zuerkennen will[10]. Neben Staaten und internationalen Organisationen besteht im übrigen ein fester Kreis von anerkannten Völkerrechtssubjekten, die theoretisch alle als Subjekte und Objekte bestimmter völkerrechtlicher Delikte in Betracht kommen[11].

3. *Individuum und Völkerrechtspersönlichkeit*

Im Brennpunkt der Auseinandersetzungen steht heute die Frage, ob Individuen Völkerrechtspersönlichkeit zuzuerkennen ist. Obwohl keine Zweifel darüber bestehen, daß alle Rechtsnormen, auch die des Völkerrechts, sich letztlich an die Adresse des Individuums richten, gilt im Völ-

---

[5] Besonders *von Liszt*, Völkerrecht, S. 42.

[6] Vgl. *Triepel*, S. 20 ff., *Strupp*, Delikt, S. 22, *Ullmann* in Lapr.-Pol., II, S. 342, *Anzilotti*, Teoria, S. 93, *Borchard*, Diplomatic Protection, S. 18, u.a.m.; die Ansicht wird heute noch von der sowjetischen Völkerrechtslehre vertreten (Völkerrechtslehrbuch der Akademie der Wissenschaften, S. 87).

[7] So *Scelle*, Précis de Droit des Gens, S. 42, *Duguit*, Traité de droit constitutionnel, 1921, I, S. 560 ff., *Politis*, Les Nouvelles Tendances du Droit International, 1927, S. 55 ff.; ablehnend dazu *Jessup*, Transnational Law, S. 3, *Berezowski*, 65, Rec. d. C., S. 19/20 (1938).

[8] Vgl. *Berber*, I, S. 176, *Dahm*, I, S. 70 ff., *Schwarzenberger*, Int. Law, I, 1, S. 89, Podestá *Costa*, Derecho Int., S. 32 ff. und die bei *Berezowski*, a.a.O., S. 12—14 zit. Autoren.

[9] Vgl. *Seidl - Hohenveldern*, 11 Österr. ZöR, S. 498 (1961) und *Zemanek*, Das Vertragsrecht der Internationalen Organisationen, Wien, 1957; vgl. das Rechtsgutachten des I.G.H. (zit. in Anm. 2).

[10] Völkerrechtslehrbuch der Akademie der Wissenschaften, S. 87 ff.; vgl. jedoch *Seidl - Hohenveldern*, a.a.O., S. 499/50 der zutreffend nachweist, daß auch die sowjetische Wissenschaft im Ergebnis zu einer Anerkennung der Völkerrechtspersönlichkeit von internationalen Organisationen kommt.

[11] Vgl. die Aufzählung bei *Seidl - Hohenveldern*, Rdz. 446 und bei *Verdross*, S. 188 ff.

kerrecht auch heute noch der Grundsatz der Mediatisierung des Menschen, der dazu führt, daß das Individuum grundsätzlich nicht unmittelbar Adressat völkerrechtlicher Normen ist, folglich selbst nicht unmittelbar völkerrechtliche Rechte erwirbt und Pflichten auferlegt bekommt[12]. Nach der allgemeinen Praxis der Staaten kann daher das Individuum im zwischenstaatlichen Verkehr in der Regel nicht rechtserheblich in Erscheinung treten[13]. Daraus ergibt sich für das völkerrechtliche Deliktsrecht die zwingende Folgerung, daß Individuen grundsätzlich weder Subjekte noch Objekte eines völkerrechtlichen Delikts sein können[14].

4. Möglichkeit von Ausnahmen

Die Aussage, daß Individuen im geltenden Völkerrecht grundsätzlich nicht Adressaten der Normen dieser Rechtsordnung sind, besagt nicht, daß sie dies nicht ausnahmsweise dennoch sein könnten[15]. Es ist heute allgemein anerkannt, daß Staaten, bzw. bestehende Völkerrechtssubjekte, neue Rechtsgebilde schaffen und zum Träger von völkerrechtlichen Rechten und Pflichten — auch sich selbst gegenüber — machen können[16]. In gleicher Weise können Staaten in einer Konvention auch die Völkerrechtssubjektseigenschaft von Individuen anerkennen und diese zu unmittelbaren Adressaten völkerrechtlicher Normen machen, ihnen unmittelbar völkerrechtliche Rechte gewähren, Pflichten auferlegen und ihnen einräumen, subjektiv völkerrechtliche Rechte geltend zu machen[17]. Auf diese Weise können Individuen zu Subjekten und Objekten völkerrechtlicher Delikte werden. Die Eigenschaft als Subjekt des Völkerrechts bleibt jedoch in diesem Fall beschränkt auf die Mitglieder der Konvention und kann den in der Konvention umrissenen Umfang nicht überschreiten; allerdings bleibt es den Mitgliedern der Konvention unbe-

---

[12] Vgl. *Berber*, I, S. 171 ff., *Dahm*, I, S. 412 ff., *Seidl - Hohenveldern*, Rdz. 632, *Verdross*, S. 188 ff., *Schwarzenberger*, Int. Law, I, 1, S. 139 ff., *Balladore - Pallieri*, Dir. Int., S. 214 ff., *Sperduti*, 90 Rec. d. C., S. 727—847 (1956); eine umfassende Literaturangabe zu diesem Problem findet sich bei *Mosler*, W. d. V., III, S. 676—677. Vgl. besonders *Meyer - Lindenberg*, Berichte der deutschen Gesellschaft für Völkerrecht, Heft 4, 1961, S. 92 ff.

[13] Vgl. die in Ziff. 12 zit. Autoren.

[14] Vgl. *Opp.-Lauterpacht*, I, S. 341.

[15] So *Brownlie*, 11 Int. Comp. L. Q., S. 702 ff. (1962).

[16] Vgl. *Jessup*, A Modern Law of Nations, S. 23, *Schwarzenberger*, Int. Law, S. 137, *Balladore - Pallieri*, Dir. Int., S. 109 ff.

[17] Dazu *Berber*, I, S. 177, *Seidl- Hohenveldern*, Rdz. 643, *Verdross*, S. 221, *Opp.-Lauterpacht*, I, S. 638; dies hatte bereits der St.I.G.H. in seinem Gutachten vom 3. März 1928 zum *Beamtenabkommen* unmißverständlich zum Ausdruck gebracht (St.I.G.H., B, No. 15, S. 17 ff.).

nommen, durch actus contrarius die geschaffene Rechtspersönlichkeit wieder aus der völkerrechtlichen Sphäre zu entfernen[18].

5. Ergebnis für den Tatbestand der Entführung

Aus dem Gesagten ergibt sich, daß nach allgemeinem Völkergewohnheitsrecht in aller Regel Staaten als mögliche Subjekte und Objekte einer völkerrechtswidrigen Entführung in Frage kommen[19]. Soweit Normen des Völkervertragsrechts den Individuen besondere Rechte zum Schutze ihrer Person verleihen, wäre es denkbar, daß das Opfer der Entführung als unmittelbar Verletzter im Sinne des Völkerrechts anzusehen wäre.

III. Völkerrechtliche Handlungsfähigkeit als Voraussetzung der Deliktsfähigkeit

1. Die völkerrechtliche Handlungsfähigkeit

Mit der Feststellung, daß Staaten die normalen, unmittelbaren Adressaten völkerrechtlicher Normen, d. h. Völkerrechtssubjekte sind, ist noch nicht gesagt, daß diese damit immer eo ipso aktiv und passiv deliktsfähig sind. Dies wurde früher häufig irrtümlich angenommen[20]. Wie im innerstaatlichen Recht mit der Rechtsfähigkeit nicht notwendig auch die Handlungs- und Deliktsfähigkeit einer Person gegeben ist, ist dies auch im Völkerrecht nicht notwendig der Fall. Nicht jeder Staat ist, obzwar als Träger völkerrechtlicher Rechte und Pflichten Völkerrechtssubjekt, in der Lage, seine Rechte und Pflichten in vollem Umfang selbst wahrzunehmen[21].

Von einem handlungsfähigen Staat kann man nur dann sprechen, wenn er durch seine eigenen Organe, die ihn im Rechtsleben repräsentieren, völkerrechtliche Rechtsfolgen bewirken kann[22]. Während Rechtsfähigkeit als abstrakte Fähigkeit im Rahmen einer Rechtsordnung ein „potentielles Können" voraussetzt, erfordert die Handlungsfähigkeit

---

[18] Vgl. *Guggenheim*, Traité, I, S. 284.

[19] Theoretisch wäre es durchaus denkbar auch in internationalen Organisationen und anderen anerkannten Völkerrechtssubjekten mögliche Subjekte und Objekte einer völkerrechtswidrigen Entführung zu sehen (vgl. Anm. 11).

[20] So z. B. *Barth*, Delikt, S. 5, *Buxbaum*, Das völkerrechtliche Delikt, S. 9, *Benjamin*, Haftung des Staates, S. 18, Anm. 3.

[21] Vgl. *Dahm*, III, S. 179, *Seidl-Hohenveldern*, Rdz. 440, *Mosler*, W. d. V., III, S. 667/8; allgemein zur völkerrechtlichen Handlungs- und Deliktsfähigkeit I. *von Münch*, Delikt, S. 128—131, *Sauer*, System des Völkerrechts, S. 394/5 und 413/14.

[22] So *Mosler*, a.a.O., *Quadri*, Dir. Int., S. 407 ff.

und als deren besondere Erscheinungsform die Deliktsfähigkeit ein „aktuelles Können“[23]. Die Frage, ob ein Staat handlungs- und deliktsunfähig ist, läßt sich nicht allgemein, sondern nur für den konkreten Fall beantworten. Dabei ist von dem Grundsatz der Effektivität auszugehen und darauf abzustellen, ob in dem betreffenden Staat eine eigene Organisation vorhanden ist, die es erlaubt, direkt am internationalen Verkehr teilzunehmen[24]. Handlungs- und Deliktsunfähigkeit eines Staates kann daher nur in dem Maße angenommen werden, in dem ein Staat durch einseitigen Akt eines andern Staates, durch Vertrag oder militärische Besetzung — um damit die Hauptanwendungsfälle zu nennen —, einer eigenen Organisation beraubt ist, mit deren Hilfe er völkerrechtserheblich tätig werden könnte. Soweit ein abhängiger oder besetzter Staat nicht über die völkerrechtliche Deliktsfähigkeit verfügt, werden Deliktstatbestände nach den allgemeinen Regeln der Zurechnung jenem Staat zugeschrieben, dessen Organe nunmehr sein Rechtsleben nach außen hin bestimmen[25].

Die Deliktsfähigkeit tritt als aktive und passive in Erscheinung; im allgemeinen gelten für beide Formen die gleichen Grundsätze[26]. Für den Tatbestand der Entführung ergibt sich daher, daß ein deliktsunfähiger Staat nicht als „Täter“ einer völkerrechtswidrigen Entführung in Betracht kommt; in gleicher Weise kann er durch eine solche Unrechtshandlung nicht selbst verletzt werden. Probleme dieser Art ergeben sich regelmäßig dann, wenn Personen aus einem Protektorat oder einem militärisch besetzten Gebiet entführt werden. Beide Fälle sollen anschließend kurz erörtert werden.

2. *Wirkung einer völkerrechtlichen Handlungsfähigkeit: Entführung aus dem Protektorat*

Ein Staat kann sich durch Protektoratsvertrag oder stillschweigende Hinnahme eines Protektoratsverhältnisses verpflichten, bestimmte Akte seines innerstaatlichen und zwischenstaatlichen Lebens durch eine Protektoratsmacht vornehmen zu lassen[27]. Das kann für den abhängigen

---

[23] So *Strupp*, Delikt, S. 21.

[24] Vgl. *Berber*, III, S. 7, *Ago*, Délit, S. 454 ff., E. *Vitta*, 12/13 Revista española, S. 15 (1959/60).

[25] Dazu § 4.

[26] Da ein jeder als Völkerrechtssubjekt anerkannter Staat, gleich in welchem Unterordnungsverhältnis er steht, über eine gewisse minimale eigene Organisation verfügen wird, die auch im zwischenstaatlichen Bereich tätig werden kann, wird man kaum ein Völkerrechtssubjekt mit völliger Deliktsunfähigkeit finden (vgl. *Ago*, a.a.O., S. 458, *Vitta*, a.a.O.; vgl. auch *Dahm*, III, S. 180).

[27] Vgl. dazu *Dahm*, III, S. 206, *Seidl - Hohenveldern*, Rdz. 556, I. *von Münch*, Delikt, S. 115/116.

Staat den Verlust der völkerrechtlichen Handlungs- und Deliktsfähigkeit bedeuten; die Frage, ob und wieweit er völkerrechtlich handlungs- und deliktsunfähig wird, beurteilt sich in erster Linie aus dem Innenverhältnis zwischen dem abhängigen und dem souveränen Staat[28]. Jedenfalls fehlt dem Protektorat in dem Umfang, indem seine Rechte und Pflichten vom Protektor wahrgenommen werden, die aktive und passive Deliktsfähigkeit. Da in diesen Fällen die Hoheitsgewalt auf den Protektor übergeht[29], kann ein Protektorat selbst nicht völkerrechtlich verantwortliches Subjekt einer Entführung sein; ebensowenig kann es durch eine solche Entführung unmittelbar in seinen Rechten verletzt werden. Das hat zur Folge, daß die völkerrechtlichen Folgenbeseitigungsansprüche nicht ihm, sondern dem Protektor zustehen. Diesem obliegt daher auch die Entscheidung darüber, ob und in welcher Weise er sich gegen einen solchen Vorfall zur Wehr setzt. Verzichtet der Protektor darauf, die völkerrechtlichen Folgenbeseitigungsansprüche geltend zu machen, so stehen dem Protektorat im zwischenstaatlichen Bereich keinerlei Rechtsmittel zur Verfügung; Rechtsbeziehungen entstehen dann allenfalls im Innenverhältnis. Als im August 1964 der als Gegner der südafrikanischen Apartheid-Politik bekannte Universitätsprofessor *Dennis Higgs* aus dem ehemaligen britischen Protektorat Nord-Rhodesien[30] entführt wurde, war der Premierminister von Nord-Rhodesien gezwungen, sich in einem Protestschreiben an die britische Regierung zu wenden, um diese zu veranlassen, ihrerseits bei der südafrikanischen Regierung zu intervenieren und die Freilassung des Entführten zu fordern[31].

2. *Wirkung einer völkerrechtlichen Handlungsunfähigkeit: Entführung aus einem militärisch besetzten Gebiet*

Eine Beschränkung der völkerrechtlichen Handlungs- und Deliktsfähigkeit kann sich insbesondere auch durch Kriegseinwirkungen ergeben. So verliert ein im Krieg militärisch besetzter Staat in aller Regel seine völkerrechtliche Handlungs- und Deliktsfähigkeit[32] — nicht jedoch seine Souveränität[33] — und kommt daher auch nicht mehr als ge-

---

[28] Vgl. *Mosler*, W. D. V., III, S. 668, *Strupp*, Delikt, S. 26; vgl. auch das Rechtsgutachten des St.I.G.H. im Fall der Staatsangehörigkeitsdekrete in Tunis und Marokko, St.I.G.H., B, No. 4, S. 27 (1923).

[29] *Berber*, I, S. 300 ff., *Dahm*, I, S. 171.

[30] Nord-Rhodesien war seit 1911 britisches Protektorat und feierte kurze Zeit nach dem Vorfall, am 26. Oktober 1964, unter dem Namen Zambia seine Unabhängigkeit.

[31] Eine Darstellung des Sachverhalts findet sich im Anhang unter Nr. 22.

[32] So *Seidl - Hohenveldern*, Rdz. 560, *Verdross*, S. 190.

[33] Dazu *Cavaglieri*, 26 Rec. d. C., S. 488 ff. (1929).

eignetes Subjekt und Objekt einer völkerrechtlichen Entführung in Frage. Da die Ausübung der staatlichen Hoheitsrechte im Fall der militärischen Besetzung regelmäßig auf den bzw. die Besatzungsstaaten übergeht[34], kann von einer völkerrechtswidrigen Entführung immer dann nicht die Rede sein, wenn ein Besatzungsstaat aus dem ihm unterstellten Gebiet eine Person wegführt, um sie anschließend vor Gericht zu stellen[35]. Es liegt in einem solchen Fall auch keine Verletzung der Bestimmungen eines Auslieferungsvertrages vor, da Verträge dieser Art mit Kriegsbeginn zwischen den Kriegführenden als aufgehoben gelten[36]. Diese Gesichtspunkte führten dazu, daß in einer Reihe von Fällen, in denen die Besatzungsmächte in Deutschland unmittelbar nach dem letzten Weltkrieg eigene Staatsangehörige, die während des Krieges für die Hitler-Regierung gearbeitet hatten, mehr oder weniger formlos festnahmen, in ihren Heimatstaat verbrachten und dort aburteilten, nicht von einer völkerrechtswidrigen Entführung gegenüber Deutschland gesprochen werden kann[37]. Als Beispiel für die Praxis der Alliierten sei der Fall *Chandler* erwähnt. Der in den Vereinigten Staaten geborene Chandler hatte 1941 in Berlin seine Dienste dem Propagandaministerium angeboten und wurde als Sprecher für Rundfunksendungen in englischer Sprache beschäftigt. Da die Art der Sendungen, für die er eingesetzt wurde, von amerikanischer Seite als Teil der sogenannten psychologischen Kriegsführung angesehen wurde, interessierten sich die amerikanischen Justizbehörden nach Beendigung des Krieges für Chandler. Er wurde im März 1946 durch Militärbehörden in seiner Wohnung in Durach, Bayern, festgenommen, nach Amerika gebracht und dort vor Gericht gestellt. Im Strafverfahren machte Chandler die „Völkerrechtswidrigkeit" seiner Entführung geltend und wandte sich gegen die amerikanische Gerichtsbarkeit[38]. Damit konnte er jedoch keinen Erfolg haben, denn Deutschland war zum Zeitpunkt des Vorfalls kein geeignetes Objekt einer völkerrechtswidrigen Entführung, da es keine

---

[34] Die Besatzungsmacht übt hier eine durch das Völkerrecht geregelte Staatsgewalt aus (vgl. *Dahm*, I, S. 251).

[35] Das ergibt sich aus den völkerrechtlichen Wirkungen einer militärischen Besetzung; vgl. dazu das U.S. Dep. Basic Field Manual: „Being an incident of war, military occupation confers upon the invading force the right to exercise control for the period of occupation. It does not confer the sovereignty to the occupant but simply the authority or power to exercise some of the rights of sovereignty" zit. bei *Bishop*, Int. Law, S. 613.

[36] Vgl. *Verdross*, S. 446 und das amerikanische Gericht in dem nachfolgend genannten Fall Chandler v. United States, 171 F. 2 d 921 ff., (1949), bes. S. 934 f.

[37] Vgl. den Fall *Gillars* v. United States, 182 F. 2 d 962 (1950) und den als „Lord Haw Haw" bekannten englischen Rundfunksprecher Joyce (Rex v. *Joyce* 173 L. T. 377 (1945), bestätigt in *Joyce v. Director of Public Prosecution* (1946), A. C. 347).

[38] Vgl. *Chandler v. United States*, 171 F. 2 d 921 ff., (1949).

deutsche Hoheitsgewalt gab, die durch die Handlung amerikanischer Stellen hätte verletzt werden können[39]. Eine ähnliche Problematik hatte sich bereits bei dem berühmten amerikanischen Entführungfall *Ker* ergeben, wurde jedoch vom amerikanischen Supreme Court, der schließlich in der Sache zu entscheiden hatte, nicht gebührend berücksichtigt[40].

§ 3. Der Tatbestand der völkerrechtswidrigen Entführung: die geschützten Rechte

Allgemeines

Aus dem bisher Gesagten ergibt sich, daß grundsätzlich Staaten als Subjekte und Objekte einer völkerrechtswidrigen Entführung in Frage kommen. Im systematischen Aufbau der Lehre vom völkerrechtlichen Delikt stellt sich im Anschluß an die Ermittlung der aktiven und passiven Deliktsfähigkeit die Frage nach den Normen, die einem Staat ein bestimmtes Verhalten erlauben oder versagen. Wie die meisten Normen des völkerrechtlichen Deliktsrechts, so lassen sich auch jene Regeln, die es einem Staat verbieten, Personen aus dem Gebiet eines fremden Staates zu entführen, in erster Linie aus dem allgemeinen Völkergewohnheitsrecht entnehmen. Von besonderer Bedeutung sind hier die Normen, die den Grundsatz der Gebietshoheit im Völkerrecht verankern und jene, die das Asylrecht der Staaten schützen.

I. Die Verletzung territorialer Souveränitätsrechte

1. Der Grundsatz der ausschließlichen Zuständigkeit des Territorialstaates

Aus dem Grundsatz der territorialen Souveränität der Staaten ergeben sich für den zwischenstaatlichen Verkehr eine Reihe bedeutsamer Rechte und Pflichten. Souveränität bedeutet Unabhängigkeit eines Staates in bezug auf einen Teil der Erdoberfläche; sie beinhaltet das Recht innerhalb des Staatsgebietes, unter Ausschluß aller übrigen Staaten, die Funktionen eines Staates auszuüben[1]. Sie umfaßt die alleinige, ausschließliche Zuständigkeit über alle Personen, Sachen und Rechtsver-

---

[39] Dazu *Cardozo*, 55 A. J., S. 133, (1961).

[40] Dazu die eingehende Besprechung von *Fairman, Ker v.* Illinois Revisted, in 47 A. J., S. 678—686 (1953); vgl. im übrigen die Besprechung des Falles im dritten Teil dieser Arbeit. (§ 21, II).

[1] Vgl. die klassische Formulierung von Max *Huber* im *Palmas-Fall* (1928), zit. in RIAA, Bd. 2, S. 838.

hältnisse innerhalb des Territoriums[2]. Diesem Recht des Staates, innerhalb seines Territoriums alle staatlichen Funktionen auszuüben, d. h. alle Akte zu regeln, die bestimmt sind, Rechtswirkungen auszulösen, steht als Korrelat die Pflicht gegenüber, sich jeglicher Ausübung staatlicher Funktionen im Territorium eines anderen Staates zu enthalten[3].

Das Prinzip der territorialen Souveränität ist einer der Angelpunkte des Völkerrechts überhaupt; die meisten völkerrechtlichen Auseinandersetzungen sind auf eine Verletzung der Rechte und Pflichten zurückzuführen, die sich daraus ergeben[4]. Aus der fundamentalen Bedeutung des Prinzips folgt, daß Einschränkungen der Souveränitätsrechte nicht vermutet werden dürfen und nur dann bestehen, wenn sie ausdrücklich durch eine Norm des Völkergewohnheits- oder Völkervertragsrechts zugelassen werden[5]. Solche Fälle sind im geltenden Völkerrecht äußerst selten; im Rahmen einer militärischen Besetzung oder eines Abhängigkeitsverhältnisses kann die Gebietshoheit ausnahmsweise auf einen anderen Staat übergehen und im Rahmen von Grenz- und Zollverträgen können Staaten berechtigt werden, einzelne Akte auf dem Territorium eines anderen Staates auszuführen[6]. Neuerdings ergeben sich solche Rechte aus Truppenstationierungsverträgen im Rahmen multilateraler Abkommen, wie beispielsweise dem Nordatlantikpakt. Soweit ein solcher Ausnahmefall nicht vorliegt, darf kein Staat außerhalb seines eigenen Territoriums Hoheitsakte setzen.

2. Versuche einer einschränkenden Auslegung des Souveränitätsbegriffes

Der reibungslose Ablauf des internationalen Verkehrs zwischen den Staaten erfordert eine strenge Einhaltung aller Rechte und Pflichten, die

---

[2] So *Berber*, I, S. 297, *Seidl-Hohenveldern*, Rdz. 811—812, *Verdross*, S. 266 ff., *Rousseau*, Droit. Int., S. 244, *Starke*, Introduction,S. 136 ff., *Opp.-Lauterpacht*, I, S. 286.

[3] Vgl. *Berber*, I, S. 298, *Seidl-Hohenveldern*, Rdz. 1133, *von Liszt*, Völkerrecht, S. 60, *Balladore-Pallieri*, Dir. Int., S. 464 f. *Briggs*, Law of Nations, S. 312; der St. I. G. H. hat im *Lotus-Fall* den Grundsatz folgendermaßen formuliert: „The first and foremost restriction imposed by international law upon a State is that — failing the existence of a permitting rule to the contrary — it may not exercise its powers in any form in the territory of another State." (St. I. G. H., A, No. 10, S. 18 ff. [1927]); vgl. auch die Ausführungen des Vertreters von Ceylon in der Debatte im Sicherheitsrat anläßlich der Entführung *Eichmanns* (Un. Nat. Doc., S/PV. 868, Nr. 7 und 8).

[4] Vgl. den Schiedsspruch im *Palmas-Fall* (Anm. 1) und im *Corfu-Fall* (I. G. H., Rep. 1949, S. 35).

[5] Der St. I. G. H. stellte im *Lotus-Fall* fest: „Restrictions upon the independence of States can not be presumed (St. I. G. H., A, No. 10, S. 18).

[6] Vgl. den bei *Moore*, Extradition, I, S. 281 genannten Vertrag zw. Bayern und Frankreich, der es zur Unterdrückung von Jagdvergehen u. a. erlaubte,

sich aus dem Prinzip der territorialen Souveränität ergeben. Jede Verletzung der territorialen Integrität eines Staates hat demnach als Unrechtshandlung zu gelten und zieht alle an den Tatbestand der Völkerrechtsverletzung geknüpften Unrechtsfolgen nach sich. Beschränkungen sind aus rechtspolitischen Erwägungen nicht geboten. Im Anschluß an die Entführung *Eichmanns* aus Argentinien wurden im Schrifttum verschiedentlich Versuche unternommen, den Begriff der Souveränität einzuschränken, um dem Verhalten Israels den Charakter der völkerrechtlichen Unrechtshandlung zu nehmen. So unterscheidet *H. Silving* zwischen einer formellen und einer substantiellen Verletzung der territorialen Souveränität und spricht nur im letzten Fall von einem echten völkerrechtlichen Unrecht[7]. Im Eichmann-Fall könne — so H. Silving — nur von einer formellen Verletzung der Souveränität Argentiniens gesprochen werden, da außer der Entführung kein Schaden eingetreten sei und Argentinien an der Person des Entführten selbst kein Interesse gezeigt habe. Von einer substantiellen Verletzung — und damit von einer echten völkerrechtlichen Unrechtshandlung — hätte man nur dann sprechen können, wenn der Friede und die Sicherheit der Bewohner Argentiniens schlechthin gefährdet gewesen wären[8]. Die Unhaltbarkeit dieser Ansicht ergibt sich schon daraus, daß ein Staat nicht nur in seinen materiellen Rechten verletzt werden kann, sondern — und sogar in weit größerem Umfang — immaterielle Güter eines Staates, wie Ehre und Ansehen in der Völkergemeinschaft, Gegenstand von Rechtsbeeinträchtigungen sein können. Eine Entführung stellt, selbst wenn durch sie die innere Sicherheit des Staates nicht berührt wird, immer eine Mißachtung rechtlich geschützter immaterieller Güter eines Staates dar und ist aus diesem Grunde als völkerrechtliches Unrecht zu werten[9]. Einen ähnlichen Versuch unternimmt *Aroneanu,* der zwischen einer legalen und einer kriminellen Souveränität unterscheidet. Im *Eichmann*-Fall müsse die Souveränität Argentiniens als kriminell bezeichnet werden, da Argentinien seiner Verpflichtung zur Auslieferung von Kriegsverbrechern nicht nachgekommen sei. Da aber eine kriminelle Souveränität nicht schutzbedürftig sei, könne — so folgert Aroneanu — das Vorgehen von Israel nicht als völkerrechtswidrig bezeichnet werden. Eine solche

---

Täter in das Gebiet des Nachbarstaates hinein zu verfolgen und dort festzunehmen. Ähnliche ältere Verträge bei *Lammasch,* Auslieferungspflicht und Asylrecht, S. 834.

[7] H. *Silving,* 55 A. J., S. 321 ff. (1961); zum Sachverhalt der Entführung von Eichmann vgl. Anhang Nr. 18.

[8] H. *Silving,* a.a.O., S. 322.

[9] Die früher vertretene Auffassung, nur die Verursachung von materiellem Schaden könne ein völkerrechtliches Delikt begründen, ist heute allgemein aufgegeben. Zur Frage der Verletzung immaterieller Rechte vgl. *Bissonnette, Satisfaction,* S. 36/37 und nachfolgend § 8, 2.

Unterscheidung findet gleichfalls keine Stütze im geltenden Völkerrecht[10].

3. *Das Verbot der hoheitlichen Tätigkeit im fremden Territorium*

Die Pflicht, die territoriale Souveränität der anderen Staaten zu achten, verbietet es jedem Staat, im Gebiet eines fremden Staates gegen dessen Willen hoheitlich tätig zu werden[11]. Daher ist es jedem Staat untersagt, Personen, die sich gegen seine Gesetze vergangen haben, im Gebiet eines anderen Staates zu verfolgen, festzunehmen und zu entführen. Von einer völkerrechtswidrigen Entführung kann immer dann gesprochen werden, wenn ein Staat in zurechenbarer und rechtswidriger Weise eine Person gegen den Willen des territorialen Souveräns aus dessen Hoheitsgebiet wegführt. Daß eine solche Entführung ein völkerrechtliches Delikt darstellt, ist in der Literatur einhellig anerkannt[12], wird von der völkerrechtlichen Praxis durchweg bestätigt[13] und fand in der Resolution des Sicherheitsrates der Vereinten Nationen im *Eichmann*-Fall neuerdings Bekräftigung[14].

---

[10] *Aroneanu*, 16 Revue de défense nationale, S. 1451/52 (1960). Vgl. auch § 7, 5.

[11] Allgemein dazu W. K. *Geck*, W. D. V., I, S. 795 ff., F. A. *Mann*, 111 Rec. d. C., S. 127 ff. (1964); aus diesem Grunde darf z. B. ein Gerichtsvollzieher im Nachbarstaat keine Vollstreckungshandlungen vornehmen (vgl. den bei *Burckhardt*, Schweizerisches Bundesrecht, Nr. 16 zit. Fall einer versuchten Arrestnahme eines deutschen Gerichtsvollziehers auf Schweizer Gebiet); Beamte der Staatsanwaltschaft dürfen im fremden Territorium keinen Beweis erheben (vgl. die bei *Burckhardt*, a.a.O., Nr. 19, zit. Erklärung des Schweizer Bundesrats vom Sommer 1918); auch die Augenscheinnahme eines Gerichts auf dem Gebiet eines fremden Staates würde dessen territoriale Souveränität verletzen (vgl. den bei *Burckhardt*, a.a.O., S. Nr. 28 zit. Fall).

[12] Vgl. *Berber*, I, S. 186, *Dahm*, I, S. 251, *Seidl - Hohenveldern*, Rdz. 1134, *Briggs*, Law of Nations, S. 312, *Hyde* Int. Law, I, S. 640 ff., *Moore*, Digest, II, S. 362, *Opp. - Lauterpacht*, I, S. 295, Anm. 1, *Travers*, Le droit pénal international, III, S. 160 ff.; aus der großen Zahl von völkerrechtlichen Abhandlungen sind zu erwähnen E. D. *Dickinson*, 28 A. J., S. 231 und ff. (1934), L. *Preuss*, 29 A. J., S. 503 (1935) und 30 A. J., S. 123 ff. (1936), F. *Morgenstern*, 29 Br. Y., S. 270 ff. (1952), L. C. *Green*, 23 Mod. Law Rev., S. 509/10 (1960), *O'Higgins*, 36 Br. Y., S. 280 ff. (1960), M. H. *Cardozo*, 55, A. J., S. 132 (1961), *Schwarzenberger*, 15 Current Legal Problems, S. 252 (1962), D. *Lasok*, 11. Int. Comp., L. Q., S. 355 (1962), R. Y. *Jennings*, 32 Nordisk Tidskrift for Int. R., S. 212 (1962), *Zad Leavy*, 48 American Bar Association Journal, S. 822 (1962), *Roncitti*, 48 Rivista, S. 64/65 (1965), *de Schutter*, 1 Rev. Belge, S. 93 ff. (1965), *Doehring*, 25 ZaöRV, S. 212/13 (1965).

[13] Vgl. neben den im Text erwähnten Fällen die im Anhang dargestellten internationalen Entführungsfälle.

[14] Obwohl der Sicherheitsrat ein rein politisches Organ ist (vgl. L. C. *Green*, 23 Mod. Law Rev., S. 507 (1960) und I. G. H. Rep. 1948, S. 82, 85), dessen Mitglieder weisungsgebunden sind und nach politischen Gesichtspunkten ihre Stimme abgeben, hat eine solche Resolution für die internationale Praxis zweifellos erhebliche Bedeutung; zum Text der Resolution vgl. Anhang, Nr. 18.

4. Ist Gewaltanwendung Voraussetzung einer völkerrechtswidrigen Entführung?

Das geltende Völkerrecht verbietet den Staaten jegliche hoheitliche Tätigkeit im Ausland, ohne daß es dabei auf eine Gewaltanwendung ankäme[15]. Da der Grund der Völkerrechtsverletzung ausschließlich in der fremde Souveränitätsrechte mißachtenden, hoheitlichen Tätigkeit liegt, kann von einer völkerrechtswidrigen Entführung nicht nur dann gesprochen werden, wenn eine Person unter Anwendung physischen Zwanges aus dem fremden Territorium entführt wird; das Völkerrecht mißbilligt es gleichfalls, wenn eine Person durch psychische Beeinflussung oder betrügerische Machenschaften seitens staatlicher Agenten eines fremden Staates veranlaßt wird, das Gebiet des Aufenthaltsstaates zu verlassen[16]. Die häufig vertretene Ansicht, die Anwendung betrügerischer Manipulationen durch staatliche Agenten im Hoheitsgebiet eines fremden Staates könne dessen Souveränitätsrechte nicht verletzen[17], verkennt, daß die Völkerrechtsverletzung nicht in einer bestimmten Modalität des Tätigwerdens liegt, sondern „in der Anmaßung auf dem Gebiete eines anderen Staates die eigene Staatsgewalt ohne dessen Zustimmung auszuüben“[18]. Deshalb beginnt auch in solchen Fällen die Verletzung der fremden Gebietshoheit bereits in dem Moment, in dem sich staatliche Agenten in das Gebiet eines fremden Staates einschmuggeln, um dort Handlungen vorzunehmen, die der Entführung von Personen aus dem Hoheitsrecht des Aufenthaltsstaates dienen sollen[19].

Die völkerrechtliche Praxis hat diesen Grundsatz in mehreren Fällen anerkannt. Im Jahre 1933 begab sich ein amerikanischer Polizeibeamter der Kanalzone auf das Hoheitsgebiet von Panama und veranlaßte durch Vorspiegelung falscher Tatsachen einen gewissen *Guillermo Colunje*, das Gebiet der Kanalzone zu betreten, um ihn dort sogleich festzunehmen. Die Angelegenheit kam vor eine gemischte Schiedskommission, die das Verhalten des Polizeibeamten als eine den Vereinigten Staaten zu-

---

[15] So richtig, *Dahm*, I, S. 251 und *Seidl - Hohenveldern*, Rdz. 1135; eine Beschränkung auf Zwangsakte und Zwangsakte vorbereitende Handlungen (so *Verdross*, S. 237 und *Kelsen*, Principles, S. 212) ist zu eng.

[16] Richtig *Lammasch*, Auslieferungspflicht und Asylrecht, S. 813/14, *Hyde*, Int. Law, I, S. 641—643, *Garcia - Mora*, 32 Indiana Law Rev., S. 428, Anm. 11.

[17] So besonders *Travers*, 13 Revue de Droit International Privé, S. 639 (1917) und *de Schutter*, 1 Rev. Belge, S. 93 (1965), unter Berufung auf Travers; ähnlich *Bourquin*, 16 Rec. d. C., S. 157 (1927).

[18] So die treffende Formulierung von *Seidl - Hohenveldern*, Rdz. 1134; vgl. auch *Geck*, W. d. V., I, S. 795.

[19] Vgl. L. C. *Green*, 23 Mod. Law Rev., S. 508 (1960), *Fitzmaurice*, 92 Rec. d. C., S. 174 (1957); vgl. auch die Ausführungen des Vertreters von Ceylon in der Debatte im Sicherheitsrat anläßlich der Entführung von Eichmann, Un. Nat., Doc. S/VP, 868, Nr. 12.

zurechnende Unrechtshandlung ansah und die Vereinigten Staaten verpflichtete, den Entführten zurückzugeben und Schadensersatz zu leisten[20]. Als ein italienischer Agent den italienischen Staatsangehörigen *Cesare Rossi*, der dem faschistischen Regime feindlich gegenüberstand und sich in der Schweiz aufhielt, auf italienisches Gebiet lockte und dort verhaftete, erblickte die Schweizer Regierung in der vorbereitenden Tätigkeit des italienischen Agenten eine Verletzung ihrer Gebietshoheit und protestierte energisch dagegen[21]. In einem ähnlichen Zwischenfall zwischen Deutschland und der Schweiz, in dem ein gewisser *Göntsch* von deutschen Polizeibeamten auf deutsches Gebiet gelockt und dort festgenommen worden war, ließ die Schweiz keine Zweifel daran, daß sie ein solches Vorgehen als völkerrechtswidrig betrachte[22].

5. *Ist die Staatsangehörigkeit des Opfers einer Entführung von Bedeutung?*

Aus der Tatsache, daß sämtliche innerhalb des Territoriums eines Staates befindlichen Personen der Gebietshoheit des Aufenthaltsstaates unterliegen, mithin die Völkerrechtsverletzung allein in der Mißachtung fremder Gebietshoheit liegt, ergibt sich auch, daß die Staatsangehörigkeit des Opfers einer Entführung für die Qualifizierung der Tat völlig unerheblich ist. Es spielt daher keine Rolle, ob der Entführte die Staatsangehörigkeit des Entführerstaates selbst, des Staates, aus dem er entführt wird, oder die eines dritten Staates hat[23].

6. *Ist die Einwilligung des Opfers der Entführung von Bedeutung?*

Aus dem gleichen Grunde wäre eine Einwilligung des Opfers in die durch Agenten eines fremden Staates vorgenommene Entführung gleichfalls völlig unerheblich[24]. Wenn in völkerrechtlichen Ausführungen ver-

---

[20] Zum Sachverhalt vgl. *Hackworth*, Digest, II, S. 313; vgl. die Ausführung der Kommission; „It is evident that the police agent of the Zone by inducing him by false pretenses to come with him to the Zone with the intent of arresting him there unduly exercised authority within the jurisdiction of the Republic of Panama. For this act of a police agent in the performance of his functions, the Un. States of America should be liable.“ zit. bei *Hackworth*, a.a.O.

[21] Der Fall ist auch als *Campione-Zwischenfall* bekannt; vgl. *Scheuner*, W. d. V., I, S. 264.

[22] Zit. bei *Burckhardt*, Schweizerisches Bundesrecht, Nr. 18.

[23] Vgl. *von Liszt*, Völkerrecht, S. 72, *Bissonnette*, Satisfaction, S. 49/50.

[24] Zutreffend *Amadeo* in der mehrfach erwähnten Debatte im Sicherheitsrat der Vereinten Nationen, Un. Nat., Doc. S/PV. 865, Nr. 26.

schiedentlich die Frage der Einwilligung der entführten Person erörtert wird[25], so wird regelmäßig verkannt, daß das durch eine völkerrechtswidrige Entführung verletzte Rechtsgut nicht die persönliche Freiheit des entführten Individuums, sondern allein die Gebietshoheit des verletzten Staates sein kann. Das ergibt sich daraus, daß dem Individuum die völkerrechtliche Deliktsfähigkeit fehlt; wer nicht passiv deliktsfähig ist, d. h. Objekt einer Rechtsverletzung sein kann, kann auch keine rechtserhebliche Einwilligung abgeben, die einem bestimmten sozialen Verhalten die Qualifikation als Unrecht nehmen könnte[26]. Daher konnte der Erklärung der israelischen Regierung — in der Verbalnote vom 3. Juni 1960 —, in der versichert wurde, *Eichmann* habe aus freien Stücken Argentinien verlassen und eine diesbezügliche Erklärung unterschrieben, keine besondere rechtliche Bedeutung zukommen.

Der Grundsatz, daß die Einwilligung des Opfers einer Entführung — im Sinne des Völkerrechts — unerheblich ist, war bereits in dem bekannten *Nogales*-Zwischenfall anerkannt worden. Hier hatte ein amerikanischer Polizeibeamter auf der amerikanischen Seite der an der Grenze zwischen Arizona und Mexiko liegenden Stadt Nogales einen mexikanischen Leutnant festgenommen, der ihn zuvor angegriffen hatte. Während der Festgenommene zum Gefängnis gebracht wurde, erschienen mehrere mexikanische Soldaten, befreiten den Leutnant und nahmen ihn mit nach Mexiko zurück. Obwohl der Mexikaner sicher nicht ungern das amerikanische Gebiet verließ, waren sich die beteiligten Regierungen darüber einig, daß der Vorfall als völkerrechtswidrige Entführung zu beurteilen war.

7. Illegale Einreise des Opfers der Entführung in das Gebiet des Aufenthaltsstaates

Gleichfalls unerheblich ist es, ob die entführte Person sich rechtmäßig im Gebiet des Staates befand, aus dem sie entführt wurde. Eine illegale Einreise oder Einwanderung betrifft lediglich das Rechtsverhältnis zwi-

---

[25] Daher ist es unrichtig, wenn *de Schutter*, 1 Rev. Belge S. 93 in seine Definition des völkerrechtswidrigen Entführungstatbestandes den Passus aufnimmt „*against his will*" (bezogen auf die Person des Entführten); ebenso unrichtig die bei *Mc Nair*, Law Opinions, I, S. 78/79 zit. Stellungnahme der Law Officers im Fall der Entführung eines gewissen P. *Lawler* (vgl. Anhang Nr. 7): „For we regard removal, if effected, as alleged, by means of drugging or intoxicating, as being clearly *without consent*, and involving the same international responsibility as if it had been accomplished *by force* (Hervorhebung vom Verf.); zutreffend dagegen *Fawcett*, 38 Br. Y., S. 198 Anm. 4 (1962) in seiner Besprechung des Eichmann-Falles.

[26] Zum Problem der völkerrechtlichen Einwilligung vgl. § 6, 2.

schen dem illegal ins Land Gekommenen und dem Territorialstaat. Ein dritter Staat kann aus der Verletzung der Rechtsordnung des Territorialstaates durch den später Entführten keinerlei Rechte herleiten[27].

8. Das Recht des sog. Transits von Gefangenen und der Tatbestand der Entführung

Das geltende Völkerrecht verbietet es Staaten nicht nur, eigene Agenten in das Territorium eines fremden Staates zu schicken, um aus diesem Personen zu entführen; es verbietet ihnen in gleicher Weise, in Haft befindliche Personen durch eigene Organe durch fremdes Staatsgebiet hindurchzuführen. Kein Staat braucht die zwangsweise Beförderung von Gefangenen durch Polizeiorgane eines anderen Staates über sein Gebiet zu dulden[28]. Aus der Gebietshoheit der Staaten folgt, daß ein Staat einen Gefangenen, der durch fremde Organe durch sein Gebiet geführt wird, nach eigenem Ermessen entweder in Freiheit setzen oder aber selbst vor Gericht stellen kann. Ein Staat, der durch seine Organe einen Gefangenen durch fremdes Gebiet hindurchführt und ohne Genehmigung des Territorialstaates wieder aus dessen Gebiet hinausführt, begeht eine völkerrechtswidrige Entführung im Sinne der eingangs gegebenen Definition. Aus diesem Grund protestierten die Vereinigten Staaten im *Martin-Fall* energisch gegen das Verhalten britischer Behörden[29]. Martin war in Laketon, British Columbia, von einem Gericht zu 15 Monaten Gefängnis verurteilt worden und sollte, da es in Laketon kein Gefängnis gab, nach Victoria gebracht werden. Die beiden Polizisten, die mit dem Transport betraut waren, befanden sich zeitweise auf dem Territorium der Vereinigten Staaten in Alaska. Während einer Ruhepause auf amerikanischem Territorium versuchte der Gefangene sich zu befreien; dabei erschoß er einen der beiden Polizisten, wurde jedoch von dem anderen überwältigt und für diese Tat vom Supreme Court von British Columbia verurteilt. Als die amerikanische Regierung von dem Vorfall Kenntnis erlangte, protestierte sie gegen die Verletzung ihrer Gebietshoheit und forderte die Freilassung von Martin:

„A violation of the sovereignty of the United States has been committed, and recapture and removal of the prisoner from the junrisdiction of

---

[27] Vgl. *Schwarzenberger,* 15 Current Legal Problems, S. 252 (1962) und *Amadeo,* Un. Nat. Doc., S/PV, 865, Nr. 28.

[28] Über das Recht des sog. völkerrechtlichen Transits vgl. schon *Bernard,* Paul, Traité théorique et pratique de l'Extradition, Paris, 1883, II, S. 462 ff., *Lammasch,* Auslieferungspflicht und Asylrecht, S. 702/3, *Hyde,* Int. Law., II, S. 1062/63, *Hackworth,* Digest, IV, S. 216—21, *Anzilotti,* Scritti, II, Bd. 2, S. 210/11; *O'Higgins,* 36, Br. Y., S. 295 (1960).

[29] Vgl. *Moore,* Extradition, I, S. 285 ff.

the United States to British soil was an illegal, violent, and forcible act which cannot justify the subsequent proceedings[30]." Martin wurde auf Grund der amerikanischen Forderung vorzeitig aus dem Gefängnis entlassen[31].

Aus diesen Grundsätzen folgt, daß es einem Staat gleichfalls nicht erlaubt ist, in einem fremden Staat eine Person in Empfang zu nehmen und per Flugzeug zwangsweise in seinen Hoheitsbereich zu verbringen, wenn es erforderlich ist, im Gebiet eines dritten Staates eine Zwischenlandung vorzunehmen; vor allem dürfen bei dieser Gelegenheit Beamte des Staates, der den Transport durchführt, den Gefangenen nicht daran hindern, das Flugzeug zu verlassen, um bei den lokalen Behörden um Asyl zu ersuchen[32]. Im Fall des Transportes des sowjetischen Spions *Dr. Soblen* von Israel nach New York[33], bei dem in Athen und in London Zwischenlandungen vorgesehen waren, entfällt eine Völkerrechtsverletzung nur deshalb, weil sowohl die griechische als auch die britische Regierung zuvor verständigt war und ihr Einverständnis gegeben hatte.

Hat jedoch der Staat, durch dessen Gebiet ein Gefangener geführt werden soll — das gilt auch für den Fall der Zwischenlandung —, seine Einwilligung dazu gegeben, so sind die Beamten, die den Gefangenen

---

[30] a.a.O., S. 286.

[31] a.a.O., S. 287.

[32] Vgl. *O'Higgins*, 27 Mod. Law Rev., S. 532 (1964) in einer Besprechung des Soblen-Falles.

[33] Vgl. dazu bes. *O'Higgins*, a.a.O., S. 521 ff., die S. 521, Anm. 1 zit. Autoren; besonders ausführlich H. R. *Thornberry*, 12 Int. Comp. L. Q. 414 ff., besonders 447 ff. (1963). Dem Vorfall lag folgender Sachverhalt zugrunde: Der wegen Spionage angeklagte, naturalisierte Amerikaner *Dr. Soblen* war mit Hilfe eines Visums seines verstorbenen Bruders aus den Vereinigten Staaten geflohen und hatte sich nach Israel geflüchtet. Die israelische Regierung deportierte Dr. Soblen auf Wunsch der amerikanischen Regierung in eine Sondermaschine, an deren Bord sich ein amerikanischer Polizeibeamter befand. Bei der Zwischenlandung in Athen wurde Dr. Soblen von dem amerikanischen Beamten in eine El Al-Maschine mit Ziel New York verbracht. Als sich die Maschine London näherte, wo eine Zwischenlandung geplant war, brachte sich Dr. Soblen mit einem Messer schwere Schnittwunden bei, um einen Weitertransport zu verhindern. Da er nach der Landung ohne Bewußtsein im Flugzeug lag, ließ es sich nicht umgehen, ihn in ein Krankenhaus in London einzuliefern. Im Rahmen eines habeas corpus Verfahrens wehrte sich Dr. Soblen vergeblich dagegen, daß er in die Vereinigten Staaten deportiert werde. In *R. v. Brixton Prison, ex parte Soblen* (1962) 3. All. E. R. 641 ff., hier S. 643, stellte das Gericht fest: „The Secretary of State, not the deportee, may choose the ship or aircraft in which the deportee, pursuant to a deportation order, must leave the country." Ob eine solche verschleierte Auslieferung völkerrechtlich zulässig war, da angesichts der Klausel der Nichtauslieferung politischer Verbrecher im Vertrag zwischen den Vereinigten Staaten und Großbritannien die Auslieferung von Dr. Soblen nicht hätte erfolgen müssen, ist zumindest fragwürdig. Vgl. dazu die eingangs der Anm. genannten Verfasser.

beaufsichtigten, befugt, diesen durch das fremde Territorium zu begleiten; gleichzeitig sind sie stillschweigend dazu ermächtigt, weitere Hoheitsakte vorzunehmen, um z. B. die Flucht des Gefangenen zu verhindern oder diesen, sollte er entkommen sein, wieder in ihre Gewalt zu bekommen. Eine rechtswidrige Entführung liegt unter diesen Umständen nicht vor[34].

9. Zum räumlichen Herrschaftsbereich der Staaten: Entführungen innerhalb der Küstengewässer

Der räumliche Herrschaftsbereich eines Staates umfaßt nicht nur das staatliche Landgebiet, einschließlich des Luftraumes, der Eigengewässer und des dauernd besetzten Meeresgrundes und Meeresuntergrundes, sondern in gewissem Umfang auch das Meer, das sich an das Landgebiet anschließt. Daher rechnet man das sogenannte Küstenmeer *(maritime belt),* d. h. jenen Meeresstreifen, der sich an das Festland oder die Eigengewässer des Küstenstaates anschließt, sowie die Luftsäule überhalb des Küstenmeeres zum Staatsgebiet, über das dem Küstenstaat die territorialen Souveränitätsrechte zustehen[35].

Über die genaue Ausdehnung dieses Küstenmeeres besteht heute keine einheitliche Auffassung mehr, nachdem die seit dem 19. Jahrhundert geltende sogenannte Dreimeilenzone durch verschiedene Staaten ausgedehnt wurde[36]. Jedenfalls steht fest, daß das Küstenmeer in der jeweils von der Staatenpraxis anerkannten Ausdehnung der ausschließlichen Herrschaft des Uferstaates unterliegt[37]. Die Rechte des Küstenstaates über das Küstenmeer unterscheiden sich ihrem Wesen nach nicht von den Souveränitätsrechten, die Staaten über andere Teile ihres Gebietes ausüben[38]. Daher ist die Entführung von Personen aus diesem Gebiet ebenso zu beurteilen wie eine Entführung auf dem Festland. Die Gebietshoheit der Staaten über ihr Küstenmeer wurde in der Vergangenheit häufig dadurch verletzt, daß Schiffe, die sich innerhalb dieses Gebiets befanden, durch fremde Staaten gekapert und weggeführt wur-

---

[34] Dazu *Anzilotti,* Scritti, II Bd. 2, S. 211.

[35] Vgl. *Berber,* I, S. 318 ff., *Dahm,* I, S. 650 ff., *Seidl - Hohenveldern,* Rdz. 892, *Verdross,* S. 274 ff.

[36] Ausführlich Fritz *Münch,* W. d. V., II, S. 388 ff.

[37] So der I. G. H. im *Corfu-Kanal-Fall* (1949), I. G. H. Rep., 1949, S. 18 ff., *Dahm,* I, S. 643, *Verdross,* S. 275 ff., *Kelsen,* Principles, S. 221, *Podestá Costa,* Derecho Int., S. 103 ff. Y

[38] Vgl. die Ansicht der International Law Commission zit. bei *Berber,* I, S. 318.

den[39]. In dem berühmten Fall „*The Ship Richmond*" mußte sich der amerikanische Supreme Court erstmals mit der Frage der Rechtsfolge einer solchen völkerrechtswidrigen Beschlagnahme befassen[40]. Gleichfalls sind zahlreiche Fälle bekannt, in denen Personen innerhalb der Küstengewässer eines Staates durch Organe eines fremden Staates festgenommen wurden. Es ist anerkannt, daß ein solches Vorgehen als völkerrechtswidrige Entführung zu werten ist und alle damit verbundenen Unrechtsfolgen auslöst[41].

Eine besondere Anerkennung fand dieser Grundsatz im *Vincenti-Fall*[42]. Vincenti, ein amerikanischer Staatsbürger, wurde im März 1920 auf einem Motorboot, das sich in den britischen Territorialgewässern von Bimini, einer der Bahama-Inseln, befand, von amerikanischen Justizbeamten festgenommen und entführt, nachdem er auf das Boot gelockt worden war. Obwohl britische Behörden das Boot verfolgten und sogar unter Beschuß nahmen, gelang es, Vincenti in amerikanisches Gebiet zu bringen. Auf einen energischen Protest der britischen Regierung ordnete die amerikanische Regierung die sofortige Freilassung von Vincenti an[43]. Ähnlich reagierten die beteiligten Regierungen in zwei älteren Fällen, im Fall *Bullock*[44] und *Chesapeake*[45].

---

[39] Im Jahre 1864, während des amerikanischen Bürgerkrieges, wurde der unter der Flagge der Konföderation segelnde Kreuzer *Florida* von einem Kriegsschiff der Nordstaaten in den Hoheitsgewässern Brasiliens gekapert. Die amerikanische Regierung entschuldigte sich für diese „unauthorized, unlawful and indefensible exercise of the naval force within a foreign country." Zit.. bei *Fenwick*, Int. Law, S. 306, *Morgenstern*, 29 Br. Y., S. 274 ff. (1952).

[40] Vgl. *The Ship Richmond v. Un. States*, 9 Cranch 102 ff. (1815), dazu § 21.

[41] Vgl. allgemein dazu *Bissonnette*, Satisfaction, S. 48 ff. und *Mc Nair*, Law Opinions, I., S. 74 ff. und die dort zit. Fälle.

[42] Zit. bei *Briggs*, Law of Nations, S. 308/9 und *Hackworth*, I, S. 624.

[43] *Briggs*, a.a.O.

[44] Im Jahre 1850 war ein Sheriff aus dem amerikanischen Bundesstaat Texas nach England geschickt worden, um die Auslieferung eines gewissen *Bullock* in die Wege zu leiten. Anstatt jedoch im Rahmen des Auslieferungsverfahrens vorzugehen, nahm der Sheriff Bullock auf einem englischen Schiff innerhalb der britischen Hoheitsgewässer fest und brachte ihn nach den Vereinigten Staaten. Als die britische Regierung davon erfuhr, protestierte sie dagegen und forderte Freilassung des Entführten. Zit. bei *Moore*, Extradition, I., S. 291/2.

[45] Der amerikanische Dampfer Ch. wurde im Jahre 1863 während des amerikanischen Bürgerkrieges auf der Fahrt von Portland nach New York von mehreren Personen, die als Passagiere an Bord gegangen waren im Namen der Konföderation gekapert. Eines der zur Verfolgung der Chesapeake losgeschickten Kriegsschiffes entdeckte die Ch. in Sambro Harbor, Nova Scotia; der Kapitän nahm drei noch an Bord befindliche Personen fest und brachte sie zusammen mit der Ch. nach Halifax, wo er Schiff und Gefangene den britischen Behörden übergab. Die amerikanische Regierung betrachtete die Festnahme und das sonstige Vorgehen des Kapitäns als Verletzung der britischen Souveränität und entschuldigte sich in aller Form. Zit. b. *Moore*, Extradition, I., S. 281/2, Anm. 1.

10. Zum Grundsatz der Freiheit der Meere: Entführungen auf hoher See

Der vom allgemeinen Völkergewohnheitsrecht anerkannte Grundsatz der Freiheit der Meere besagt, daß Schiffe aller Nationen die hohe See frei und ohne jede Behinderung befahren können[46]; daraus folgt, daß, in Ermangelung einer auf der hohen See bestehenden einheitlichen Rechtsautorität, Schiffe auf hoher See in Friedenszeiten der ausschließlichen Herrschaft des Flaggenstaates unterstehen[47]. Das bedeutet, daß kein anderer Staat als der Flaggenstaat berechtigt ist, Zwangsakte an Bord eines Schiffes auszuüben, das sich auf hoher See befindet und rechtmäßig seine Flagge führt[48]. Jeder Akt gegen ein Schiff auf hoher See oder die darauf befindlichen Personen verletzt die Souveränitätsrechte des Flaggenstaates und stellt diesem gegenüber ein völkerrechtliches Delikt dar[49]. Aus diesem Grunde ist die Festnahme einer Person an Bord eines auf hoher See befindlichen Schiffes durch einen anderen Staat als den Flaggenstaat eine völkerrechtswidrige Entführung; eine solche Festnahme löst dieselben Unrechtsfolgen aus wie eine völkerrechtswidrige Entführung vom Territorium eines Staates. Die Staatenpraxis kennt mehrere Entführungsfälle auf hoher See[50].

Als während des amerikanischen Bürgerkrieges im Jahre 1861 das britische Postschiff *Trent* auf hoher See von einem Kriegsschiff der Nordstaaten angehalten und gezwungen wurde, zwei Kommissare der Konföderierten, die mit ihren Sekretären unterwegs nach Europa waren, herauszugeben, erregte das in ganz Europa erhebliches Aufsehen. Die britische Regierung betrachtete das amerikanische Verhalten als „an

---

[46] Vgl. *Berber*, I., S. 321 ff., *Dahm*, I., 666.

[47] Vgl. *Dahm*, I., S. 670 ff., *Verdross*, S. 296, S. 281/2, der die 4 bestehenden Ausnahmen von dem Grundsatz aufzählt; *Briggs*, Law of Nations, S. 339, *Hackworth*, II., S. 724 ff., vgl. besonders J. B. *Moore* in seiner Dissenting Opinion im *Lotus-Fall*, St. I. G. H., A, No. 10, S. 69.

[48] So *Kelsen*, Principles, S. 223/4 und die in Anm. b. gen.

[49] Vgl. allgemein *Bissonnette*, Satisfaction, S. 61 ff. mit Fällen aus der Staatenpraxis und weiteren Literaturangaben, *Morgenstern*, 29 Br. Y. S. 277 (1952).

[50] Im Jahre 1807 griff das britische Schiff *Leopard* die amerikanische Fregatte *Chesapeake* an, um nach Deserteuren aus der Royal Navy zu suchen, nahm schließlich mehrere Personen fest und führte sie gewaltsam weg. Auf den Protest der Vereinigten Staaten fand sich die britische Regierung bereit, den Kapitän der Leopard disziplinarisch zu bestrafen und die Entführten an die Vereinigten Staaten zurückzugeben. Zit. bei *O'Higgins*, 36 Br. Y. S. 293/4 (1960). Im Jahre 1869 wurde der amerikanische Schoner *Lizzie Major* auf hoher See von einer spanischen Fregatte angehalten und gewaltsam gezwungen, zwei seiner Passagiere herauszugeben, die dann als Gefangene nach Kuba entführt wurden. Auf den Protest der Vereinigten Staaten wurden die Entführten zurückgegeben. Gleichzeitig erklärte die spanische Regierung ihr Bedauern über den Vorfall und bestrafte den Kapitän für sein Verhalten. Zit. bei *Moore*, Digest, VI, S. 62 ff. und 105.

act of violence which was an affront to the British flag and a violation of international law"[51]. Eine Reihe weiterer europäischer Staaten brachten Proteste gegen das amerikanische Verhalten vor[52]. Im Anschluß an eine umfangreiche diplomatische Korrespondenz zwischen den beteiligten Regierungen übergaben die Vereinigten Staaten schließlich die Entführten an die britische Regierung und entschuldigten sich in aller Form für das Verhalten des Kapitäns des amerikanischen Kriegsschiffes[53]. Völkerrechtswidrige Entführungen auf hoher See ergaben sich im Anschluß an die amerikanische Prohibition-Gesetzgebung, die einen umfangreichen Alkoholschmuggel nach den Vereinigten Staaten auslöste. Die Vereinigten Staaten hatten sich zwar in zahlreichen Verträgen mit fremden Staaten das Recht einräumen lassen, deren Schiffe auch außerhalb der Dreimeilenzone durchsuchen und beschlagnahmen zu dürfen[54]; doch wurde die vertraglich eingeräumte Grenze in vielen Fällen überschritten. So wurden in den Fällen *Ford*[55], *Schouweiler*[56], *Ferris*[57] und *Cook*[58] die nachher in den Vereinigten Staaten vor Gericht gestellten Personen jeweils auf hoher See, zwischen 6 und 270 Seemeilen von der amerikanischen Küste entfernt, völkerrechtswidrig festgenommen und entführt[59].

II. Die Verletzung des völkerrechtlichen Asylrechts

1. Allgemeines

Bei der Erörterung völkerrechtlicher Entführungsfälle stellt sich regelmäßig die Frage nach einer möglichen Verletzung von Normen des völkerrechtlichen Asylrechts, das in der Praxis der Staaten gerade in neuester Zeit wieder an Bedeutung gewonnen hat. So veranlaßt zum einen der totalitäre Machtanspruch kommunistischer Staaten fast täglich Personen zur Flucht in Länder des Freien Westens, wo sie um Asyl nachsuchen; zum anderen zwingt die in manchen Teilen der Welt herrschende politische Unsicherheit und Unbeständigkeit recht häufig politische Gegner und frühere politische Machthaber zur Flucht ins Aus-

---

[51] Mountague *Bernard*, A Historical Account of the Neutrality of Great Britain during the American Civil War, S. 192.

[52] M. *Bernard*, a.a.O., S. 196 ff.

[53] M. *Bernard*, a.a.O., S. 213; ausführl. Darstellung der dipl. Korrespondenz und deren Würdigung, a.a.O., S. 187—225.

[54] Vgl. AJ vol. 18 (1924) Suppl. 127.

[55] Vgl. *Ford v. United States* (1926) 273 U. S. 593.

[56] *United States v. Schouweiler* (1927) 19 F 2 d 387.

[57] *United States v. Ferris* (1927) 19 F 2 d 925.

[58] *Cook v. United States* (1933) 288 U. S. 102.

[59] Eine Besprechung dieser Fälle folgt in § 21.

land. Wie die völkerrechtliche Praxis beweist, stehen solche Personen unter einer erhöhten Gefahr, von ihrem Heimatstaat entführt zu werden; daher ist es notwendig, den Tatbestand der Entführung besonders unter dem Gesichtspunkt des Asylrechts zu betrachten.

2. *Der Begriff des Asyls*

Unter Asyl in seiner allgemeinen Bedeutung versteht man sowohl einen privilegierten Ort, der verfolgten Personen Schutz vor ihren Verfolgern bietet, als auch diesen Schutz selbst, der dem Verfolgten gewährt wird[60]. Der Gedanke des Asyls[61] wurde bereits frühzeitig ins Völkerrecht übertragen und beinhaltet heute einen besonderen Schutz, den ein Staat einem Zuflucht suchenden fremden Staatsangehörigen auf seinem Gebiet oder an einem Ort im Machtbereich seiner Organe gegen eine fremde Regierung gewährt[62]. In dieser Begriffsbestimmung kommt bereits der wesentliche Unterschied zwischen den möglichen Arten des Asyls, nämlich dem sogenannten territorialen und dem extraterritorialen oder diplomatischen Asyl, zum Ausdruck[63]. Soweit das Recht auf Asylgewährung vom geltenden Völkerrecht anerkannt wird, besteht die Möglichkeit, durch Entführung einer Person aus dem Geltungsbereich dieses Schutzes einen völkerrechtlichen Deliktstatbestand zu verwirklichen.

3. *Das sogenannte territoriale Asyl*

Das territoriale Asyl, d. h. der Schutz, den ein Staat einer von Behörden eines anderen Staates verfolgten Person gewährt, ist Ausfluß seiner

[60] Allgemein zum Begriff *Lange*, Grundfragen des Auslieferungs- und Asylrechts, S. 11, *Kimminich*, Der internationale Rechtsstatus des Flüchtlings, S. 65/66. Vgl. auch die eingehenden Ausführungen von *Kimminich* im Bonner Kommentar, Anm. 92 ff. zu Art. 16 GG und die dort S. 96/97 gegebene umfassende Literaturangabe; ders. in 20 Juristenzeitung. S. 739 ff. (1965).

[61] Das Asylrecht entstand aus einem bei den meisten Völkern des Altertums bestehenden Brauch, wonach der in einen Tempel oder an einen Altar eines Gottes Geflüchtete vor Verfolgung gesichert galt (vgl. *Reale*, 63 Rec. d. C., S. 473 ff., 1938, Léopold *Bolesta - Koziebrodzki*, Le Droit d'Asile, S. 30 ff., *Kimminich*, Der internationale Rechtsstatus des Flüchtlings, S. 67 ff.). Bereits *Grotius* und *Pufendorf* hatten diese Idee in ihr System übernommen (vgl. *Garcia - Mora*, International Law and Asylum as a Human Right, S. 23 ff. und *Ronning*, Diplomatic Asylum, S. 24 ff.).

[62] So die Begriffsbestimmung des *Institut de Droit International*, vgl. 43 Annuaire, I, S. 189 (1950).

[63] Über die Terminologie besteht eine Reihe von Unklarheiten (vgl. Kritik bei *Lange*, Grundfragen des Auslieferungsrechts, S. 12); südamerikanische Autoren wollen den Begriff des Asyls überhaupt auf die extraterritoriale Schutzgewährung beschränkt wissen (z. B. *Garcia - Mora*, a.a.O., S. 19 ff.), doch scheint im Anschluß an *Morgenstern*, 25 Br. Y., S. 236 u. 382 f. (1948) und 26 Br. Y., S. 327 ff. (1949) die Unterscheidung territorial — exterritorial die

Gebietshoheit. Die Anerkennung des Grundsatzes der ausschließlichen Zuständigkeit eines Staates über alle innerhalb seines Staatsgebietes befindlichen Personen bedeutet zwangsläufig auch die Anerkennung des Rechtes, territoriales Asyl zu gewähren[64]. Obwohl das territoriale Asyl letztlich eine besondere Form der Ausübung der Gebietshoheit darstellt, hat sich dieses Recht in der völkerrechtlichen Praxis bereits so weitgehend verselbständigt, daß es nicht mehr gerechtfertigt erscheint, ihm den Charakter eines eigenen völkerrechtlichen Instituts zu nehmen[65]. Aus den allgemein anerkannten Regeln des völkerrechtlichen Asylrechts folgt, daß es jedem Staat freisteht, Verfolgte und Flüchtlinge in sein Staatsgebiet zuzulassen und ihnen dort den Schutz seiner Gesetze zu gewähren[66]; andererseits ergibt sich aber daraus gleichzeitig die Pflicht, Personen, die im Hoheitsgebiet eines anderen Staates Zuflucht gefunden haben, dorthin nicht zu verfolgen, festzunehmen und zu entführen[67].

Im einzelnen bedeutet das Recht, territoriales Asyl zu gewähren, daß Staaten in Abwesenheit besonderer vertraglicher Verpflichtungen grundsätzlich nach ihrem freien Ermessen die Auswahl der Personen vornehmen können, denen sie Asyl gewähren wollen[68]; sie können daher Personen, die um Asyl nachsuchen, den Zutritt zum staatlichen Hoheitsgebiet verbieten[69] und Personen, die sich bereits innerhalb des Staatsgebietes befinden, aus diesem ausweisen[70]. Insbesondere besteht keine völkerrechtliche Pflicht, Verfolgten oder Flüchtlingen Asyl zu gewähren[71]. Andererseits besteht nach allgemeinem Völkergewohnheitsrecht

---

terminologisch klarste zu sein, wobei allerdings exterritorial im Wortsinn und nicht im Sinne der heute allgemein aufgegebenen Fiktion gebraucht werden muß. Vgl. dazu auch *Kitschenberg*, Das diplomatische Asyl, S. 1—7.

[64] So schon *Heffter*, Das europ. Völkerrecht, S. 142, vgl. *Garcia - Mora*, a.a.O., S. 45, *Bolesta - Koziebrodzki*, S. 17, 79, a.a.O.

[65] A. A. *von Bar*, Lehrbuch des internationalen Privat- und Strafrechts, S. 278 und *Torres Gigena*, Asilo Diplomatico, S. 24.

[66] Vgl. *Berber*, I, S. 378, *Opp. - Lauterpacht*, I, S. 677, *Garcia - Mora*, a.a.O., S. 45, *Mc Nair*, Br. Y., 28, S. 173, (1951).

[67] Vgl. *Anzilotti*, *Scritti*, II, Bd. 2, S. 218 *Opp. - Lauterpacht*, I, S. 676.

[68] Vgl. *Schwarzenberger*, Int. Law, I, 1, S. 257, *Bolesta - Koziebrodzki*, a.a.O., S. 80, vgl. auch die in Anm. 66 gen. Autoren.

[69] Vgl. *Berber*, I, S. 379, *Opp. - Lauterpacht*, I, S. 677; das darf jedoch nicht soweit gehen, daß ein Staat absolut allen Fremden Zugang in sein Land verbietet (vgl. *Verdross*, S. 362, *Podestá - Costa*, Derecho Internacional, S. 130).

[70] Vgl. *Berber*, I, S. 384/5, *Seidl - Hohenveldern*, Rdz. 1201, *Podestá-Costa*, a.a.O., S. 136, *Reale*, 63 Rec. d. C., S. 558 ff. (1938), *Doehring*, Die allgem. Regeln des völkerrechtlichen Fremdenrechts, S. 60 ff.; auch hier bestehen hinsichtlich Voraussetzung, Art und Umfang Schranken.

[71] Vgl. *Abendroth*, W. d. V., I, S. 90 *Guggenheim*, Traité, I. S. 355, *Bolesta - Koziebrodzki*, a.a.O., S. 80, *Hambro*, 73 Zeitschrift für die gesamte Strafrechtswissenschaft S. 659 (1961); ebenso das *Institut de Droit International*, vgl. Annuaire, S. 198 ff. (1950, vol. II).

auch keine Pflicht, bestimmten Personen die Gewährung von Asyl zu verweigern und sie auszuliefern[72].

4. *Einschränkungen des Asylrechts*

Während die Freiheit der Staaten, von ihrem Recht der Asylgewährung Gebrauch zu machen, durch das allgemeine Völkergewohnheitsrecht nicht eingeschränkt wird, kennt das Völkervertragsrecht eine Reihe von Sonderregelungen. So verpflichten sich Staaten durch Auslieferungsverträge und besondere Abkommen, wie z. B. jenes zur Auslieferung von Kriegsverbrechern, bestimmten Personen Asyl zu verweigern und diese auf Ersuchen des Vertragspartners auszuliefern. Aber selbst dort, wo Auslieferungsverträge oder sonstige Abkommen bestehen, ist das Recht, Asyl zu gewähren, nicht völlig ausgeschlossen. So entfällt die Pflicht zur Auslieferung immer dann — mit der Folge, daß das Asylrecht dem Staat unbeschränkt zur Verfügung steht —, wenn der von den Parteien geschlossene Vertrag nicht ausdrücklich und unmißverständlich den Deliktstatbestand aufführt, für den ein Staat Auslieferung verlangt[73], oder wenn das Delikt, das Gegenstand eines Auslieferungsersuchens ist, nicht in den beiden Ländern gleichzeitig unter Strafe gestellt ist[74]. Von besonderer Bedeutung ist die Regelung, die Eingang in alle Auslieferungsverträge gefunden hat, daß politische Verbrechen nicht Gegenstand einer Auslieferung sein können[75]. Da es aber fast ausnahmslos politisch verfolgte Personen sind, die um Asyl ersuchen, hat das Asylrecht durch die bestehenden völkerrechtlichen Vereinbarungen nicht an Bedeutung verloren.

5. *Asylrecht im Falle von Kriegsverbrechern*

Im Anschluß an die Entführung *Eichmanns* aus Argentinien wurde die Frage in die Diskussion gebracht, ob das positive Völkerrecht den Staaten ein Recht gibt, Kriegsverbrechern Asyl zu gewähren; mit ande-

---

[72] Vgl. *Dahm*, I. S. 279, *Verdross*, S. 646, vgl. auch die ausführliche Untersuchung der älteren Lehrmeinungen und Staatenpraxis bei *Moore*, Extradition, I, S. 13 ff.

[73] Vgl. *Garcia - Mora*, a.a.O., S. 61 ff., *von Bar*, Lehrbuch des internationalen Privat- und Strafrechts, S. 299, *Moore*, Extradition, I, S. 113.

[74] Zum sogenannten Prinzip der Identität vgl. *Meyer*, Die Einlieferung, S. 108 ff., *Guggenheim*, Traité, I, S. 361/2, *Garcia - Mora*, a.a.O., S. 64 ff.

[75] Zum Problem politischer Verbrechen — Asylrecht vgl. *Garcia - Mora*, a.a.O., S. 73 ff., *Evans*, 57 A. J., S. 2 ff. (1963); vgl. allgemein zum Begriff des politischen Verbrechens, L. C. *Green*, 6 Current Legal Problems, S. 281 ff. (1953), ders. in 11 Int. Comp. L. Q., S. 329 ff. (1962), *Hambro*, 5 The Western Political Quarterly, S. 4 ff. (1952). Ein allgemeines völkerrechtliches Verbot der Auslieferung politischer Verbrecher wird in der Lehre teils bejaht, so *Meyer*, Die Einlieferung, S. 102/3; allerdings kann, selbst bei Bejahung eines

ren Worten, ob durch die Entführung eines Kriegsverbrechers das Asylrecht des Staates, aus dem er entführt wird, verletzt werden kann[76].

Insbesondere *Papadatos* behauptet das Bestehen einer in der Doktrin und im Bewußtsein der zivilisierten Völker fest begründeten Auffassung, nach welcher der Entschluß eines Staates, einem Individuum, das wegen Kriegsverbrechen, Verbrechen gegen den Frieden oder gegen die Menschlichkeit angeklagt ist, Asyl zu gewähren, einen Mißbrauch der Souveränität darstelle und unvereinbar mit den Pflichten sei, die das Völkerrecht den Staaten auferlege[77]. Die Ansicht, das allgemeine Völkergewohnheitsrecht verbiete es den Staaten, einer bestimmten Kategorie von Verbrechern Asyl zu gewähren, bedarf einer genaueren Nachprüfung. Es ist zutreffend, daß die völkerrechtliche Entwicklung nach dem zweiten Weltkrieg verschiedene Versuche kennt, das Asylrecht in den Fällen einzuschränken, in denen einem um Asyl nachsuchenden Täter Kriegsverbrechen, sogenannte Verbrechen gegen den Frieden und gegen die Menschlichkeit zur Last gelegt werden. Die Vollversammlung der Vereinten Nationen forderte alle Staaten auf, Täter der genannten Kategorie ausnahmslos festzunehmen und auszuliefern, um sie einer Aburteilung zuzuführen[78]. Im gleichen Sinne erging auch eine Resolution des Interamerikanischen Kongresses über Probleme des Krieges und des Friedens im Jahre 1945[79].

In der Völkermord-Konvention der Vereinten Nationen aus dem Jahre 1948 wird das Recht der Staaten, Verbrechern der in der Konvention bezeichneten Art Asyl zu gewähren, ausdrücklich abgelehnt[80]. In gleicher Weise hat die Genfer Konvention über das Statut der Flüchtlinge vom 28. Juli 1951 ausdrücklich vorgesehen, daß die Vorschriften der Konvention nicht anwendbar sind auf Personen, die im Verdacht stehen, Verbrechen gegen den Frieden oder die Menschlichkeit begangen zu haben[81]. Die genannten Resolutionen und Konventionen haben bis-

---

solchen Verbots dem geltenden Völkerrecht keine den Einzelfall regelnde Ausgestaltung entnommen werden (vgl. *Meyer*, a.a.O., S. 103).

[76] So *Papadatos*, Le Procès Eichmann, S. 61/62, *Aroneanu*, 16 Revue de défense nationale, 1452 ff. (1960), L. C. *Green*, 37 Tulane Law Review, S. 648 (1962/3), *Schwarzenberger*, 15 Current Legal Problems, S. 253 ff. (1962) u. a. m.

[77] *Papadatos*, a.a.O., S. 61/62 unter Berufung auf *Opp. - Lauterpacht*, II, S. 588 und *Silving*, 55 A. J. S. 307 ff.; (1961); *Cardozo*, 55 A. J. S. 129/30 (1961); „At least when murder on a scale amounting to genocide is involved, the consensus has apparently been that escape should not be allowed under the ‚political murder' articles of extradition treaties."

[78] Zit. bei *Papadatos*, a.a.O., S. 61 Anm. 50.

[79] Zit. bei *Papadatos*, a.a.O.

[80] Vgl. BGBl. 1954, II, S. 729; allgem. dazu H. *Jescheck*, W. d. V. I. S. 658/9.

[81] Vgl. BGBl. 1953, II. S. 559; *Seidl - Hohenveldern* in Festschrift für W. Schätzel, S. 491 ff., *Kimminich*, Der internat. Rechtsstatus des Flüchtlings, S. 285—336.

lang nur eine beschränkte völkerrechtliche Wirkung gezeigt, so daß es verfrüht wäre, die von Papadatos vertretene Pflicht zur Auslieferung von Kriegsverbrechern als vom allgemeinen Völkergewohnheitsrecht statuiert zu betrachten[82]. Mit *Hambro* ist vielmehr davon auszugehen, daß selbst im Falle von Personen, die ein Kriegsverbrechen, ein Verbrechen gegen den Frieden, die Menschlichkeit oder ein Verbrechen des Völkermordes begangen haben, die Staaten nach heute geltendem Recht nicht zur Auslieferung und zur Verweigerung des Asyls verpflichtet sind[83]. Obwohl im *Eichmann-Fall* Argentinien ausdrücklich feststellte, daß der Protest sich nicht gegen eine Verletzung der allgemeinen Regeln des völkerrechtlichen Asylrechtes richtete, darf daraus nicht der Schluß gezogen werden, dies sei deshalb geschehen, weil Argentinien im konkreten Fall kein Asylrecht zustand[84]. Argentinien hatte, solange kein Auslieferungsvertrag bestand, Israel gegenüber keine Pflicht, einen Verbrecher auszuliefern und ihm Asyl zu verweigern[85]. Im geltenden Völkerrecht besteht eine Beschränkung des Asylrechts eines Staates nur dann, wenn dieser kraft vertraglicher Regelung zur Auslieferung verpflichtet ist[86]; soweit dies nicht der Fall ist, wird durch eine Entführung das Asylrecht verletzt.

6. Wann kann das sog. territoriale Asylrecht durch eine Entführung verletzt werden?

Das territoriale Asyl entfaltet seine volle Wirkung dann, wenn die Behörden eines Staates auf dem eigenen Territorium einer Person, die von Behörden eines anderen Staates verfolgt wird, Schutz gewähren. Dazu genügt es nicht, daß sich der Verfolgte in das Gebiet des Zufluchtstaates flüchtet und einfach in das innerstaatliche Leben eingliedert; vielmehr ist erforderlich, daß die Behörden des Zufluchtstaates das Ersuchen um Asyl zur Kenntnis nehmen und den gewünschten Schutz ausdrücklich zuerkennen[87].

---

[82] Vgl. die Untersuchung der völkerrechtlichen Praxis hinsichtlich der Auslieferung von Kriegsverbrechern bei L. C. *Green,* 6 Current Legal Problems, S. 274 ff. bes. S. 289/90 (1953), vgl. auch die vorsichtige Formulierung von *Morgenstern:* Asylum for War Criminals, Quislings and Traitors, in Br. Y. S. 382 ff. (1948); vgl. R. G. *Neumann,* 45 A. J. S. 495—508 (1951), der auf S. 507/8 feststellt, daß es fast unmöglich ist, von einem neutralen Staat die Auslieferung eines Kriegsverbrechers zu erlangen.

[83] *Hambro,* Anm. 71, zit. O., S. 657; zutreffend lehnt auch *Berber,* I, S. 379/80 im Hinblick auf die Fragwürdigkeit des Begriffes Kriegsverbrecher eine völkerrechtliche Pflicht zur Verweigerung von Asyl gegenüber sog. Kriegsverbrechern ab.

[84] Vgl. die Erklärung Argentiniens in Un. Nat. Doc. S/P. V. 865, Nr. 28.

[85] So *Schwarzenberger,* Anm. 75 zit. O., S. 253 ff.

[86] So *Hambro,* a.a.O., S. 660 und in Anm. 72 zit. Autoren.

[87] Vgl. *Torres Gigena,* Asilo Diplomatico, S. 23/4.

Das bedeutet jedoch nicht, daß das Asylrecht eines Staates immer nur dann verletzt werden könnte, wenn dieser einem Verfolgten oder Flüchtling ausdrücklich Asyl gewährt hat; mit anderen Worten, daß das Asylrecht eines Staates immer dann nicht verletzt werden könnte, wenn der Flüchtling sich illegal oder unter Verwendung falscher Papiere in das Staatsgebiet begeben hat und dort ohne Wissen der Regierung und unter falschem Namen lebt[88]. Diese Ansicht ist deshalb irrig, weil ein Staat durch die bloße Tatsache, daß ein Verfolgter sein Staatsgebiet betritt, und sei dies auch auf illegale Art und Weise, diese Person als seiner ausschließlichen Gebietshoheit unterworfen betrachten kann und damit das Recht erlangt hat, über eine Asylgewährung oder Asylverweigerung zu entscheiden. Bis zu einer Entscheidung darüber gilt der Grundsatz, daß durch den „de facto"-Eintritt in die Herrschaftssphäre eines Staates dieser provisorisches Asyl gewährt[89]. Dieses provisorische Asyl und das Recht eines jeden Staates, nach seinem Gutdünken darüber zu entscheiden, ob endgültig Asyl zuerkannt werden soll oder nicht, muß von allen Staaten geachtet werden[90]. Aus diesem Grunde wird das Asylrecht eines Staates bereits dann verletzt, wenn aus seinem Territorium eine Person entführt wird, der noch nicht offiziell Asyl gewährt worden ist.

7. *Das sog. extraterritoriale Asyl*

Unter extraterritorialem Asyl versteht man den Schutz, den ein Staat einem Verfolgten oder Flüchtling innerhalb des staatlichen Hoheitsbereiches eines anderen Staates an Orten gewährt, die im Machtbereich seiner eigenen Organe liegen; so insbesondere in Botschaftsgebäuden, auf Kriegsschiffen und innerhalb des Bereiches eines Truppenlagers[91]. Soweit das geltende Völkerrecht ein solches extraterritoriales Asyl erlaubt, wäre es dem Territorialstaat verboten, Personen aus diesem Schutz zu entführen.

---

[88] Das behauptete *Silving im Eichmann-Fall*, vgl. 55, A. J., S. 323 (1961).

[89] Vgl. *von Bar*, Lehrbuch des Internat. Privat- und Strafrechts, S. 278: „Bis letzterer Staat (erg. Aufenthaltsstaat) also den Angeklagten oder Verurteilten ergreift und dem verfolgenden Staat ausliefert, ist der Verfolgte *einstweilen* in Sicherheit: er genießt das sog. völkerrechtliche Asyl."

[90] Vgl. auch *Opp. - Lauterpacht*, I, S. 676/7, vgl. *Robin*, Rev. Gén. S. 327 (1911), *Anzilotti*, Scritti, II Bd. 2, S. 218.

[91] Vgl. *Moreno - Quintana*, Derecho de Asilo, S. 19, *Bolesta - Koziebrodzki*, a.a.O., S. 215. Nachfolgend soll allein das Asylrecht in diplomatischen Gebäuden untersucht werden: zum Asylrecht auf Kriegsschiffen und Militärflugzeugen vgl. *Torres Gigena*, a.a.O., S. 180 ff., *Cavaglieri*, 26 Rec. d. C. S. 473 (1929), *Bolesta - Koziebrodzki*, a.a.O., S. 293 ff.; zum Asyl in Militärlagern vgl. *Torres Gigena*, a.a.O., S. 182/83. Ausführlich *Kimminich*, Der internationale Rechtsstatus des Flüchtlings, S. 98 ff.

a) Allgemeines

Der Grund des extraterritorialen Asyls wurde früher in einer Fiktion gesehen, wonach das Botschaftsgebäude als außerhalb des Territoriums des Empfangsstaates liegend betrachtet wurde. Diese Ansicht ist heute allgemein aufgegeben[92]. Der Begriff der Extraterritorialität wurde durch den der Immunität abgelöst; er besagt, daß an bestimmten Orten die territorialen Behörden ihre Zuständigkeit nicht ausüben und daß das Gesetz des Territorialstaates auf eine bestimmte Gruppe von Personen nicht angewendet wird[93]. Diese Immunität der Diplomaten selbst, wie die des Botschaftsgebäudes, hat den Zweck, die wirksame Unabhängigkeit des diplomatischen Dienstes sicherzustellen und ist daher grundsätzlich an die diplomatische Betätigung als solche gebunden[94]. Personen, die in diplomatischen Gebäuden Asyl suchen, genießen daher grundsätzlich die zweckbedingten Vorteile der Diplomaten nicht; eine Immunität von Asylsuchenden könnte daher allenfalls eine „immunité médiate“[95], d. h. eine Ausdehnung der Immunität des Ortes, sein. Sie würde eine bedeutsame Beschneidung der Rechte darstellen, die einem Territorialstaat auf Grund seiner Gebietshoheit zustehen; da im geltenden Völkerrecht der Grundsatz gilt, daß Einschränkungen von Souveränitätsrechten nicht vermutet werden dürfen, bedürfte sie eines besonders klaren Rechtstitels[96].

b) Besteht ein allgemeines, extraterritoriales Asylrecht?

Eine Untersuchung der völkerrechtlichen Praxis und Lehre zwingt zu dem Schluß, daß ein allgemeines Recht, in Botschaftsgebäuden extraterritoriales Asyl zu gewähren, nicht Bestandteil des allgemeinen Völkergewohnheitsrechts ist[97]. Aus diesem Grunde fand auch bei der Dis-

---

[92] Vgl. Harvard *Draft*, Jurisdiction, S. 473: „diplomatic immunities are personal rather than exterritorial in nature, there is no longer any reasonable basis for assimilating embassies and legations to territory for the purpose of jurisdiction ...“ Ebenso *Kitschenberg*, Das diplomatische Asyl, S. 82/83, *Cavaglieri*, a.a.O., S. 467.

[93] Vgl. *Bolesta-Koziebrodzki*, a.a.O., S. 16.

[94] So *Dahm*, I, S. 349, *Torres Gigena*, a.a.O., S. 104.

[95] *Bolesta-Koziebrodzki*, a.a.O., S. 17.

[96] Vgl. *Bolesta - Kodziebrodzki*, a.a.O., S. 17. *Kitschenberg* lehnt es ausnahmslos ab, in der Immunität des Missionsgebäudes eine Rechtsgrundlage für das Asylrecht zu sehen (a.a.O., S. 84 ff.); als einzig mögliche Rechtsgrundlage kommt nach seiner Ansicht der Gedanke der Humanität in Frage (a.a.O., S. 88 ff.).

[97] Vgl. *Berber*, I, S. 282, *Seidl - -Hohenveldern*, Rdz. 719, *Verdross*, S. 335, *Guggenheim*, Traité, I, S. 505, *Opp. - Lauterpacht*, I, S. 794, *Cavaglieri*, a.a.O., S. 472. Zum gleichen Ergebnis kommt auch *Kitschenberg*, a.a.O., S. 98 f.; vgl. dort bes. S. 104 und die dort genannten Autoren.

kussion um das territoriale Asyl im Rahmen der Vereinten Nationen ein Vorschlag der bolivianischen und uruguayischen Delegation, das Asylrecht auf Botschaftsgebäude auszudehnen, keine Unterstützung außerhalb der lateinamerikanischen Staaten[98].

c) Das extraterritoriale Asylrecht im südamerikanischen Raum

In Europa ist das exterritoriale Asyl seit dem Ende des 19. Jahrhunderts allgemein aus der Praxis der Staaten verschwunden und spielt nur mehr ganz vereinzelt eine Rolle[99]. Dagegen ist es im südamerikanischen Raum nach wie vor von nicht unerheblicher Bedeutung. Hier war es Gegenstand einer Reihe von Konventionen[100], Kodifikationsentwürfen[101] und wird von einem Großteil der Doktrin bejaht[102]. Jedoch hat es der I. G. H. im bekannten *Haya de la Torre-Fall* abgelehnt, für den südamerikanischen Bereich schlechthin einen partikulären Völkergewohnheitsrechtssatz des Inhalts anzunehmen, daß ein Staat berechtigt sei, in seinem Botschaftsgebäude einem vom Territorialstaat verfolgten politischen Flüchtling Asyl zu gewähren[103].

d) Das sog. humanitäre Asylrecht

Obwohl für diplomatische Gebäude ein allgemeines Asylrecht nicht besteht, soll es einem Staat ausnahmsweise erlaubt sein, in Zeiten innerer Unruhe und in besonderen Notfällen sogenanntes humanitäres Asyl zu gewähren; in Fällen, in denen elementare Menschenrechte zu schüt-

---

[98] Zit. bei *Ronning*, Diplomatic Asylum, S. 19. Zur Diskussion der Asylfrage vor den Vereinten Nationen auch Kitschenberg, a.a.O., S. 31 ff.

[99] In diesem Sinne P. F.*Gonidec*, 55. Rev. Gén., S. 547/48 (1951) und *Bourquin*, 16 Rec. d. C., S. 149 (1927). Vgl. die Darstellung der europäischen Praxis bei *Torres Gigena*, a.a.O., S. 31 ff. und bei Moreno-Quintana, a.a.O., S. 41. *Kitschenberg* weist darauf hin, daß das exterritoriale Asyl auch in der Praxis der Vereinigten Staaten praktisch ohne Bedeutung ist (a.a.O., S. 123 ff.).

[100] Ausführlich dazu Torres *Gigena*, a.a.O., S. 259—305, *Moreno - Quintana*, a.a.O., S. 81 ff. und Kitschenberg, a.a.O., S. 17—30.

[101] Vgl. die bei *Torres Gigena*, a.a.O., S. 309—358 aufgeführten Kodifikationsentwürfe und die S. 361—475 aufgeführten internationalen Kongresse und Resolutionen.

[102] Zusammenstellung bei *Torres Gigena*, a.a.O., S. 63—79.

[103] I. G. H. Rep., 1950, S. 276/7; ebenso *Abendroth*, W. d. V., I, S. 91 und *Ronning*, a.a.O., S. 96. Anderer Ansicht *Accioly*, 9 Archiv des Völkerrechts, S. 291 (1961/62). Der *Haya de la Torre-Fall* ist ausführlich dargestellt bei *Kitschenberg*, a.a.O., S. 33—49, der allerdings bestreitet, daß das Gericht einen solchen partikulären Völkergewohnheitsrechtssatz abgelehnt habe (a.a.O., S. 115). *Kitschenberg* bejaht das Bestehen eines regionalen Gewohnheitsrechts, aus dem ein Rechtsanspruch auf Asylgewährung abgeleitet werden könne (vgl. a.a.O., S. 113/114 und die dort genannten Verfasser).

zen sind, soll dieses Recht selbst dann bestehen, wenn die äußere Ordnung wieder hergestellt ist[104]. Die neuere Staatenpraxis kennt jedoch noch zu wenig Fälle, welche die Geltung eines solchen Grundsatzes erhärten könnten[105].

e) *Die Entführungsversuche im Falle Sun Yat Sen und Kasenkina*

Ein Recht, extraterritoriales Asyl zu gewähren, wird folglich vom geltenden Völkerrecht nur in äußerst beschränktem Umfang erlaubt; völkerrechtswidrige Entführungen, die dieses Asyl verletzen, sind zwar theoretisch denkbar, bislang aber in der Staatenpraxis nicht bekannt. Aus dem Grundsatz der Gebietshoheit, der eine Fiktion der Extraterritorialität von diplomatischen Gebäuden nicht zuläßt, folgt daher, daß es Staaten untersagt ist, Personen aus dem Territorium des Empfangsstaates in ihre Botschaftsgebäude zu entführen, dort festzuhalten und von dort in ihren Heimatstaat weiter zu verbringen.

Die Staatenpraxis kennt zwei besonders bekannt gewordene Versuche solcher Entführungen. Im Jahre 1896 wurde der chinesische Arzt *Sun Yat Sen*, Haupt der Verschwörung gegen die Mandschou-Dynastie und Organisator eines fehlgeschlagenen Mordanschlages, in London von chinesischem Botschaftspersonal gewaltsam in die chinesische Botschaft geschafft und dort festgehalten[106]. Nach etwa zwei Wochen gelang es ihm über einen britischen Botschaftsbediensteten die britische Regierung zu verständigen, die die sofortige Freilassung von *Sun Yat Sen* forderte.

---

[104] Vgl. *Berber*, I, S. 283, *Dahm*, I, S. 351, *Seidl - Hohenveldern*, Rdz. 720 (spricht von einem im Entstehen begriffenen Gewohnheitsrecht), *Verdross*, S. 335, *Opp. - Lauterpacht*, I, S. 797 und *Ronning*, Diplomatic Asylum, S. 123/4. *Kitschenberg*, a.a.O., S. 88 ff., will als Rechtsgrundlage der außervertraglichen Asylgewährung überhaupt nur den Gedanken der Humanität anerkennen.

[105] So insbesondere *Bolesta - Koziebrodzki*, a.a.O., S. 290. Über die Praxis der verschiedenen Staaten im spanischen Bürgerkrieg vgl. *Bolesta - Koziebrodzki*, a.a.O., S. 239— 255 und *Torres Gigena*, a.a.O., S. 44 ff. Ein bedeutendes Beispiel bietet die Asylgewährung an Kardinal *Mindszenty* durch die amerikanische Botschaft in Budapest im November 1956. Als 1949 die argentinische Botschaft in Bukarest einem gewissen *Cutzarida* Asyl gewährte, weigerte sich die rumänische Regierung zunächst, ein solches Recht anzuerkennen, erklärte sich aber schließlich bereit, Cutzarida unbehelligt ausreisen zu lassen (zit. bei *Torres Gigena*, a.a.O., S. 47/48).
Als besondere Form der Schutzgewährung ist die sog. vorübergehende Zuflucht („refuge temporaire", „temporary shelter") zu erwähnen, deren Abgrenzung vom exterritorialen Asyl noch erhebliche Schwierigkeiten bereitet (dazu *Kitschenberg*, a.a.O., S. 7 ff.; vgl. auch die dort S. 11 Anm. 4 genannten Autoren).

[106] Eine ausführliche Besprechung des Falles findet sich in 25 Journal du Droit International Privé et de Jurisprudence Comparé, S. 1006 ff. (1896); vgl. auch R. *Freudenberg*, W. d. V., III, S. 423.

Daraufhin wurde der Festgenommene auch umgehend britischen Behörden übergeben[107]. Ein ganz ähnlicher Zwischenfall führte im Jahre 1948 zum vollkommenen Abbruch der konsularischen Beziehungen zwischen den Vereinigten Staaten und der Sowjetunion. Es handelte sich um die versuchte Entführung der sowjetischen Staatsangehörigen *Oksana S. Kasenkina*[108]. Kasenkina war in New York als Lehrerin für die Kinder der Mitglieder der sowjetischen Delegation zu den Vereinten Nationen beschäftigt und sollte am 31. Juli 1948 in die Sowjetunion zurückkehren. Da sie in den Vereinigten Staaten bleiben wollte, suchte sie bei einer von der Tolstoy-Foundation geführten Wohltätigkeitsorganisation Unterkunft. Der sowjetische Generalkonsul Lomakin holte sie am 7. August 1948 dort ab und brachte sie in das Gebäude des Generalkonsulats; dort wurde sie unter Zwang festgehalten, um bei günstiger Gelegenheit in die Sowjetunion zurückgeschickt zu werden. Als Kasenkina am 12. August aus einem Fenster im dritten Stockwerk des Generalkonsulats sprang und von New Yorker Polizisten, die den Vorfall beobachtet hatten, in ein Hospital gebracht wurde, erfuhr die amerikanische Regierung von der versuchten Entführung; im Verlauf einer sich ergebenden diplomatischen Auseinandersetzung entzog sie dem Generalkonsul das Exequatur. Als daraufhin die sowjetische Regierung beide Konsulate in New York und San Franzisco schloß, wurde auch das amerikanische Generalkonsulat in Vladivostok geschlossen und die Eröffnung eines Konsulats in Leningrad unterlassen.

III. Die Verletzung der Normen eines Auslieferungsvertrages

Flüchtige Verbrecher werden gewöhnlich im Wege der internationalen Rechtshilfe den Strafverfolgungsbehörden übergeben. Da es einerseits Rechtspflichten im Rahmen der internationalen Rechtshilfe nur auf Grund von Verträgen gibt[109], andererseits ein Bedürfnis vorhanden ist, flüchtiger Verbrecher habhaft zu werden, bestehen heute zwischen Staaten, die normale diplomatische Beziehungen unterhalten, meist Auslieferungsverträge. Diese enthalten eine genaue Aufzählung der Straftaten, nach deren Begehung der Täter auszuliefern ist[110] und legen das

---

[107] Während *Sun Yat Sen* in der Botschaft festgehalten wurde, hatte man ihm mitgeteilt, daß man ihn, falls man ihn nicht heimlich nach China zurückschaffen könne, in London umbringen, einbalsamieren und auf diese Weise in die Heimat zurückbringen werde. Das hatte den Sinn, die Leiche auf alle Fälle in die Hände der Strafvollzugsbehörden zu bringen, die zur damaligen Zeit noch Akte des Strafvollzugs an Leichen vollzogen.

[108] Eine eingehende Darstellung des Sachverhalts findet sich bei *Bishop*, Int. Law, S. 451—455; vgl. auch die Abhandlungen in 42 A. J., S. 859/8 (1948) und in 43 A. J., S. 35/36 (1949).

[109] Vgl. *Dahm*, I, S. 275, *Berber*, I, S. 391.

[110] Über die den verschiedenen Auslieferungsverträgen zugrunde liegenden Prinzipien vgl. *Berber*, I, S. 393 ff., *Dahm*, I, S. 281.

Verfahren fest, das bei einer Auslieferung von beiden beteiligten Staaten beachtet werden muß[111].

Durch eine rechtswidrige Entführung, die einem Staat zuzurechnen ist, werden regelmäßig auch, sofern zwischen den beteiligten Staaten ein Auslieferungsvertrag besteht, die Normen dieses Vertrages verletzt. Die Behauptung, eine Entführung könne einen Auslieferungsvertrag nicht verletzen, da ja hier gerade ein Auslieferungsverfahren umgangen werden sollte — zumeist in der Befürchtung, das gesuchte Individuum könnte einer Auslieferung nicht unterliegen —, ist nicht richtig. Dadurch, daß Staaten Auslieferungsverträge abschließen, bringen sie zum Ausdruck, daß nach Abschluß dieses Vertrages die Übergabe einer Person durch Behörden eines Staates an die Behörden des anderen in der vertraglich festgelegten Art und Weise und in dem dort festgelegten Umfang erfolgen soll; die Vertragsparteien erklären damit gleichzeitig ihre Verpflichtung, von der vertraglich festgelegten Modalität nicht abzuweichen, es sei denn im gegenseitigen Einvernehmen[112].

Zutreffend stellte der amerikanische Außenminister Blaine in einem Fall einer rechtswidrigen Entführung fest: „The treaty of extradition between the United States and Mexico prescribes the forms for carrying it into effect and does not authorize either party, for any cause, to deviate from those forms, or arbitrarily abduct from the territory of one party a person charged with a crime for trial within the jurisdiction of the other[113]." In seiner Arbeit über den *Argoud-Fall* wies *Cocatre-Zilgien* ebenfalls in aller Klarheit darauf hin:

„... les circonstances retenues par la Cour de Sûreté de l'Etat s'analysaient donc, alternativement ou cumulativement directement ou par déduction, en une atteinte à la souveraineté de la République Fédérale d'-Allemagne, en une violation des ‚principes généraux de droit reconnus par les nations civilisées' et, surtout, en une méconnaissance de la Convention franco-allemande d'extradition de 1951 dont l'objet n'est évidemment ni d'autoriser ni de ‚couvrir' le kidnapping international[114]."

---

[111] Vgl. dazu die Monographie von Heinrich *Meyer*, Die Einlieferung. Ausführlich auch *Berber*, I, S. 393 ff., H. *Grützner*, W. d. V., I, S. 115 ff., L. C. *Green*, 6 Current Legal Problems, S. 274—296 (1953). Eingehend *Kimminich*, Bonner Kommentar zu Art. 16 GG, Anm. 53—91; vgl. auch die dort S. 94/95 gegebene umfassende Literaturangabe. Vgl. auch *Winnefeld*, H.: Der Auslieferungsverkehr und der Rechtshilfeverkehr in Strafsachen zwischen der Bundesrepublik und dem Ausland, 28. Monatsschrift der Vereinigung Deutscher Auslandsbeamter, S. 101 ff. (1965).

[112] *Garcia - Mora*, 32 Indiana Law Journal, 428 (1957), „... neither the asylum nor the requesting state is legally authorized to depart in any way from the forms upon which an agreement has been reached."

[113] Zit. bei *Moore*, Digest, IV, S. 330.

[114] *Cocatre - Ziligien*, L'Affaire Argoud, S. 56. Zum Sachverhalt, vgl. Anhang, Nr. 20.

§ 4. Der Tatbestand der völkerrechtswidrigen Entführung: die Zurechenbarkeit

Allgemeines

Wurde bislang nur davon gesprochen, daß eine völkerrechtswidrige Entführung dann vorliegen kann, wenn ein Staat unter Verletzung von Gebietshoheit, Asylrecht oder vertraglichen Rechten eines anderen Staates eine Person aus dessen Territorium wegführt, so ist nunmehr festzustellen, unter welchen besonderen Voraussetzungen eine Entführung als Handlung eines Staates gelten, mit anderen Worten einem Staat zugerechnet werden kann. Wie in den Bemerkungen zur aktiven und passiven Deliktsfähigkeit bereits gesagt wurde, kann in der Regel nur das Verhalten eines Staates, d. h. das einem Staat zuzurechnende Tun oder Unterlassen, ein völkerrechtliches Delikt darstellen. Die Probleme der Zurechenbarkeit gehören zu den schwierigsten des völkerrechtlichen Deliktrechts überhaupt und wurden gerade im Zusammenhang mit Entführungsfällen oft verkannt. Dies zeigte sich neuerdings in der mehrfach erwähnten Debatte im Sicherheitsrat anläßlich der Entführung von *Eichmann* aus Argentinien und in der Diskussion über die Entführung von *Argoud* aus Deutschland. Aus diesem Grunde war eine besonders eingehende Erörterung der Probleme der Zurechenbarkeit im Rahmen dieser Arbeit geboten.

1. Theoretische Grundlagen der Zurechenbarkeit

Völkerrechtliche Delikte können nur von Adressaten völkerrechtlicher Normen, insbesondere also von Staaten und Internationalen Organisationen, „begangen" werden. Der Staat bedarf[1] — ebenso wie internationale Organisationen[2] — als abstraktes Wesen zur Erfüllung seiner hoheitlichen Aufgaben der Individuen, die als solche grundsätzlich nicht fähig sind, im völkerrechtlichen Verkehr rechtserheblich in Erscheinung zu treten[3]. Damit ein bestimmtes, von einem Individuum ausgehendes Verhalten als Verletzung einer völkerrechtlichen Pflicht qualifiziert werden kann, ist es erforderlich, daß dieses Verhalten einem unmittelbaren Adressaten völkerrechtlicher Normen zugerechnet werden kann. Unter Zurechnung ist die logische Denkoperation zu verstehen, durch die

---

[1] Für die nachfolgende Untersuchung soll vom Normallfall einer völkerrechtswidrigen Entführung durch einen Staat ausgegangen werden.

[2] Über Zurechenbarkeit zu Internationalen Organisationen vgl. Garcia *Amador,* 94 Rec. d. C. S. 400 (1958), *Eagleton* 76 Rec. d. C. S. 385, 404 (1950), *Eustathiades,* 84 Rec. d. C. S. 428 (1953).

[3] Vgl. den St.I.G.H. in seinem Gutachten im Fall der deutschen Siedler in Polen (1923): „States can act only by and through their agents and representatives." St.I.G.H. B. No. 6, S. 22.

es ermöglicht wird, ein materielles Verhalten, das naturgemäß nur durch physische Personen ausgeführt werden kann, einem abstrakten Wesen zuzuordnen; damit gilt das auf diese Weise zugeordnete Verhalten als solches der abstrakten, juristischen Person[4]. Auf den Staat bezogen heißt Zurechnung: Übertragung von Rechtswirkungen der als Organe tätigen Individuen auf den Staat[5]. Diese Übertragung auf den Staat kann unter zweierlei Blickwinkel gesehen werden, dem des innerstaatlichen Rechts und dem des Völkerrechts[6]. Aus der Verschiedenheit von staatlichem Recht und Völkerrecht folgt, daß das eine wie das andere, unabhängig und selbständig, Normen für die genannte Denkoperation aufstellen kann; daher ist eine Differenzierung des Begriffs der Zurechnung geboten.

Im Anschluß an *Kelsen*[7] ist zwischen der durch die staatliche Rechtsordnung erfolgenden „zentralen" Zurechnung und der durch das Völkerrecht vorgenommenen „peripheren" Zurechnung zu unterscheiden. Nach der Terminologie Kelsens besteht die als „zentrale" Zurechnung benannte Denkoperation darin, daß ein durch eine normative Ordnung statuierter Tatbestand auf die Einheit dieser Ordnung bezogen wird; sie erfolgt auf Grund der Ordnung selbst, auf deren personifizierte Einheit der Tatbestand bezogen ist[8]. Dabei klammert man den Unrechtstatbestand als Objekt der Zurechnung aus und zwar unter dem teleologischen Gesichtspunkt, daß das Zurechnungssubjekt als Rechtsperson bestimmungsmäßig darin besteht, Subjekt von Rechten und Pflichten zu sein, nicht aber von Unrecht[9]. Eine Unrechtshandlung des Staates im Sinne zentraler Zurechnung ist daher undenkbar. Dagegen gilt für die „periphere" Zurechnung, d. h. für die Verknüpfung von Unrechtstatbestand mit Unrechtsfolge, ein Unrechtstatbestand als Unrecht dessen, den dafür

---

[4] Vgl. *Schüle*, W. d. V., I, S. 330, *Ago*, 68 Rec. d. C., S. 450, (1939), *Bin Cheng*, Gen. Princ., S. 180, *Starke*, 19 Br. Y., S. 105 (1938), *Kelsen*, General Theory, S. 191/2.

[5] So *Furgler*, Grundprobleme, S. 19.

[6] Auf das Verhältnis Völkerrecht — staatliches Recht braucht an dieser Stelle nicht eingegangen zu werden; Ausgangspunkt des Verfassers ist die Lehre vom Primat des Völkerrechts in der von *Verdross* vertretenen Form.

[7] *Kelsen*, Unrecht, S. 495 ff.; neuerdings ebenso *Carlebach*, Problème de la faute, S. 63 ff. Allein mit Hilfe der klaren Unterscheidung und präzisen Terminologie Kelsens können die auf dem Gebiet der Zurechnung häufig begangenen Fehler vermieden werden.

[8] So *Kelsen*, a.a.O., S. 498.

[9] Die Unzurechenbarkeit einer Unrechtshandlung zu einer Rechtsperson begründete bereits *Burckhardt*, Verantwortung, S. 10 damit, daß ein Verband als „besondere Form gemeinschaftlicher Ausübung von Rechten und Pflichten" zwangsläufig als Gemeinschaft des Rechts nur im Rahmen rechtmäßigen Verhaltens anerkannt sein könne, rechtswidrige Handlungen nie im gültigen Plane einer Gemeinschaft liegen können." Ebenso *Soldati*, Responsabilité, S. 40 ff., 77.

die Folge trifft[10]. Nur insofern gilt das unrechtmäßige Verhalten der Organe doch als Unrecht des Staates. Die periphere Zurechnung erfolgt auf Grund der Normen des Völkerrechts, unabhängig von einer gleichzeitig erfolgenden oder nicht erfolgenden Zurechnung durch die innerstaatliche Rechtsordnung[11]. Damit ist kein Grund einzusehen von einem Widerspruch zwischen Rechtslogik und geltendem Völkerrecht — so Anzilotti[12] — zu sprechen. Einen solchen Widerspruch kann man nur dann annehmen, wenn man, wie *Anzilotti* in seinen Frühwerken[13], die Entscheidung, ob eine Staatshandlung vorliegt oder nicht, dem maßgebenden Landesrecht entnimmt.

2. Zurechenbar sind nur Handlungen von staatlichen Organen

Zurechnung durch eine Norm des Völkerrechts erfolgt nur dann, wenn ein Organ des Staates durch sein Verhalten — Tun oder Unterlassen — eine völkerrechtliche Pflicht verletzt hat; anders ausgedrückt, dem Staat wird immer nur das Verhalten seiner Organe zugerechnet[14]. Die Feststellung der Normverletzung erfolgt ausschließlich durch das Völkerrecht; ebenso die Feststellung, ob im konkreten Fall ein Organ des Staates gehandelt hat. Da aber Staaten nach geltendem Völkerrecht grundsätzlich frei sind, ihre interne Organisation zu bestimmen[15], kann das Völkerrecht nur unter Rückgriff auf die interne Ordnung des Staates bestimmen, ob ein Organ gehandelt hat oder nicht und auf Grund dieser Feststellung erst eine Zurechnung vornehmen. Dieser Rückgriff auf die innerstaatliche Rechtsordnung bedeutet allerdings nicht, daß das Völkerrecht seine Zurechnung in irgend einer Weise von der des inner-

---

[10] So *Kelsen*, Unrecht, S. 525.

[11] Vgl. *Meron*, 33 Br. Y. S. 88 (1957): „Imputability is an independent process of international law." Ebenso *Starke*, 19 Br. Y. S. 105 (1938), P. *Reutter*, 103 Rec. d. C. S. 603 (1961).

[12] Zit. bei *Strupp*, Delikt, S. 39.

[13] Zit. bei *Strupp*, a.a.O. Aus demselben Grund ist die nachfolgende Feststellung aus dem sog. Guerrero Report unrichtig: „If the act of the official is accomplished outside the scope of his competence, that is to say, if he has exceeded his powers, we are then confronted with an act which, juridically speaking, is not an act of the State. It may be illegal, but, from the point of view of international law, the offence cannot be imputed to the State." Zit. bei *Briggs*, Law of Nations, S. 617; wie *Briggs* dazu richtig bemerkt, kann im genannten Fall lediglich eine Zurechnung durch das nationale Recht nicht erfolgen, die für die völkerrechtliche Zurechnung ohnehin unerheblich ist. Vgl. *Kelsen*, Unrecht, S. 525, *Ago*, 68 Rec. d. C., S. 471 (1939).

[14] Vgl. *Dahm*, III, S. 181, *Guggenheim*, Traité, II, S. 16, *Hyde*, Int. Law, II, S. 887, *Bin Cheng*, Gen. Princ., S. 210, *Ross*, Textbook, S. 252.

[15] Vgl. *Verdross*, S. 380, *Roth*, Delikt, S. 23, *Freemann*, Responsability, S. 23, *de Visscher*, Responsabilité, S. 94.

staatlichen Rechts abhängig macht[16], auch nicht, daß dadurch erst der konkrete Inhalt der Völkerrechtsnorm ausgefüllt wird, er besagt nur, daß damit Fakten gewonnen werden, denen das Völkerrecht durch seine Wertung völkerrechtliche Bedeutung beimißt[17]. Auf diese Weise bleibt die Autonomie des Völkerrechts gewährt.

a) Feststellung der Organeigenschaft nach dem Grundsatz der Effektivität

Allerdings gilt die Regel, daß das Landesrecht in einer für das Völkerrecht erheblichen Weise die Staatsorgane bezeichnet, nur unter der Voraussetzung, daß die Verfassung, die Behördenorganisation und Zuständigkeiten regelt, den Forderungen des Völkerrechts entspricht und auch tatsächlich befolgt wird[18]. Schwierigkeiten ergeben sich häufig aus den Praktiken totalitärer Regierungen, die durch Organisationen und Parteien handeln, denen zwar nach dem Gesetz keine hoheitlichen Aufgaben übertragen sind, deren Handeln aber dem politischen Willen der Regierung gleichgeschaltet ist. Gemäß dem Grundsatz der Effektivität, der das gesamte Völkerrecht beherrscht, rechnet das Völkerrecht in diesem Fall dieses Handeln dennoch dem Staate zu[19]. Das gleiche gilt für die Handlungen von Angehörigen eines Geheimdienstes, der für die Regierung eines Staates arbeitet[20].

Wie die jüngsten Entführungen von *Eichmann, Argoud* und *Ben Barka* zeigen, bedienen sich Regierungen gerade zu solchen illegalen Vorhaben der Mithilfe von offiziellen oder mehr oder weniger dubiosen Geheimdiensten. Soweit ein Geheimdienst in irgend einer Weise mit der Regierung oder mit Behörden eines Staates zum Zwecke einer Entführung zusammenarbeitet, muß diese dem Staat als völkerrechtliches Delikt zugerechnet werden.

b) Freiwillige als „de facto Organe"

Desgleichen kann ein Staat sich seiner völkerrechtlichen Verantwortung nicht einfach dadurch entziehen, daß er Personen, die mit seinem

---

[16] Gegen eine solche, von *Anzilotti* behauptete Abhängigkeit wenden sich mit Recht *Ago*, 68 Rec. d. C., S. 463 (1939) und *Starke*, 19 Br. Y. S. 110 (1938).

[17] Vgl. *Ago*, a.a.O., S. 464.

[18] Vgl. *Zellweger*, Die völkerrechtliche Verantwortlichkeit des Staates für die Presse, S. 22.

[19] Vgl. *Zellweger*, a.a.O., S. 22, *Verdross*, S. 380, *de Visscher*, Théories et Réalités, S. 340 und *Preuss*, 28, A. J. S. 664 ff. (1934), der sich mit der NSDAP befaßt (darüber auch *Zellweger*, a.a.O., S. 23 ff.). Allerdings ist *Sørensen*, 101 Rec. d. C., S. 225/6 (1960) zuzustimmen, wenn er feststellt, daß dieser Grundsatz in der Praxis nicht konsequent genug befolgt wird.

[20] *Seidl - Hohenveldern*, Rdz. 1201, *Cocatre - Zilgien*, L'Affaire Argoud, S. 246.

Wissen und seiner wohlwollenden Unterstützung tätig werden, einfach als „Freiwillige" deklariert, wie dies die Israelische Regierung im *Eichmann-Fall* versucht hatte[21]. Damit in einem solchen Fall eine Person als „de facto Organ" des Staates gilt, ist es nach dem Grundsatz der Effektivität ausreichend, aber auch erforderlich, daß die betreffende Person mit Wissen des Staates für diesen handelt[22]. Diesen Grundsatz hat die deutsch-amerikanische Mixed Claims Commission im *Black Tom* und *Kingsland-Fall* bestätigt[23]. Daher muß sich ein Staat die durch Privatpersonen ausgeführte Entführung einer Person aus dem Territorium eines fremden Staates dann als völkerrechtliches Delikt zurechnen lassen, wenn die Entführer auf Anstiftung oder mit Hilfe von staatlichen Organen tätig geworden sind[24]. Im *Brandner-Fall* bestanden daher für die beteiligten Regierungen keine Zweifel darüber, daß der Bundesrepublik das Verhalten der „Freiwilligen" als völkerrechtswidriges Unrecht zuzurechnen war.

Eine Zurechnung kann jedoch dann nicht erfolgen, wenn eine Person nur vorgibt, eine Organstellung innezuhaben, dies aber effektiv nicht der Fall ist und die betreffende Person auch nicht im Auftrag oder mit Wissen von staatlichen Organen tätig wird[25].

c) Grundsatz der Gleichbehandlung der verschiedenen Kategorien von Organen

Ein Staat handelt grundsätzlich durch alle seine Organe[26]; er kann durch alle seine Organe völkerrechtliche Delikte begehen, vorausgesetzt, daß sie in Ausübung hoheitlicher Gewalt handeln[27]. Eine Beschränkung

---

[21] Vgl. die Erklärung der israel. Regierung, United Nations Document No. 5/4342 (1960); zur Frage der Entsendung von sogenannten „Freiwilligen" auf int. Kriegsschauplätze, vgl. *Garcia - Mora*, International Responsability, S. 67.

[22] *Seidl - Hohenveldern*, Rdz. 1210; ebenso *Ago*, 68 Rec. d. C., S. 473 (1939); E. *Vitta*, 12/13 Revista española, S. 18 (1959/60), spricht in solchen Fällen zutreffend von „funcionarios de hecho".

[23] Vgl. 25, A. J., S. 147 ff. (1939).

[24] L. C. *Green*, 23 Mod. Law Rev., S. 508/509 (1960).

[25] Die Heldentaten eines sich im völkerrechtlichen Verkehr betätigenden Hauptmanns von Köpenick könnten daher wohl seinem Heimatstaat nicht zugerechnet werden.

[26] Vgl. *Ago*, a.a.O., S. 465/6 mit weiteren Literaturangaben, *Rousseau*, Droit International, S. 370 ff., *de Visscher*, Responsabilité, S. 94; vgl. besonders den *Salvador Commercial Co.-Fall* (1902) zit. bei *Bin Cheng*, Gen. Princ., S. 194.

[27] Zutreffend weist *Verdross*, S. 379 darauf hin, daß Organhandlungen im Vollzug der sogenannten Daseinsvorsorge durch wirtschaftliche Unternehmungen — Fiskalate — wie Privathandlungen zu behandeln sind; vgl. *Seidl - Hohenveldern*, Rdz. 1211, *Schüle*, W. d. V., I, S. 329 „fiskalisch".

auf die „mit völkerrechtlicher Vertretungsbefugnis ausgerüsteten Organe“[28] entspricht nicht dem geltenden Völkerrecht[29].

Im Schrifttum[30], in Kodifikationsentwürfen[31] und in der völkerrechtlichen Praxis[32] — insbesondere im anglo-amerikanischen Raum — wird vielfach die Zurechnung eines bestimmten Verhaltens davon abhängig gemacht, ob das fragliche Verhalten von unter — oder übergeordneten Organen begangen wurde; diese Ansicht muß als dogmatisch unbegründbar[33] und der Staatenpraxis widersprechend abgelehnt werden[34]. Für die Zurechnung als völkerrechtliches Delikt ist es völlig unerheblich, ob eine Entführung durch einen diplomatischen Vertreter, einen Staatsminister oder einen untergeordneten Polizeibeamten ausgeführt wurde.

Die Handlungen seiner Organe sind einem Staat allerdings nur dann zuzurechnen, wenn sie für diesen selbst, nicht aber, wenn sie für einen anderen Staat gehandelt haben[35].

---

[28] So *von Liszt*, Völkerrecht, S. 177, *Rivier, Bonfils - Fauchille*, zit. bei *Soldati*, Responsabilité, S. 47.

[29] *Dahm*, III, S. 185, *Schoen*, Haftung, S. 50; ungerechtfertigt daher die Unterscheidungen bei *Opp.-Lauterpacht*, I, S. 358.

[30] Vgl. *Borchard*, Diplomatic Protection, S. 189: „the wrongful act of the minor official is not presumed to be an act of the State until some State organ by some independent action or omission has tacitly ratified the act“. Die Unterscheidung in unter- und übergeordnete Organe zwingt Borchard gleichzeitig zur Übernahme der Konstruktion der sogenannten Komplizität (vgl. unten), die hier abgelehnt wird. Auch *Fenwick*, International Law, S. 280 und *Brierly*, Law of Nations, S. 285/6 vertreten noch die genannte Unterscheidung; *Cohn*, 68 Rec. d. C. (1939), S. 285 ff., glaubte dieser Unterscheidung insofern Bedeutung zumessen zu können, als er daraus Rückschlüsse auf das Schulderfordernis zog (bei Akten niederer Organe Vorhandensein einer culpa zur Begründung eines zurechenbaren völkerrechtlichen Delikts nicht erforderlich, bei höheren Organen dagegen schon).

[31] Vgl. Art. 7 des Entwurfes der Harvard Law School von 1929, abgedruckt in 23 A. J. (1929), S. 133 ff. (Spec. Suppl.). Auf der Haager Kodifikationskonferenz im Jahre 1930 vertraten nur mehr die Vereinigten Staaten diese Ansicht, vgl. *Roth*, Delikt, S. 101.

[32] Eine Reihe von völkerrechtlichen Entscheidungen, in denen diese Differenzierung vertreten wurde, findet sich bei *Bin Cheng*, Gen. Princ., S. 195, Anm. 12, bei *Eagleton*, Responsibility, S. 48, *Hyde*, Int. Law, II, S. 929, Anm. 3 und bei *Borchard*, Diplomatic Protection, S. 190.

[33] Vgl. *Strupp*, Delikt, S. 37, *Eagleton*, a.a.O., S. 48: „Externally regarded, the State is an individual unity, speaking with one voice, even if through many mouth pieces.“

[34] Vgl. *Freeman*, Responsibility, S. 447 ff., besonders S. 450, idem, 88 Rec. d. C. (1955), S. 284 ff., *Dunn*, Protection, S. 125 ff., *Bishop*, Int. Law, S. 495; *Bin Cheng*, Gen. Princ. S. 196: „Whatever his rank, his act qua official is an act of the government and hence of the State.“ Ablehnend insbesondere die Entscheidung im *William Way-Fall* (zit. bei *Bishop*, Int. Law, S. 495) und im *Massey-Fall* (zit. bei *Hyde*, Int. Law, II, S. 929).

[35] Vgl. *Seidl - Hohenveldern*, Rdz. 1212; *Verdross*, S. 379.

3. Handlungen von Privatpersonen sind grundsätzlich nicht zurechenbar

Staaten können als abstrakte Wesen im völkerrechtlichen Verkehr nur durch ihre Organe handeln; in Kenntnis dieser Tatsache nimmt das Völkerrecht als Bezugspunkt für völkerrechtlich relevantes Handeln ausschließlich die Organeigenschaft an. Daraus ergibt sich zwingend, daß die Handlungen von Privatpersonen dem Staat ausnahmslos nicht zugerechnet werden können[36]. Eine von Privatpersonen auf eigene Faust und ohne Wissen und Unterstützung der Regierung durchgeführte Entführung einer Person aus fremdem Staatsgebiet kann niemals dem Staat zugerechnet werden und stellt daher keine Verletzung einer Norm des Völkergewohnheitsrechtes dar; sie kann zwangsläufig auch nicht die völkerrechtlichen Unrechtsfolgen auslösen[37]. Dieser fundamentale Grundsatz wird vor allem von nationalen Gerichten immer wieder verkannt; auch in der Praxis der Staaten wurden vielfach zu Unrecht Folgenbeseitigungsansprüche geltend gemacht, die allein im Falle einer rechtswidrigen und zurechenbaren Entführung vom Völkerrecht zur Verfügung gestellt werden. So machte die Regierung der Vereinigten Staaten im *Madeline His-Fall,* der unbegreiflicherweise vom Vertreter Argentiniens im Sicherheitsrat mit dem *Eichmann-Fall* in rechtlichen Zusammenhang gebracht wurde[38], zu Unrecht die Rückgabe der Entführten geltend. Madeline His war die Tochter eines Schweizer Staatsangehörigen und einer Amerikanerin. Sie wurde, nachdem die Ehe ihrer Eltern geschieden worden war, von ihrem Vater, der aus der Schweiz nach New York gekommen war, entführt und in die Schweiz zurückgebracht. Die Regierung der Vereinigten Staaten nahm sich des Falles an und forderte von der Schweiz Rückgabe des Kindes im Rahmen der völkerrechtlichen Folgenbeseitigung: „the abduction of the child under these circumstances constituted a violation of the territorial sovereignty of the United States which entitled the United States to demand the return to its jurisdic-

---

[36] *Verdross,* S. 393, *Fauchille,* Traité, I, S. 527, *Guggenheim,* Traité, II, S. 16, *Ago,* 68 Rec. d. C., S. 459 ff. (1939); *Dunn,* The Protection of Nationals, S. 136, E. *Vitta,* 12/13 Revista española, S. 18 (1959/60), *de Visscher,* Responsabilité, S. 102; richtig das Gutachten der Law Officers im *Blair-Fall,* zit. bei *O'Higgins,* 36 Br. Y., S. 30 (1960); unrichtig *Amadeo,* Vertreter Argentiniens im Sicherheitsrat anläßlich der *Eichmann-Debatte:* „The State must punish and make reparation for violations of territorial sovereignty committed by its nationals, abroad, even if they were acting for private reasons." United Nations Doc., S/P. V. 865, Nr. 24.

[37] So *Doehring,* 25 ZaöRV, S. 212 (1965), *Anzilotti,* Scritti, I, S. 211—12, *Cardozo,* 55 A. J. S., 132 (1961), *Ronzitti,* 48 Rivista, S. 65, L. C. *Green,* 25 Mod. Law Rev., S. 508 (1960).

[38] Der argentinische Vertreter im Sicherheitsrat, Amadeo, erwähnte den *His-Fall* in der Debatte um die Entführung *Eichmanns,* um damit einen Anspruch Argentiniens auf Rückgabe des Entführten zu begründen (Un. Nat. Doc. S/P. V. 865, No. 24.

tion". Mit Recht lehnte die Schweiz eine völkerrechtliche Pflicht zur Rückgabe ab[39]. Ähnlich unbegründet war die Forderung der Vereinigten Staaten im *Blair-Fall*. Hier war ein in England wegen betrügerischen Bankrotts Verfolgter nach Amerika entkommen und im Auftrag der Gläubiger von einem Privatdetektiv wieder nach England entführt worden[40]. Aus diesen Fällen, denen noch zahlreiche, gleichliegende hinzugefügt werden könnten, darf keinesfalls eine völkerrechtliche Regel des Inhalts abgeleitet werden, daß auch durch Privatpersonen vorgenommene Entführungen völkerrechtliche Rückgabeansprüche auslösen könnten.

4. Die sog. Komplizitätstheorie und ihre Auswirkungen auf die Beurteilung der jüngsten Entführungsfälle

Der Grundsatz, daß Handlungen von Privatpersonen vom Völkerrecht einem Staat nicht zugerechnet werden können, wurde lange Zeit in der Wissenschaft[41] und in der Praxis[42] verkannt; dort war im Anschluß an eine *Grotius*-Stelle[43] die Lehre von der sogenannten Komplizität des Staates entwickelt worden, die es ermöglichen sollte, Handlungen von Privatpersonen dem Staat zuzuordnen. Grotius hatte gelehrt, daß ein Staat für Handlungen Privater nur durch Teilnahme verantwortlich werden könne; eine solche erblickte er neben positiven Äußerungen wie Befehl, Beihilfe, Ermutigung insbesondere in patientia und receptus. *Pa-*

---

[39] Der Sachverhalt und die Stellungnahme der amerikanischen Regierung ist ausführlich behandelt bei *Moore*, Digest, II, S. 385.

[40] Vgl. die Erörterung des Falles bei *O'Higgins*, 36 Br. Y., S. 305 ff. (1960). Die Law Officers der britischen Krone kommen in der Sache zu der zutreffenden Feststellung, daß eine Völkerrechtsverletzung nicht vorliege und eine Rechtspflicht zur Rückgabe des Entführten nicht gegeben sei; die Rückgabe des Entführten empfehlen sie allenfalls als *„matter of policy"* (vgl. *O'Higgins*, a.a.O., S. 306). Die daran anschließende Feststellung „... we think that a gross outrage has been committed on the dignity ... of the Government of the United States" kann nach dem Vorangegangenen nicht als völkerrechtliche, sondern allenfalls als moralische Aussage angesehen werden, was *de Schutter*, 1 Rev. Belge, S. 101 übersieht.

[41] Vgl. die Aufzählung bei *Ago*, Verschulden, S. 450/51 (Pufendorf, Wolff, Burlamaqui, Vattel, Fiore, Ullmann, Carlo, Bonfils) und die bei *Freeman*, Responsibility, S. 370, Anm. 2 zit. Autoren (z. B. Vattel, Pradier - Fodéré, Calvo, Hallek, Ralston, Hall u. a.); ausführlich dazu *Garcia - Mora*, Responsibility, S. 17 ff.

[42] Beispiele finden sich bei *Borchard*, Diplomatic Protection, S. 215, Anm. 2 und bei *Freeman*, Responsibility, S. 371, Anm. 3; typisch die bei *Bin Cheng*, Gen. Princ., zit. Entscheidung im *Cotesworth-* und *Powell-Fall* (1875), S. 209; vgl. auch die *Janes-Entscheidung* der General Claims Commission zwischen den Vereinigten Staaten und Mexico, zit. bei *Briggs*, Law of Nations, S. 609 (ablehnend).

[43] *Grotius*, liber II, caput 21, § II Ziff. 2; „Ex his autem modis quibus rectores aliorum in crimen veniunt duo sunt qui maximum usum habent, et diligenti consideratione diligent: patientia et receptus".

tientia ist dann anzunehmen, wenn ein Staat von einem feindlichen Vorhaben eines Individuums gegen einen fremden Staat Kenntnis erlangt hat und, obwohl ihm die Verhinderung der Tat möglich war, diese dennoch unterlassen hat. Ein Fall des *receptus* liegt dann vor, wenn der Staat fremde, flüchtige Individuen bei sich aufnimmt und ungestraft läßt oder sich weigert, die Täter dem Nachbarstaat auszuliefern[44]. Der grotianischen Lehre lag der richtige Gedanke zugrunde, daß dem Staat im Falle der Handlungen von Privatpersonen nur seine eigene Aktivität bzw. Passivität zuzurechnen sei. Seine Nachfolger, insbesondere *Vattel*[45], verfälschten diesen Gedanken und lehrten, daß der Staat durch sein Verhalten zum Teilnehmer (Komplizen) an der Handlung des Individuums werde und sich diese Handlung somit zu eigen mache[46]. Diese Konstruktion der Komplizität steht in eklatantem Widerspruch zur Rechtslogik: eine echte Komplizität würde voraussetzen, daß Individuum und Staat Subjekte der gleichen Rechtsordnung sind[47]. Obwohl diese Konstruktion von der Lehre und von internationalen Instanzen eindeutig abgelehnt wurde[48], findet sie sich gerade bei der Diskussion um die jüngsten Entführungsfälle wieder; an ihrer Unrichtigkeit ändert sich auch dann nichts, wenn man den Begriff der Komplizität durch einen schwächeren ersetzt[49].

---

[44] *Grotius*, a.a.O.: „De patientia ita habendum est, qui scit delinqui, qui prohibere potest et tenetur ne prohibet, ipsum delinquere"; vgl. auch § III und IV.

[45] Zit. bei *Kuhn*, Verschuldenshaftung, S. 76/77; neben den in Anm. 48 zit. Autoren vgl. die bei *Ago*, 68 Red. d. C. S. 450/52 (1939) angeführten Autoren.

[46] Als geradezu klassische Formulierung dieser Konstruktion vgl. die Ausführungen von Mr. *Hunt*, dem amerikanischen Vertreter der amerikanisch-panamaischen General Claims Commission: „The logical and reasonable theory upon which liability is properly to be founded in this class of cases is that, by failing to prosecute or to punish adequately, the Government condones and *adopts as its own* the damaging act of the unpunished criminal. This is a sound essential theory of international law, for which there is abundant authority." Zit. bei *Hyde*, Int. Law, II, S. 943, Anm. 10. In neueren Lehrbüchern findet sich der Gedanke nur mehr vereinzelt, z. B. bei *Brierly*, Law of Nations, S. 289.

[47] Vgl. dazu *Hyde*, Int. Law, II, S. 943/44.

[48] So von *Jess*, Polit. Handlungen, S. 17 ff., *Roth*, Delikt, S. 24, *Strupp*, Haftung, S. 9, *Schoen*, Haftung, S. 36, *Anzilotti*, 13 Rev. Gén., S. 15 (1906), *Freeman*, Responsibility, S. 370, *Lapr.-Pol*, II, Note Doctrinale zum *Alabama-Fall*, S. 974; besonders interessant die Entscheidung der General Claims Commission zwischen den Vereinigten Staaten und Mexico im *Janes-Fall*, die sich eingehend mit der Theorie befaßt und zu ihrer Ablehnung kommt (zit. bei *Briggs*, Law of Nations, S. 605 ff., besonders S. 609); ähnlich die Entscheidung im *Massay-Fall*, 21 A. J., S. 783 (1927).

[49] So *Brierly*, 9 Br. Y., S. 49 (1928): „We introduce no fiction if we regard the State's omission in some sense making it a party to the original act, and if ‚*implied complicity*' is to strong a term, ‚*condonation*' will serve." (Hervorhebung vom Verf.)

Es ist daran festzuhalten, daß von einer völkerrechtswidrigen Entführung nur dann gesprochen werden kann, wenn staatliche Organe oder Privatpersonen mit Wissen oder Unterstützung von offiziellen Stellen die Tat ausgeführt haben. Eine von Privatpersonen ohne Unterstützung und Kenntnis durch staatliche Stellen durchgeführte Entführung kann nicht dadurch zu einer Entführung des Staates werden, daß dieser nach Abschluß der Tat mehr oder weniger offen zu erkennen gibt, daß die Anwesenheit des Entführten auf seinem Territorium ihm recht gelegen erscheint. Daher ist die Ausführung von *Amadeo* im Sicherheitsrat der Vereinten Nationen unrichtig, soweit er feststellt:

„Thus, by accepting the act and by announcing its intention to try the prisoner the Government of Israel ipso facto became accessory to, and ultimately responsible for, the act itself[50]."

Die Völkerrechtswidrigkeit der Entführung von *Eichmann* kann, entgegen der Behauptung von *de Schutter*, niemals darauf beruhen, daß Behörden in Israel die Entführer offen beglückwünschten und sich mit ihnen solidarisch erklärten; völkerrechtswidrig wäre die Entführung nur dann, wenn staatliche Stellen in Israel über den Verlauf der Entführungsaktion Bescheid wußten und sie unterstützten[51]. Desgleichen kann die Entführung von *Argoud* der französischen Regierung nicht deshalb zugerechnet werden, weil:

„The conduct of these individuals (erg. Entführer) is *approved* by the French authorities, no attempt has been made to find the culprits or to grant reparation. Moreover, de Gaulle has clearly implied that handling back the accussed has never been considered, which is a public and manifest *approval* of the breach[52]."

---

[50] United Nations Document S/P. V., 865, No. 25.

[51] Vgl. *de Schutter*, 1 Rev. Belge, S. 101 (1965); eine eingehende Darstellung des Eichmann-Falles folgt im Anhang Nr. 18. Unrichtig auch F. A. *Mann*, 111 Rec. d. C., S. 130, Anm. 96 (1964); „Even if as a matter of fact Eichmann's abduction should originally have been a private venture it became an act of the State of Israel when it was *adopted* and endorsed by Israel." *Corea* im Sicherheitsrat: S/P. V. 868, No. 10 „the only reasonable inference we can draw from the statements of the various members of the Israel Government soon after the transfer of A. E. is that the Government endorsed and *condoned* the act, thus *adopting* it more or less as its own". Falsch auch Mr. *Ortona* (Italien): „... With or without the knowledge of the State of Israel, a violation of the sovereignty rights of the State of Argenina was committed ...", S/P. V. 867, No. 34.

[52] Vgl. *de Schutter*, a.a.O., S. 101/102. De Schutter kommt zu seiner Ansicht infolge falscher Würdigung insbesondere des *Blair-Falles* und des Gutachtens der Law Officers (vgl. Anm. 46); er zit. a.a.O., S. 101 lediglich den Teil aus dem Gutachten, der im Anschluß an die Würdigung der „legal aspects" (vgl. bei *O'Higgins*, a.a.O., S. 306) abgegeben wurde und sich mit einer außerjuristischen Würdigung, nämlich der „comity" befaßte.

Auch in diesem Fall liegt eine zurechenbare völkerrechtswidrige Entführung nur dann vor, wenn französische Stellen vorher die Entführung guthießen oder unterstützten. Eine von Privatpersonen ausgeführte Entführungshandlung *als solche* kann in ihrem Rechtscharakter als völkerrechtlich nicht relevantes Geschehen nicht dadurch ex post geändert werden, daß ein Staat diese Handlung billigt. Die nachfolgende Billigung einer durch Privatpersonen ausgeführten Entführung seitens staatlicher Behörden stellt lediglich einen unfreundlichen Akt gegenüber dem Staat dar, aus dessen Gebiet die Entführung vorgenommen wurde.

5. *Wann können Handlungen von Privatpersonen völkerrechtlich relevant werden?*

Daraus folgt jedoch keineswegs, daß von Privatpersonen ausgeführte Entführungen für das Völkerrecht völlig unerheblich sein müßten. Eine solche Entführung kann, wie jede Handlung einer Privatperson, für das Völkerrecht insofern rechtserheblich werden, als sie Anlaß und Bedingung — niemals aber unmittelbare Ursache[53] — für ein dem Staat zurechenbares völkerrechtliches Delikt werden kann. Das ist immer dann der Fall, wenn anläßlich[54] des Verhaltens von Privatpersonen das Tun oder Unterlassen staatlicher Organe gegen völkerrechtliche Pflichten verstößt. Im Hinblick auf das Verhalten von Individuen hat der Staat einmal die Pflicht, präventiv Vorkehrungen zu treffen, daß auf seinem Gebiet oder von seinem Gebiet aus fremde Staaten nicht verletzt werden, zum anderen repressiv gegen Handlungen einzuschreiten, die auf seinem Gebiet begangen wurden und durch die fremden Staaten Schaden zugefügt wurde[55]. Wenn anläßlich des Verhaltens von Privatpersonen der Staat seinen völkerrechtlichen Verpflichtungen nicht nachkommt, wird allein dieses Fehlverhalten dem Staat zugerechnet[56]; der oben aufgestellte Grundsatz, daß Handlungen von Privatpersonen dem Staat nicht zugerechnet werden können, erleidet keine Ausnahme.

---

[53] So *Strupp*, Delikt, S. 34.

[54] Es ist daher zumindest mißverständlich, wenn im völkerrechtlichen Schrifttum von einer Haftung des Staates *für* Handlungen Privater gesprochen wird (so *Verdross*, S. 393 u. a.); richtiger ist es von Haftung *anläßlich* der Handlungen Privater zu sprechen (so *Berber*, III, S. 13, *Dahm*, III, S. 195, *Rousseau*, Droit Int., S. 376).

[55] Ausführlich dazu *Rousseau*, Droit Int., S. 376/7 und *Bissonnette*, Satisfaction, S. 15—17, Max *Huber* im bek. *Palmas-Fall* (RIAA, 1, S. 839) und J. B. *Moore* im *Lotus-Fall* (dissenting opinion), St.I.G.H., A. No. 10, S. 88).

[56] Vgl. *Strupp*, Haftung, S. 16, *Anzilotti*, Corso, S. 403, *Eagleton*, Responsibility, S. 77, *Freeman*, Responsibility, S. 180, E. *Vitta*, 12/13 Revista española, S. 20 (1959/60).

Im Anschluß an eine von Privatpersonen ausgeführte Entführung könnte daher der Staat, in dessen Territorium der Entführte verbracht wurde, dadurch ein völkerrechtliches Delikt begehen, daß er entgegen einer kraft eines Auslieferungsvertrages bestehenden völkerrechtlichen Verpflichtung die Entführer nicht ausliefert oder es entgegen den Regeln des völkerrechtlichen Mindeststandards zuläßt, daß der Entführte von den Privatpersonen weiterhin gefangengehalten oder mißhandelt wird.

6. Welche Handlungen von staatlichen Organen sind zurechenbar?

Steht fest, daß nur die Handlungen von staatlichen Organen, zumindest sogenannten ad hoc Organen, einem Staat zugerechnet werden können, so ergibt sich die Frage, ob sämtliche Handlungen dieser Organe zurechenbar sind.

a) Handlungen im Rahmen ihrer Zuständigkeit

Das Verhalten eines Organs, das im Rahmen der ihm durch die innerstaatliche Rechtsordnung eingeräumten Zuständigkeit erfolgt, stellt den Normalfall staatlichen Handelns dar. Handeln und Wollen des Organs im Rahmen seiner Zuständigkeit gilt als Handeln und Wollen des Staates[58]; die völkerrechtliche Zurechenbarkeit dieses Handeln unterliegt keinen Bedenken[59].

b) Handlungen außerhalb ihrer Zuständigkeit

Handlungen eines Organs außerhalb des Rahmens der durch die staatliche Rechtsordnung eingeräumten Kompetenz gelten in der Regel nicht als Staatsakte[60] im Sinne einer zentralen Zurechnung; sie können aber, sofern das Organ in Organeigenschaft, d. h. hoheitlich, gehandelt hat,

---

[58] Vgl. *Strupp*, Delikt, S. 36, *Schoen*, Haftung, S. 43; *Kelsen* wendet sich gegen diese Identifizierung von Staatswille und Wille des Organs, vgl. Unrecht, S. 539.

[59] So *Kelsen*, Unrecht, S. 506, *Ago*, 68 Rec. d. C., S. 469 (1939). Ein Staat kann sich im übrigen niemals seinen völkerrechtlichen Verpflichtungen durch Berufung auf sein Landesrecht entziehen (vgl. *Verdross*, S. 113), daher auch nicht geltend machen, das Organ habe in perfektem Einklang mit der nationalen Rechtsordnung gehandelt.

[60] Mit Recht hat aber *Kelsen*, Unrecht, S. 508 darauf hingewiesen, daß nicht jeder kompetenzwidrige Staatsakt im innerstaatlichen Bereich eo ipso zum absolut nichtigen Akt wird, sondern vielfach einen Rechtsschein als Staatsakt beansprucht, bis er durch einen entsprechenden actus contrarius entweder vernichtet wird oder die Nichtigkeit festgestellt wird.

durch das Völkerrecht dem Staat zugerechnet werden[61]. Im völkerrechtlichen Schrifttum[62], in Kodifikationsentwürfen[63] und in der völkerrechtlichen Praxis[64] wurde vielfach der Versuch gemacht, kompetenzwidriges Verhalten von Staatsorganen prinzipiell von einer Zurechenbarkeit zum Staat auszuklammern, mit der Folge, daß die völkerrechtlichen Unrechtsfolgen nicht zum Entstehen gelangen konnten. Solche Versuche stehen im Widerspruch zum geltenden Völkerrecht[65]. Der Grund für die Zurechenbarkeit auch kompetenzwidriger Handlungen besteht darin, daß der Staat, indem er einen Beamten ernennt und installiert, ihm nicht nur eine formelle Legitimation gegeben hat, im Namen des Staates zu handeln, sondern ihn mit dieser Übertragung öffentlicher Gewalt auch in die Lage versetzt hat, diese Macht zum Nachteil von Personen und Sachen anzuwenden[66]; zum anderen erklärt sich diese Zurechenbarkeit auch aus der Notwendigkeit einer gewissen Sicherheit im zwischenstaatlichen Verkehr.

Die Entführung einer Person aus fremdem Territorium durch staatliche Agenten kann nicht nur dann einem Staat zugerechnet werden, wenn Regierung oder maßgebende Stellen den Auftrag dazu gaben, sondern auch dann, wenn die beteiligten Beamten unter Überschreitung ihrer Kompetenzen, z. B. aus falsch verstandenem Diensteifer, tätig geworden sind. An der Völkerrechtswidrigkeit ändert sich daher auch

---

[61] Vgl. *Berber*, III, S. 12; *Ross*, Textbook, S. 252; *Dahm*, III, S. 182/83; *Seidl-Hohenveldern*, Rdz. 1212; *Verdross*, S. 380 (auch gegen Befehls- und Dienstvorschriften). *Anzilotti*, Teoria, S. 132; *Ago*, a.a.O., S. 472; *Freeman*, Responsibility, S. 83; *Eagleton*, Responsibility, S. 54 ff.; vgl. die bei *Jess*, Polit. Handlungen, S. 112 ff. zit. Fälle aus der völkerrechtlichen Praxis.

[62] So *Calvo*, Le droit international théorique et pratique, Paris, 1896, III, S. 120, *Bluntschli*, Das moderne Völkerrecht der Civilisierten Staaten, Nördlingen, 1868, S. 261 und die bei *Soldati*, Responsabilité, S. 55 zitierten Autoren.

[63] Vgl. Nr. 3 der Schlußfolgerungen im sogenannten *Guerrero Report*, abgedruckt in L. C. Yearbook, 1956, II, S. 222.

[64] Typisch ist die Erklärung des amerikanischen Secretary of State Bayard im *Tunstall-Fall*, zitiert bei Meron, 33 Br. Y., S. 90/91 (1957); ähnlich im *Seal Fisheries Behring Sea-Fall:* „... torts of an officer may subject him to suit, but, not being within his orders as agent of the government, the latter is not responsible for them." Zitiert bei *Meron*, a.a.O., S. 91.

[65] Der grundlegende Irrtum aller Versuche, ultra vires Akte staatlicher Organe von der Zurechenbarkeit auszuklammern, liegt darin, daß zu Unrecht nationale Rechtsregeln als Zurechnungsnormen herangezogen werden; Zurechnungsnormen zur Begründung völkerrechtlichen Unrechts können allein dem Völkerrecht entnommen werden. Zutreffend *Briggs*, Law of Nations, S. 617.

[66] In diesem Sinne die Stellungnahme Deutschlands auf der *Haager Kodifikationskonferenz*, vgl. *Roth*, Delikt, S. 99; ebenso *Schoen*, Haftung, S. 48, *Cohn*, 68 Rec. d. C., S. 294, (1939), *Heilborn*, 7 ZöR, S. 9 (1927/8), *Cavaglieri*, 26 Rec. d. C., S. 547 (1929), *Eagleton*, Responsibility, S. 58; *de Visscher*, Responsabilité, S. 92 stellt darauf ab, daß der Staat immer dann, wenn eine Handlung in seinem Interesse ausgeführt wurde, er auch die Konsequenzen zu tragen habe.

dann nichts, wenn eine Regierung — wie das im Fall der *Vincenti-Entführung* geschah[67] — die Erklärung abgibt, daß die entführenden Beamten auf eigene Initiative und ohne Wissen der Regierung gehandelt hätten.

c) Offensichtliche Unzuständigkeit

Verschiedentlich wird im Schrifttum die Ansicht vertreten, kompetenzwidriges Verhalten von Staatsorganen könne dem Staat nicht zugerechnet werden, wenn „die Unzuständigkeit des Organs zur Setzung der fraglichen Handlung eine offenkundige war“[68]. Dem ist jedoch entgegenzuhalten, daß die Tatsache allein, daß die Unzuständigkeit des betreffenden Organs zur Setzung der fraglichen Handlung eine offenkundige war, nach geltendem Völkerrecht nicht zwangsläufig die Zurechenbarkeit ausschließt. Das geltende Völkerrecht betrachtet das Verhalten von Organen, das außerhalb jeder Anscheinskompetenz liegt, zumindest dann als dem Staat zurechenbar, wenn das Organ das schädigende Verhalten durch einen Mißbrauch ihm anvertrauter hoheitlicher Mittel herbeigeführt hat[69]; allerdings darf das Deliktsobjekt keine Möglichkeit gehabt haben, dem eingesetzten Mittel entgegenzutreten und die Rechts-

---

[67] Darstellung der Entführung, § 3, I, 9; auf den Protest der Britischen Regierung erklärte das Department of State: „the persons who arrested Vincenti and forcibly removed him from the Bimini Islands, acted on their own initiative and without the knowledge or approval of this Government in any way.“

[68] So die Formulierung von *Verdross,* S. 388; ausführlich zu diesen verschiedenen Einschränkungen, *Meron,* 33 Br. Y., S. 93 ff. (1957). *Freeman,* Responsibility, S. 450, verlangt einen Organakt „within the scope of its *apparent authority*“, vgl. die bei *Meron,* a.a.O., S. 103, Anm. 4 zit. Formulierungen. Richtig allein die Formulierung von *Seidl - Hohenveldern,* Völkerrecht, Rdz. 1211, der eine Zurechnung bejaht „für alle Handlungen seiner Organe, die zumindest den Anschein erwecken, als ob sie in Ausübung seiner Hoheit vorgenommen worden seien. Das gilt selbst dann, wenn das Organ in Wirklichkeit ohne oder sogar gegen einen Befehl gehandelt hat“. Auch die sogenannte Vertrauenstheorie von *Dahm,* III, S. 182/83 berücksichtigt nicht genug die durch den Staat seinem Organ gegebene besondere Machtstellung.

[69] Vgl. *Meron,* a.a.O., S. 107—114, *Dunn,* Protection, S. 135/6, *Berber,* III, S. 12, *de Visscher,* Rev. de droit int. et de législation comparée (1927), S. 253 hält eine Zurechenbarkeit dann gegeben, wenn „l'acte dommageable a été commis à la faveur soit de l'autorité, soit de la force matérielle que l'agent coupable tient de ses fonctions“. Vgl. auch Art. 1 der *Resolution des Institut de Droit International* auf der Tagung von Neuchâtel, abgedruckt bei I. von *Münch,* Delikt, S. 318. Es sind dabei bei der Bewertung „hoheitlicher Mittel“ strenge Anforderungen zu stellen; der bloße Gebrauch einer Dienstwaffe genügt nicht zu einer Zurechnung (vgl. die bei *Burckhardt,* Schweizerisches Bundesrecht, zit. Fälle Nr. 30 und 32, wo sich Soldaten (einmal ein deutscher, einmal ein französischer) auf Schweizer Gebiet begeben hatten, um zu schmuggeln und dabei Schweizer Grenzwachen töteten bzw. schwer verletzten); vgl. den *Mallen-Fall* Anm. 74, S. 12.

verletzung dadurch zu vermeiden[70]. Dieser Grundsatz wurde im bekannten *Panther-Fall*[71] und in zahlreichen anderen Entscheidungen internationaler Instanzen anerkannt[72]. Im Falle einer Entführung kann daher ein Staat, dessen Organe in fremdem Territorium eine Person entführt haben, mit dem bloßen Hinweis auf die offensichtliche Unzuständigkeit seiner Organe zu einer solchen Handlung einer Zurechnung nicht wirksam entgegentreten.

d) Privatakte von staatlichen Organen

Vom kompetenzwidrigen, zurechenbaren Handeln eines staatlichen Organs ist jedoch jenes Verhalten zu unterscheiden, das in keinem Zusammenhang mit der Ausübung hoheitlicher Funktionen steht. Privathandlungen eines staatlichen Organs sind einer Zurechnung schlechthin unfähig[73]. Die Frage allerdings, ob ein Organ des Staates in einem konkreten Fall hoheitlich oder als Privatperson gehandelt hat, bereitet in der Praxis oft erhebliche Schwierigkeit. Ein anschauliches Beispiel dafür bietet der *Mallen-Fall*[74]. Hier handelt es sich um zwei böswillige Angriffe auf den mexikanischen Konsul in El Paso, Texas, durch einen örtlichen Polizeibeamten. Im ersten Fall schlug der Polizeibeamte, der dem Konsul nachts auf der Straße begegnet war, diesem grundlos ins Gesicht. Etwa zwei Monate später sah der gleiche Polizeibeamte den Kon-

---

[70] So zutreffend *Meron, Dunn,* a.a.O.; *Guggenheim,* Traité II, S. 6, besonders Anm. 3.

[71] Am 26. 11. 1905 war ein Matrose des deutschen Kanonenbootes Panther, das im brasilianischen Hafen von Itajahy vor Anker lag, an Land gegangen und nicht mehr zurückgekehrt. Daraufhin schickte der Kommandant Offiziere und Mannschaften an Land, um diesen zu suchen; diese drangen in mehrere Häuser ein und zwangen die Bewohner bei der Suche behilflich zu sein. Brasilien sah darin eine Verletzung seiner Gebietshoheit und verlangte Entschuldigung und Bestrafung der Schuldigen; Deutschland kam dieser Forderung nach und enthob den Kommandanten seines Postens; *Strupp,* WVD, II, S. 232.

[72] Vgl. den *Youmanns-Fall* (1926). Hier war eine Abteilung Soldaten zum Schutze einer vom Mob angegriffenen Gruppe von Amerikanern abkommandiert worden und hatte, anstatt ihrem Befehl nachzukommen, sich gleichfalls gegen die Amerikaner gewandt, die daraufhin ums Leben kamen. Zitiert bei *Meron,* 33 Br. Y. S. 108 (1957). Ähnlich der *Caire-Fall* (1929): ein Major der mexikanischen Armee hatte eines Tages von dem französischen Staatsangehörigen *Caire,* der Inhaber einer Pension war, eine größere Summe Geld verlangt. Da dieser nicht in der Lage war, das Geld zu besorgen, wurde er von dem Major und einigen Soldaten festgenommen, zur Kaserne geschleppt und dort schließlich erschossen. Zitiert bei *Meron,* a.a.O., S. 109; vgl. die dort weiter angegebenen Fälle.

[73] Es ist die gleiche Beurteilung geboten wie bei Privathandlungen von Privatpersonen.

[74] *Mexico v. United States,* General Claims Commission (1927); zitiert bei *Briggs,* Law of Nations, S. 823 ff.

sul in einem Straßenbahnwagen wieder, schlug auf ihn ein und bedrohte ihn mit seiner Pistole; anschließend nahm er ihn fest und brachte ihn in ein Gefängnis. Während der erste Angriff als reine Privathandlung angesehen wurde, nahm die Schiedsgerichtskommission im zweiten Vorfall, der gleichwohl ein privater Racheakt war, eine dem Staat zuzurechnende Handlung eines Organs an, da er durch den Mißbrauch spezifisch hoheitlicher Mittel ermöglicht worden war[75].

e) Ergebnis für den Fall einer Entführung

Bei den aus der Staatenpraxis ersichtlichen Entführungsfällen tauchten diese Probleme bislang noch nicht auf; eine Lösung ergäbe sich auch hier in entsprechender Anwendung der dargelegten Grundsätze. Zwar fehlte es nicht an Versuchen, Entführungen durch staatliche Organe als bloße Privatakte hinzustellen; doch standen die entsprechenden Akte der Staatsorgane in aller Regel in einem solchen unmittelbaren Zusammenhang mit ihrer hoheitlichen Tätigkeit — meist im Rahmen ihrer Tätigkeit als Hilfsorgane der Staatsanwaltschaft —, daß in keinem der Fälle, die hier untersucht wurden, eine Zurechnung ausgeschlossen war[76].

7. Kooperation von Organen mehrerer Staaten im Falle einer Entführung

Die Entführung einer Person aus fremdem Territorium kann dem Entführerstaat immer dann zugerechnet werden, wenn die Tat ausschließlich durch seine Organe ausgeführt wurde. Schwierigkeiten ergeben sich dann, wenn bei einer Entführung sowohl Organe des die Entführung betreibenden Staates als auch des Asylstaates beteiligt sind. Dabei sind zwei Fälle zu unterscheiden; einmal der, daß die Organe des Asylstaates durch List oder Gewalt zur Mithilfe veranlaßt werden, zum anderen jener, daß sie aus freien Stücken und in Kenntnis der näheren Umstände mit Beamten eines fremden Staates zusammenarbeiten.

---

[75] Die General Claims Commission führte aus: „It is also essential to note that both governments consider Franco's acts as the acts of an official on duty ... and that the evidence establishes his showing his badge to assert his official capacity. Franco could not have taken Mallen to jail if he had not been acting as police officer. Though his acts would seem to have been an act of private revenge which was disguised ... as an official act of arrest, the act as a whole can only be considered as the act of an official ..."; zitiert bei *Bin Cheng*, General Principles, S. 201.

[76] Vgl. die im Anhang aufgeführten Fälle.

a) Organe eines Staates handeln infolge Betrugs oder physischen Zwangs seitens der Organe eines fremden Staates

Einem Staat sind die Handlungen seiner Organe nur dann zuzurechnen, wenn sie für ihn selbst, nicht aber, wenn sie für einen anderen Staat gehandelt haben[77]. Einem Staat können aber auch die Handlungen von Organen eines fremden Staates zugerechnet werden. Ein solcher Fall liegt dann vor, wenn ein Staat durch betrügerische Manipulationen oder physischen Zwang Organe eines fremden Staates veranlaßt, die Entführung einer Person aus dem Hoheitsgebiet des Anstellungsstaates zu ermöglichen oder zu unterstützen. Der Entführerstaat muß sich in diesem Fall das Verhalten der als „Werkzeuge" für ihn handelnden Organe des anderen Staates anrechnen lassen[78]. Wenn dagegen Organe beider Staaten zusammenarbeiten, ohne daß die eine Seite gegen die andere List oder Gewalt anwendet, kann die gemeinsam durchgeführte Handlung nicht einem Staat allein zugerechnet werden. In einem solchen Fall ist jedem Staat der Tatbeitrag seiner Organe zuzurechnen. Das ergibt sich auch aus der Entscheidung des Ständigen Haager Schiedshofes vom 24. 2. 1911 im *Savarkar-Streitfall,* wo das Gericht das Vorliegen einer völkerrechtswidrigen Festnahme oder Entführung deshalb ablehnte, weil das Verhalten der britischen Behörden nicht als *„recourse to fraud or force"* anzusehen war. Dem Streitfall lag folgender Sachverhalt zugrunde: Der an der Nasik-Verschwörung beteiligte indische Revolutionär Vinayak Damodar Savarkar war in England unter der Beschuldigung hochverräterischer Tätigkeit verhaftet worden und sollte nach Indien zur Aburteilung gebracht werden. Am 7. Juli 1910 kam die „Morea", an deren Bord Savarkar festgehalten wurde, im Hafen von Marseille an, nachdem zuvor die zuständigen Sicherheitsbehörden in Paris von London aus über den Transport benachrichtigt worden waren. Das französische Innenministerium hatte den Präfekten der „Bouches du Rhône" angewiesen, dafür zu sorgen, daß eventuelle Versuche revolutionärer Hindus, Savarkar zu befreien, verhindert werden könnten. Am 8. Juli zwischen 6 und 7 Uhr morgens war es Savarkar gelungen, sich zu befreien und ans Ufer zu schwimmen. Dort begann er wegzulaufen, wurde aber nach 500 m von einem französischen Polizisten, der ihn verfolgte, festgenommen und mit Hilfe englischer Beamten, die vom Schiff gekommen waren, zur „Morea" zurückgeführt und sodann ohne weitere Zwischenfälle nach Indien verbracht. Als die Angelegenheit bekannt wurde, verlangte die französische Regierung von Großbritannien die Rückgabe von Savarkar mit der Begründung, dieser sei bereits auf französischem Boden gestanden und habe daher schon französisches Asyl-

---

[77] Vgl. § 4, 2 am Ende.

[78] So *O'Higgins,* 36 Br. Y., S. 303 (1960).

recht genossen; deshalb habe er nicht von englischen Behörden weggeführt werden dürfen. Der Haager Schiedshof lehnte eine Völkerrechtsverletzung ab:

„... it is manifest that the case is not one of *recourse to fraud or force* in order to obtain possession of a person who had taken refuge in foreign territory, and that there was not, in the circumstances of the arrest and delivery of Savarkar to the British authorities and of his removal to India, anything in the nature of a violation of the sovereignty of France, and that all those who took part in the matter certainly *acted in good faith* and hat not thought of doing anything unlawful ...[79]."

Die Wendung *„recourse to fraud or force"* kann nur so verstanden werden, daß der Schiedshof eine völkerrechtswidrige Entführung oder Festnahme nur dann angenommen hätte, wenn die britischen Behörden den französischen Stellen gegenüber Gewalt oder Betrug angewendet hätten. Im vorliegenden Fall konnte die Festnahme Großbritannien deshalb nicht zugerechnet werden, weil die britischen Behörden ersichtlich keine Gewalt gegenüber dem französischen Polizisten ausübten und im übrigen auch im guten Glauben handelten, also diesem gegenüber auch nicht betrügerisch tätig wurden. Eine solche Auslegung ist deshalb geboten, weil es nicht darauf ankommen kann, ob dem Opfer der Festnahme oder Entführung gegenüber betrügerisch oder gewaltsam gehandelt wird. Im *Nogales-Fall* war der Entführte zweifellos freiwillig nach Mexiko zurückgegangen, dennoch mußte sich Mexiko die „Besitzerlangung" des mexikanischen Leutnants als völkerrechtswidrige Entführung zurechnen lassen, weil sie nur infolge „recourse to force" ermöglicht wurde[80]. Was für die Fälle der Gewaltanwendung gilt, gilt in gleicher Weise auch für die Anwendung von Betrug und hinterhältigen Mitteln gegenüber Behörden eines anderen Staates[81].

b) Freiwillige Kooperation

Von einer völkerrechtswidrigen Entführung kann nicht die Rede sein, wenn Beamte des Asylstaates, ohne daß sie durch Betrug oder Zwang dazu veranlaßt worden wären, staatlichen Agenten eines fremden Staates behilflich sind, eine Person festzunehmen und zu entführen[82]. Während in der vorangehenden Bemerkung das durch Zwang oder Betrug

---

[79] Award of the Permanent Court of Arbitration in the Case of Savarkar, February 24, 1911, abgedruckt in 5 A. J., S. 520 f. (1911), hier S. 523.

[80] Zum *Nogales-Fall* vgl. Anhang, Nr. 10; auch § 3, I, 6.

[81] Vgl. dazu *O'Higgins*, 36 Br. Y., S. 311 ff. (1960).

[82] Ebenso *O'Higgins*, a.a.O., S. 303, *de Schutter*, 1 Rev. Belge, S. 115 (1965). Zur Problematik der sog. „extradition déguisée" vgl. *Decroq*, 53 Revue critique de droit int. privé, S. 424 f. (1964).

verursachte Verhalten staatlicher Stellen des Asylstaates dem Staat zugerechnet werden mußte, dessen Organe den Zwang oder den Betrug ausübten, kann dies nicht geschehen, wenn die Beamten des Asylstaates freiwillig bei der Entführung oder Festnahme behilflich sind. Der Tatbestand der völkerrechtswidrigen Entführung entfällt in diesem Fall deshalb, weil sich der Asylstaat das Handeln und Wollen seiner Organe nach den allgemeinen Regeln der völkerrechtlichen Zurechnung zuordnen lassen muß; daher kann nicht mehr von einer Entführung, d. h. einem Wegführen gegen den Willen des Asylstaates, gesprochen werden. Allerdings darf man in einem solchen Fall auch nicht soweit gehen, zu sagen, daß überhaupt keine Völkerrechtsverletzung vorliege[83]. Die Tatsache als solche, daß sich die Beamten des „Entführerstaates" in das Territorium des Asylstaates begeben haben, um dort eine Person festzunehmen, kann eine selbständige völkerrechtswidrige Handlung bilden, da — wie *Fitzmaurice* zutreffend feststellt[84] — bereits der Besuch von Behörden im Territorium eines fremden Staates eine Völkerrechtsverletzung darstellt, wenn die Behörden in hoheitlicher Funktion handeln und zuvor nicht von den örtlichen Behörden dazu aufgefordert wurden[85].

Diese klare Unterscheidung ist von Bedeutung für die Feststellung der völkerrechtlichen Unrechtsfolgen; zwar sind bei der genannten Sach- und Rechtslage (freiwillige Kooperation der Beamten des Asylstaates) die Unrechtsfolgen ausgeschlossen, die im Falle einer völkerrechtswidrigen Entführung gegeben wären, doch bleibt es dem Asylstaat unbenommen, den völkerrechtswidrigen Eintritt der Agenten des fremden Staates in sein Hoheitsgebiet geltend zu machen.

Der Grundsatz, daß bei freiwilliger Kooperation der Behörden des Asylstaates in eine illegale Festnahme und Entführung nicht von einer *völkerrechtswidrigen* Entführung gesprochen werden darf, ist in der Praxis der Staaten allgemein anerkannt. Deshalb weigern sich Staaten, in deren Gebiet ein auf diese Weise Festgenommener verbracht wurde, regelmäßig, diesen zurückzugeben; dabei verweisen sie auf die Mitarbeit der fremden Staatsorgane[86]. Im Jahre 1883 wurde ein gewisser *Belli* und sein Begleiter *Bluch*, zwei „Kolporteure" sozialistischer Schriften, bei St. Margarethen von österreichischen Zollbeamten auf Schweizer Ge-

---

[83] So *O'Higgins*, a.a.O., S. 280: „... when officials of that State (erg. Asylstaat) participate in the irregular apprehension, there is no breach of international law."

[84] *Fitzmaurice*, 92 Rec. d. C., S. 174 (1957).

[85] Vgl. auch *Seidl - Hohenveldern*, Rdz. 1134 und L. C. *Green*, 23 Modern Law Rev., S. 509 (1960).

[86] Vgl. *Preuss*, 29 A. J., S. 507 (1935) und *Morgenstern*, 26 Br. Y., S. 327 Anm. 3 (1949) mit den dort angegebenen Beispielen aus der diplomatischen Praxis.

biet festgenommen und nach Österreich zurückgeführt. Auf den Protest der Schweizer Regierung verweigerte Österreich die Rückgabe der Festgenommenen mit dem ausdrücklichen Hinweis auf die Kooperation der St. Gallener Polizei[87]. Im *Campbell-Fall,* wo mexikanische und amerikanische Beamte gemeinsam ihr Opfer in Mexiko festgenommen und in die Vereinigten Staaten geschleppt hatten, erkannte auch Mexiko schließlich an, daß es sich um keine völkerrechtswidrige Entführung gehandelt habe[88].

§ 5. Das Erfordernis eines subjektiven Elements im Tatbestand des völkerrechtlichen Delikts

1. Allgemeines

Als wesentliches Element im Tatbestand des völkerrechtlichen Delikts und als Voraussetzung für die völkerrechtlichen Unrechtsfolgen wird in der Lehre häufig das Vorliegen einer Schuld bei den staatlichen Organen gefordert, von denen die Unrechtshandlung ausgeführt wurde. Obwohl die Frage des Verschuldens in der völkerrechtlichen Praxis eine ungleich geringere Rolle spielt als in der Literatur, kann auf eine kurze Darstellung der Problematik nicht verzichtet werden. Auch bei Entführungstatbeständen sind Situationen denkbar, bei denen das Vorliegen beziehungsweise das Fehlen einer Schuld für die Beurteilung durch die beteiligten Staaten erheblich sein könnte. Die Frage wäre zum Beispiel dann von Bedeutung, wenn eine Grenzpatrouille im dichten Nebel oder infolge völlig ungenügender Markierung der Grenze in das Territorium des Nachbarstaates eingedrungen wäre und dort einen flüchtigen Verbrecher aufgegriffen und in das Gebiet ihres Heimatstaates weggeführt hätte.

2. Begriffsbestimmung

Schwierigkeiten ergeben sich bereits deshalb, weil vor allem die Staatenpraxis einen feststehenden, einheitlichen Schuldbegriff, etwa im Sinne von dolus oder negligentia, nicht kennt[1]. Auch im Schrifttum besteht kein einheitlicher Begriff. Überwiegend gilt Schuld als eine psychologische Beziehung zwischen der konkreten Verletzung des subjektiven Rechts eines anderen und dem Urheber dieser Verletzung, sei

---

[87] Zit. bei *Clunet,* Questions de Droit, S. 7.

[88] Vgl. *Ex parte Campbell,* 1 F. Supp. 899 (District Court Texas, 1932) und *Hackworth,* Digest, IV, S. 228.

[1] Vgl. dazu *Roth,* Delikt, S. 26 und die dort aufgeführten Bezeichnungen.

dies Absicht, Wollen, Wissen u. a. m.[2]. Mit Ausnahme von *Kelsen* betrachtet man allgemein auch die Fahrlässigkeit als eine Schuldform[3]. Grundsätzlich anderer Meinung sind zahlreiche Autoren, die Schuld als jenes Verhalten bezeichnen, das von dem durch eine Norm des Völkerrechts geforderten abweicht und damit Schuld mit „Verletzung einer Rechtsnorm" identifizieren[4]. Diese Meinung wurde neuerdings ausführlich von *Bin Cheng* begründet, der als Bedingung der völkerrechtlichen Zurechenbarkeit und Verantwortlichkeit lediglich Freiwilligkeit des Handelns des betreffenden staatlichen Organs fordert[5].

Weitere Schwierigkeiten ergeben sich deshalb, weil zahlreiche Autoren das Problem des Schulderfordernisses aus dem Bereich des Tatbestandes ausklammern und in den der völkerrechtlichen Unrechtsfolgen verlagern, also von der Frage nach Erfolg oder Schuld als Voraussetzung des deliktischen Verhaltens diejenige nach Erfolg oder Schuld als Voraussetzung der völkerrechtlichen Haftung trennen[6]. So liegt nach *Wengler* in jedem Fall, in dem eine Völkerrechtsnorm hätte befolgt werden müssen, aber nicht befolgt worden ist, ein völkerrechtliches Unrecht im weitesten Sinn vor; dagegen zieht — nach Wengler — nicht jede Völkerrechtsverletzung in diesem weiten Sinn auch sämtliche Unrechtsfolgen nach sich[7]. Eine ähnliche Ansicht vertritt auch *Dahm*[8]. Diese Trennung kommt daher, daß in der völkerrechtlichen Lehre das völkerrechtliche Delikt zumeist ausschließlich unter dem Gesichtspunkt der Haftung und Verantwortlichkeit, also allein im Hinblick auf die Deliktsfolgen, nicht aber im Hinblick auf Rechtsnatur und wesentliche Elemente betrachtet wird. Die Untersuchungen, die sich eingehend mit den Elementen des Deliktstatbestandes beschäftigt haben, sahen den logischen Moment, in dem das Problem des Verschuldens entscheidend ist, ausschließlich im Bereich des Tatbestandes, d. h. der Zurechenbarkeit. Dem ist auch aus Gründen der Zweckmäßigkeit zuzustimmen[9, 10].

---

[2] *Ago*, Verschulden, S. 465, *Kelsen*, Unrecht, S. 538.

[3] Vgl. *Kelsen*, Unrecht, S. 544.

[4] Vgl. *Fauchille*, Traité, I, S. 515, *Salvioli*, 46 Rec. d. C., S. 96 ff. (1933), Judge *Badawi Pasha* im *Corfu-Kanal-Fall*: „Fault consists in the failure to carry out an obligation, in other words, an unlawful act" (I.G.H., Rep. 1949, S. 65).

[5] *Bin Cheng*, Gen. Princ., S. 218—232.

[6] I. *von Münch*, Delikt, S. 161.

[7] *Wengler*, I, S. 489 ff., bes. S. 491.

[8] Vgl. *Dahm*, III, S. 232/33.

[9] Vgl. besonders *Ago*, Verschulden, S. 466; vgl. auch § 9.

[10] Für die nachfolgende Untersuchung kann die aufgezeigte Trennung nicht eigens berücksichtigt werden; es ist allein darauf abgestellt, ob Schuld als Voraussetzung im Rahmen des Tatbestandes oder der Unrechtsfolgen gefordert wird oder nicht.

3. Die sogenannte Schuldtheorie

Der romanistische Grundsatz *„qui in culpa non est natura ad nihil tenetur"* wurde durch *Grotius* in das System des Völkerrechts übertragen. Nach ihm setzt jede Verantwortlichkeit des Staates Schuld voraus[11]. Einer Mitschuld des Staates bedarf es vor allem für die Verantwortlichkeit des Staates bei Handlungen von Privatpersonen. Daraus war die Lehre von der sogenannten Komplizität des Staates entstanden[12], die von *Pufendorf* dahingehend ausgeweitet worden war, daß er für das Bestehen einer „Gehilfenschaft", d. h. Mitschuld, des Staates für alle von Privatpersonen innerhalb des Territoriums begangenen Verletzungen eine praesumptio iuris annimmt[13]. Andere brachten den zivilistischen Grundsatz der *„culpa in eligendo vel vigilando"* in die völkerrechtliche Theorie von der Verantwortlichkeit der Staaten[14]. Nach Richtigstellung der Lehre von der sogenannten Komplizität der Staaten und einer Korrektur des Grundsatzes der „culpa in eligendo vel vigilando"[15] wird die traditionelle, auf Grotius beruhende Lehre vom Verschulden heute von einem Großteil der völkerrechtlichen Autoren vertreten[16]. Anhänger dieser Ansicht befinden sich unter den Richtern des Internationalen Gerichtshofs und den Mitgliedern der Völkerrechtskommission der Vereinten Nationen; doch kann nicht mit Klarheit gesagt werden, daß diese Meinung überwiegt[17].

---

[11] *Grotius,* liber II, caput 17, § XX.

[12] Vgl. dazu § 4, 4.

[13] Zit. bei *Furgler,* Grundprobleme, S. 81.

[14] So *Hatschek,* Völkerrecht, S. 386, *Heilborn,* System des Völkerrechts, S. 407; vgl. die bei *Benjamin,* Haftung der Staaten, S. 23 und bei *Kuhn,* Verschuldenshaftung, S. 96/97 zit. Autoren.

[15] Vgl. vor allem *Anzilotti,* 13 Rev. Gén., S. 290 (1906) und Teoria, S. 133 ff., der die Unbrauchbarkeit dieses zivilistischen Grundsatzes in einer Reihe von Fällen nachgewiesen hat. Er weist mit Recht darauf hin, daß man vielfach, wenn überhaupt, nur von einer Schuld, die in der Sache selbst liegt *(culpa qui inest in re ipsa)* sprechen könne. Damit ist aber keine echte Schuld mehr gegeben (vgl. a.a.O. S. 290). Ebenso *Eagleton,* Responsibility, S. 210.

[16] Vgl. die bei *Ago,* Verschulden, S. 458 und bei *Furgler,* Grundprobleme, S. 82 zitierten Autoren; auch *Verdross,* S. 376 ff., *Balladore - Pallieri,* Dir. Int., S. 246, *Opp.-Lauterpacht,* I, S. 343. Mit weiten Zugeständnissen an die Erfolgstheorie *Seidl - Hohenveldern,* Rdz. 1202.

[17] So sind Anhänger der Schuldtheorie die Richter *Krylov* (im *Corfu-Kanal-Fall,* I.G.H., Rep. 1949, S. 72, 127/8) und *Ecer* (Richter ad hoc im gleichen Fall, a.a.O., S. 127); in der Äußerung des Richters *Badawi* (a.a.O., S. 65) ist nicht, wie I. *von Münch* (Delikt, S. 154) irrig behauptet, eine ‚eindeutige Stellungnahme für das Schulderfordernis' ausgesprochen, da sich Badawi nur gegen eine objektive Theorie *‚based on risk'* ausgesprochen hat und im übrigen Schuld mit ‚manquement d'une obligation internationale' gleichstellt. Ebenso *Bin Cheng,* Gen. Princ., S. 232. Zu den Ansichten innerhalb der Völkerrechtskommission vgl. I. von Münch, Delikt, S. 157 ff.Vgl. auch den sogenannten *Strisower-Bericht,* 33 Annuaire, 1927, I, S. 465 ff., 471 ff., besonders Art. 7.

4. *Die sogenannte Erfolgstheorie*

Nachdem zuerst *Triepel* von der traditionellen Lehre abgewichen war[18], stellte sich der italienische Gelehrte *Anzilotti* ihr radikal entgegen und wurde zum Begründer der sogenannten reinen Erfolgstheorie[19]. Sie wird vor allem von *Kelsen* gelehrt[20]. Nach Kelsen muß man zwischen einer psychologischen Beziehung zwischen dem Organ als Urheber einer Verletzung und der Verletzung sowohl bezüglich der zentralen als auch der peripheren Zurechnung absehen. Zunächst ist Schuld ein seelisches Element, das ausschließlich bei Menschen gefunden werden kann. Schuld des Staates kann immer nur Schuld des Menschen sein, dessen schuldhaftes Verhalten dem Staat zugerechnet wird. Eine solche Zurechnung, die nur mit Hilfe der zentralen Zurechnung möglich wäre, wird von Kelsen abgelehnt. Denn das Kriterium der zentralen Zurechnung ist nur die spezifische Normgemäßheit des zuzurechnenden Tatbestandes, der durch das innerstaatliche Recht als gesollt gesetzt sein muß. Das spezifisch seelische Verhalten, das als Schuld bezeichnet wird, ist aber gerade kein durch die innerstaatliche Rechtsordnung — und nur diese ist maßgebend für die Denkoperation der zentralen Zurechnung — bestimmtes Element des zurechenbaren Tatbestandes, sondern kann nur ein durch das Völkerrecht bestimmtes Element sein. Verschulden kann daher allenfalls Bedingung der durch das Völkerrecht erfolgenden peripheren Zurechnung sein. Aber auch das ist nach Kelsen nicht der Fall, da im geltenden Völkerrecht das Verschuldenserfordernis nicht statuiert ist. Das hätte auch beim gegenwärtigen Stand des Völkerrechts wenig Sinn, da der Grundsatz der Verantwortlichkeit für Verschulden in engem Zusammenhang mit der individuellen Verantwortlichkeit steht und außerdem eine gewisse Zentralisation des Verfahrens zur Realisierung der Unrechtsfolgen voraussetzt. Solange ein Individuum, das eine bestimmte Handlung ausführt, nicht selbst als völkerrechtliches Deliktssubjekt bezeichnet werden kann, ist es in der Tat wenig sinnvoll, zwischen Täter und Tat eine seelische Beziehung zu fordern[21]. Auch die Erfolgstheorie hat inzwischen zahlreiche Anhänger gefunden[22].

---

[18] *Triepel*, Völkerrecht und Landesrecht, S. 334 ff., brachte erstmals ein objektives Element in die Lehre von der Verantwortlichkeit der Staaten; er läßt die Genugtuungspflicht anläßlich der Handlungen von Privatpersonen ohne Schuld entstehen.

[19] *Anzilotti*, Teoria, S. 14 ff., 121 ff., Corso, S. 406 ff., 13 Rev. Gén., S. 290 (1906).

[20] *Kelsen*, Unrecht, S. 537 ff., Principles, S. 11 ff.

[21] So *Kelsen*, a.a.O.; *Kelsen*, Unrecht, S. 537 ff., bejaht in konsequenter Entwicklung seines Gedankens das Prinzip der Verantwortlichkeit für Verschulden auch für das Völkerrecht dort, wo als Subjekte des völkerrechtlichen Unrechtstatbestandes Individuen in Frage kommen. Vgl. auch *Carlebach*, Problème de la faute, S. 103 ff.

[22] Eine umfassende Zusammenstellung findet sich bei *Ago*, Verschulden, S. 456 und bei *Furgler*, Grundprobleme, S. 88/89 (so z. B. Politis, Basdevant,

5. Mittelmeinungen

Mit der objektiven Theorie Anzilottis war die bisher einheitliche traditionelle Theorie auseinandergebrochen. Die Anhänger beider Meinungen beriefen sich zur Begründung auf die Staatenpraxis und auf Entscheidungen internationaler Instanzen; bisweilen wurde ein und dieselbe Entscheidung — so besonders im *Corfu Kanal-Fall* — zur Begründung beider Theorien herangezogen[23]. Es ist verständlich, daß in der Folgezeit eine Reihe von Vermittlungsversuchen unternommen wurden. Im Anschluß an *Schoen* forderte eine Anzahl von Autoren die objektive Verantwortlichkeit für Organhandlungen, das Vorhandensein einer culpa bei staatlicher Verantwortlichkeit anläßlich der Handlungen von Privatpersonen[24]. Nach *Strupp* haftet ein Staat für die kompetenzwidrigen Handlungen seiner Organe ohne Rücksicht auf Verschulden nach dem Prinzip der Erfolgshaftung; dagegen gilt bei Unterlassungsdelikten das Verschuldensprinzip, soweit nicht ausnahmsweise der deliktische Tatbestand in einer positiven Norm anders geregelt ist[25]. Von den weiteren Vermittlungsversuchen[26] ist die Ansicht von *Carlebach* zu erwähnen, der beim sogenannten Völkerprivat- und Völker-

---

Scerni, Monaco, Bourquin, Lapradelle und Politis, Borchardt, Eagleton u. a. m.); vgl. vor allem *Guggenheim*, Traité, II, S. 49 ff., *Podesta - Costa* Derecho Internacional, S. 201, *Schwarzenberger*, Manual, I, S. 168, *Cavaglieri*, 26 Rec. d. C., S. 550 ff. (1929), *Bourquin*, 35 Rec. d. C., S. 218 (1931), *Basdevant*, 58 Rec. d. C., S. 668 ff. (1936), *Dunn*, The Protection of Nationals, S. 133—136, *Freeman*, Responsibility, S. 26, Starke, 19 Br. Y., S. 116 (1938). Bemerkenswert ist die Einschätzung des Streitstandes durch verschiedene Autoren: während E. *Vitta*, 12/13 Revista española, S. 25 (1959/60) davon spricht, daß die objektive Theorie beinahe aufgegeben sei, glauben *Schwarzenberger*, Manual, I, S. 168 und *Schüle*, W. d. V., I, S. 337, eine Tendenz zur objektiven Theorie feststellen zu können.

[23] Die *Corfu-Entscheidung* (I.G.H., Rep., 1949) wird von *Schwarzenberger* (Int. Law, I, 1, S. 633) und *Kuhn* (Verschuldenshaftung, S. 61) im Sinne der objektiven Theorie, von *Verdross* (S. 378), *Menzel* (Völkerrecht, S. 284) und *Garcia - Amador* (International Responsibility for Hostile Acts, S. 22) im Sinne der Schuldtheorie und von *Perret* (De la faute et du devoir en droit international, S. 110/11) und *Bin Cheng* (Gen. Princ., S. 231 Anm. 44) im Sinne ihrer Theorie herangezogen.

[24] Vgl. *Schoen*, Haftung, S. 62; dessen Ansicht wurde übernommen von de Visscher, Rüegger und Fedozzi (zit. bei Furgler, Grundprobleme, S. 91); Kritik zu dieser Ansicht bei *Jess*, Politische Handlungen Privater, S. 122 ff. und *Berber*, III, S. 6.

[25] Vgl. *Strupp*, Delikt, S. 52/53, dessen Ansicht von Arato (zit. bei Ago, Verschulden, S. 462) *Roth* (Delikt, S. 30), Wehberg und Dupuis (zit. bei Strupp, Haftung, S. 17) übernommen wurde; Kritik bei *Jess*, a.a.O., S. 128 ff. und bei *Berber*, III, S. 6.

[26] Vgl. dazu *Jess*, a.a.O., S. 116 ff., *Heilborn*, 7 Z. ö. R., S. 2 (1927/28). Die von *Cohn* in seiner Haager Vorlesung (68 Rec. d. C., S. 291—296 [1939]) vorgetragene Ansicht, die Frage des Schulderfordernisses hänge von der Art der beteiligten Organe ab — bei niederen Organen Schuld erforderlich, bei höheren Organen nicht —, findet weder in der Praxis noch in der Literatur eine Stütze.

strafrecht die Frage des Verschuldens von der Natur des verletzten Rechtsgutes abhängig macht: bei der Verletzung ideeller Güter gelte das Schuldprinzip, bei der Verletzung materieller Güter weiche dieses dem Erfolgsprinzip (nach dem Grundsatz der *distribution juste du risque*)[27].

Eine eindeutige Antwort auf die eingangs gestellte Frage läßt sich aus den in der Lehre vertretenen Ansichten nicht entnehmen.

6. *Untersuchung der völkerrechtlichen Praxis*

In den aus der diplomatischen Praxis der Staaten bekannten Entführungsfällen wurde bislang die Frage des Verschuldens nicht erörtert; dagegen wurde im Zusammenhang mit anderen Völkerrechtsverletzungen vielfach diese Problematik behandelt[28].

a) Die Staatenpraxis kennt eine Reihe von Entscheidungen internationaler Schiedsinstanzen, die eine völkerrechtliche Verantwortung von Staaten ablehnten, weil den handelnden Staatsorganen kein Schuldvorwurf gemacht werden konnte. Zu erwähnen sind die Entscheidungen *Melville White*[29], *Perry*[30], *Laura A. Mecham*[31], *Neer*[32] und die von *Verdross* zur Begründung seiner Ansicht zitierten Fälle *James Pugh*[33] und *Oual Oual*[34].

---

[27] Vgl. *Carlebach*, Problème de la Faute, S. 107 ff.; Carlebach geht von einer Aufteilung des Völkerrechts in verschiedene Rechtszweige aus und unterscheidet Völkerverfassungs-, Völkerverwaltungs- und Völkerprozeßrecht einerseits und Völkerprivat- und Völkerstrafrecht andererseits. Für die erste Gruppe lehnt er das Verschuldensprinzip ab.

[28] Ausführliche Darstellungen der Staatenpraxis bei *Bin Cheng*, Gen. Princ., S. 218—232, *Schwarzenberger*, Int. Law, I, 1, S. 632—652 sowie den beiden Schweizer Dissertationen von *Kuhn*, Verschuldenshaftung, S. 14—73 und *Perret*, De la Faute, S. 108—147.

[29] Der englische Staatsangehörige *White*, der von der peruanischen Regierung verdächtigt wurde, an der Ermordung des Präsidenten beteiligt zu sein, wurde am 23. März 1861 festgenommen, jedoch erst am 9. Januar 1862 wegen mangelnder Beweise freigelassen. Ein Schiedsgericht wies den von England geltend gemachten Anspruch auf Genugtuung wegen Verletzung des völkerrechtlichen Fremdenrechts zurück, weil die Behörden in keiner Weise „*culpos*" gehandelt hätten (zit. bei *Jess*, Politische Handlungen, S. 119/20).

[30] Hier verlangte die Schiedskommission „a clear and flagrant violation of the law, deliberately comitted and in *bad faith* ..." (zit. bei Freeman, Responsibility, S. 323).

[31] Die Schiedskommission *(United States v. Mexiko)* stellte hier fest: „What was done shows such a degree of negligence, defective administration of justice or *bad faith*..." Zit. in *Ann. Dig.*, 1929/30, S. 162 mit Anmerkung von Lauterpacht.

[32] Vgl. *Ann. Dig.*, 1925/26, S. 214: „... *bad faith, wilful neglect of duty* ..."; vgl. auch Perret, a.a.O., S. 118 ff.

[33] Vgl. *Verdross*, S. 377.

[34] Vgl. *Verdross*, S. 377.

b) Infolge der uneinheitlichen Terminologie des Begriffes Schuld werden vielfach Entscheidungen als auf der Schuldtheorie beruhend angeführt, obwohl sie bei näherer Betrachtung eine solche Qualifizierung nicht rechtfertigen. So zitiert *Verdross* sicher zu Unrecht den *Jamaica-Fall*[35] als Beweis für die Schuldtheorie; fraglich ist es, ob der gleichfalls von *Verdross* angeführte *Mermaid-Fall* für die Schuldtheorie herangezogen werden darf[36]. Auch der von *Lauterpacht* im Sinne der Schuldtheorie ausgelegte *Home Missionary-Fall* spricht bei näherer Betrachtung gegen ein Schulderfordernis[37]. Schließlich rechtfertigen auch die von *Basdevant*, einem Anhänger der objektiven Theorie, als Beispiele für die Schuldtheorie angeführten Fälle *Ben Tillet*[38] und *Aboilard*[39] diese Qualifizierung nicht.

c) Die überwiegende Mehrheit der Entscheidungen sieht davon ab, ausdrücklich das Vorliegen einer Schuld im Sinne von Vorsatz oder Fahrlässigkeit zu fordern. Hierzu gehören alle jene Entscheidungen, in denen das Verhalten von staatlichen Behörden einem Staat zugerechnet wurde, obwohl die betreffenden Beamten in einem bona fide Irrtum

---

[35] Vgl. *Lapr.-Pol.*, I, S. 179—184; im Schiedsspruch findet sich zwar die von Verdross (S. 377 Anm. 2) zitierte Wendung „*sans la plus petite faute*", doch bedeutet faute hier nicht Verschulden, sondern lediglich „Verletzung einer völkerrechtlichen Pflicht". Das ergibt sich aus den weiteren Ausführungen im Schiedsspruch, wo es heißt: „là, où il n'y a eu ni violation, ni omission d'un devoir, il ne peut y avoir de base pour une responsabilité." Auch Perret, a.a.O., S. 16, geht zutreffend davon aus, daß die Entscheidung nicht für die Schuldtheorie spricht.

[36] Vgl. *Verdross*, a.a.O., *Lapr.-Pol.* II, S. 491—497. Der Entscheidung lag folgender Sachverhalt zugrunde: das unter britischer Flagge segelnde Schiff Mermaid hatte, als es das spanische Fort Ceuta passierte, entgegen der damaligen Gepflogenheit, seine Flagge nicht gehißt; nachdem die Spanier einen Warnschuß abgegeben hatten, hißte die Mermaid zwar die Flagge, doch gaben die Spanier, die das nicht bemerkt hatten, einen zweiten Schuß ab, der die Mermaid traf und zum Kentern brachte. Das Schiedsgericht, das Spanien verurteilte, stellte lediglich fest: „l'Etat n'est pas seulement responsable de la malveillance de ses agents, il doit répondre aussi de leur maladresse." Wäre das Gericht von der Schuldtheorie ausgegangen, hätte es zumindest nachprüfen müssen, ob die „maladresse" der Spanier in diesem Falle noch unter den Schuldbegriff fällt; da dies nicht geschah, ist anzunehmen, daß die Entscheidung auf der objektiven Theorie beruht. Ebenso Kuhn, a.a.O., S. 23.

[37] Vgl. *Lauterpacht*, 62 Rec. d. C., S. 361 (1937) und Ann. Dig., 1919—1922, S. 173 ff. Das Gericht prüfte allein, ob völkerrechtliche Verpflichtungen verletzt worden waren, ohne die Frage des Verschuldens nachzuprüfen: „There was no evidence to support the contention that British Government had failed in its duty to afford adequate protection for life and property..." Ann. Dig. a.a.O.,

[38] Vgl. *Basdevant*, 58 Rec. d. C., S. 669 (1936); vgl. die Besprechung des Falles bei *Kuhn*, a.a.O., S. 24.

[39] Vgl. *Basdevant*, a.a.O.; soweit in der Entscheidung von „faute grave" die Rede ist (zit. in 12 Rev. Gén. 1905, doc. S. 13 ff.), bedeutet das lediglich Rechtsverletzung, keinesfalls Schuld im Sinne von culpa. Ebenso *Kuhn*, a.a.O., S. 30.

handelten, wie im *Union Bridge Co.-Fall*[40], in den Fällen *The Wanderer*[41], *Coquitlam*[42], *Jessie*[43], *The Favourite*[44] und *Royal Holland Lloyd*[45]. Hierher gehören auch alle jene Entscheidungen, in denen zwar von Schuld (faute, fault) die Rede ist, darunter aber lediglich „Verletzung einer völkerrechtlichen Pflicht" verstanden wird[46]; als besonderes Beispiel dafür kann die Entscheidung des Ständigen Haager Schiedshofes im *russisch-türkischen Streitfall* erwähnt werden[47]. Eine große Anzahl von Entscheidungen schließlich erwähnt den Begriff der Schuld überhaupt nicht; der Urteilsspruch beruht hier lediglich auf der Feststellung, daß eine völkerrechtliche Pflicht verletzt wurde. Zu erwähnen sind die Entscheidungen in den Fällen *Pelletier*[48], *Doggerbank*[49], *Bokkelen*[50], *Costa Rica Packet*[51], die venezolanischen Schiedsentscheide[52], der Fall

---

[40] Hier handelt es sich um die rechtswidrige Aneignung von neutralem Eigentum durch staatliche Stellen während des ersten Weltkrieges. Vgl. 4 RIAA, S. 138 (Vereinigte Staaten gegen Großbritannien, 1924): „wrongful interference with neutral property... is not affected either by the fact that he did so under mistake as to ... ownership of the material or that it was a time of pressure and confusion caused by war, or by the fact, that there was no intention on the part of the British authorities."

[41] Hier war ein britisches Schiff auf hoher See von einem amerikanischen Zollschiff aufgebracht worden, weil die amerikanischen Beamten glaubten, auf Grund bestimmter Vorschriften dazu ermächtigt zu sein. Das Schiedsgericht stellte das völkerrechtswidrige Verhalten fest und führte aus, daß weder „bona fide errors" noch die Tatsache, daß die entsprechenden Vorschriften mißverständlich waren („constituted a likely cause of error") die Verantwortlichkeit ausschließen können. Zit. in 4 RIAA, S. 68.

[42] Hier handelte es sich gleichfalls um die Aufbringung eines britischen Dampfers durch ein amerikanisches Zollschiff. Vgl. *Ann. Dig.*, 1919—1922, S. 171/2; vgl. *Kuhn*, a.a.O., S. 30.

[43] Großbritannien gegen Vereinigte Staaten (1921), zit. in *Ann. Dig.*, 1919 bis 1922, S. 175; dazu *Kuhn*, a.a.O., S. 38.

[44] Großbritannien gegen Vereinigte Staaten, zit. in RIAA, S. 82.

[45] Vgl. *Meron*, 33 Br. Y., S. 96 (1957), der auch eine Reihe der zuvor erwähnten Fälle bespricht.

[46] Vgl. dazu vor allem *Bin Cheng*, Gen. Princ., S. 218—232, dessen Verdienst es ist, auf diese sprachliche und begriffliche Ungenauigkeit hingewiesen zu haben.

[47] Vgl. 1 H.C.R., S. 532 (1912); dazu *Bin Cheng*, a.a.O., S. 224/5; Zu Unrecht rechnet *Perret*, a.a.O., S. 113 ff. diese Entscheidung der Schuldtheorie zu.

[48] Vereinigte Staaten gegen Haiti (1855), zit. bei *Kuhn*, a.a.O., S. 25.

[49] England gegen Rußland (1904/5). Es handelt sich bei diesem bekannten Zwischenfall um die Beschießung britischer Fischer durch die russische Ostseeflotte, die glaubte, japanische Torpedoboote vor sich zu haben. Obwohl die Untersuchungskommission feststellte, daß der russische Admiral bei seinem Verhalten die gebotene Sorgfalt nicht außer Acht gelassen hatte, wurde Rußland das Verhalten als völkerrechtswidriges Delikt zugerechnet, für das es verantwortlich war. Vgl. *Jess*, Politische Handlungen, S. 126, *Schoen*, Haftung, S. 46.

[50] Vereinigte Staaten gegen Haiti (1888), zit. bei *Basdevant*, 58 Rec. d. C., S. 670 (1936). Hier sagt das Schiedsgericht ausdrücklich, daß es auf Verschulden nicht ankomme.

[51] England gegen Holland (1865), zit. bei *Kuhn*, a.a.O., S. 22.

[52] Vgl. dazu *Kuhn*, a.a.O., S. 27/28.

Garcia[53], *Chevreau*[54] und der Schiedsspruch von *Max Huber* im Fall der britischen Reklamationen in der spanischen Zone von Marokko[55]. In diesem Sinne haben auch der Ständige Internationale Gerichtshof — im *Wimbledon-Fall* und den nachfolgenden Entscheidungen[56] — und der Internationale Gerichtshof — im *Corfu-Kanal-Fall* — die völkerrechtliche Zurechenbarkeit und damit die Verantwortlichkeit nicht vom Vorhandensein eines subjektiven Elements bei den ausführenden Staatsorganen abhängig gemacht; sie haben vielmehr darauf abgestellt, ob völkerrechtliche Pflichten mißachtet wurden[57].

7. *Ergebnis für den Fall der Entführung*

Aus der vorangehenden Untersuchung kann mit Sicherheit nur entnommen werden, daß das geltende Völkerrecht keine Regel kennt, die in klarer, fest umrissener Form das Vorliegen einer Schuld zur Bedingung eines völkerrechtlichen Delikts macht[58]. Aus dem „Fehlen einer glatten Formel betreffend das Erfordernis des Verschuldens" allein kann noch nicht geschlossen werden, daß das Völkerrecht das Verschuldensprinzip in allen denkbaren Ausgestaltungen ablehnt. Wie sich aus den angeführten Entscheidungen ergibt, haben internationale Instanzen vielfach ein völkerrechtliches Delikt bejaht, obwohl die beteiligten staatlichen Organe weder vorsätzlich noch grob fahrlässig Rechte fremder Staaten verletzt hatten. Es kann daher wohl unbedenklich festgestellt werden, daß das geltende Völkerrecht keine Regel des Inhalts kennt, daß nur die vorsätzliche oder grob fahrlässige Verletzung von Rechten fremder Staaten ein völkerrechtliches Delikt begründen könne. Dagegen kann die angegebene Judikatur nicht ebenso unbedenklich zum Beweis gegen die sogenannte Verschuldenstheorie herangezogen werden, wenn man für das Verschulden der staatlichen Organe bereits jede *culpa levissima* genügen läßt[59]. Die genaue Untersuchung des Sachverhalts erlaubt es in fast allen allgemein zum Beweis für die sogenannte Erfolgstheorie ange-

---

[53] Vereinigte Staaten gegen Mexiko (1926), zit. bei *Basdevant*, a.a.O., S. 671.

[54] Frankreich gegen England (1931), zit. in 2 RIAA, S. 1115 f., dazu *Perret*, a.a.O., S. 116 ff.

[55] Réclamations britanniques dans la zone espagnole du Maroc, 2 RIAA, S. 617 ff.; vgl. besonders die grundlegenden Ausführungen auf S. 641 ff.

[56] Vgl. den *Wimbledon-Fall*, St.I.G.H., A, No. 1, den Fall *Mavrommatis*, a.a.O., A, No. 2, den *Lotus-Fall*, a.a.O., A, No. 8.

[57] Vgl. dazu vor allem *Lévy*, 65 Rev. Gén., S. 744 ff. (1961) und die zuvor in Anm. 23 genannten Autoren.

[58] Vgl. *Berber*, III, S. 7: „Jedenfalls ist eine glatte Formel betreffend das Erfordernis des Verschuldens aus der gegenwärtigen Staatenpraxis nicht ersichtlich." Ebenso *Sauer*, System, S. 433.

[59] So *Seidl - Hohenveldern*, Rdz. 1206.

führten Fällen eine solche *culpa levissima* festzustellen. Allerdings kann daraus nicht die Folgerung gezogen werden, daß die erkennenden Schiedsgerichte von der Schuldtheorie ausgingen und die von ihnen festgestellte *culpa levissima* für genügend zur Begründung eines völkerrechtlichen Delikts erachteten. Das könnte nur dann angenommen werden, wenn sich in den jeweiligen Entscheidungsgründen ein Anhaltspunkt für eine solche Auffassung fände. Da sich aber in keiner der Entscheidungen, in denen ein völkerrechtswidriges Verhalten festgestellt wurde, obwohl den handelnden Staatsorganen allenfalls eine *culpa levissima* vorgeworfen werden konnte, eine Begründung dafür findet, daß auch dieses leichte Verschulden noch ausreichend im Sinne der Schuldtheorie sei, muß angenommen werden, daß die Schiedsgerichte allein auf die Tatsache der objektiven Verletzung staatlicher Rechte abstellten. Aus dieser Überlegung heraus scheint es gerechtfertigt, der sogenannten Erfolgstheorie den Vorzug zu geben, nach der in Abwesenheit entgegenstehender vertraglicher Normen ein völkerrechtliches Delikt durch die objektive Verletzung einer völkerrechtlichen Pflicht begründet wird[60]. Ausreichend, aber auch erforderlich ist es, daß das fragliche Verhalten der staatlichen Organe freiwillig ist und nicht auf höherer Gewalt beruht[61]. Damit stellt eine Entführung auch dann ein völkerrechtliches Delikt dar, wenn die Staatsorgane, die den Entführungstatbestand verwirklichen, schuldlos handeln[62].

§ 6. Unrechtsausschließungsgründe im Falle einer völkerrechtlichen Entführung

1. Allgemeines

Im Anschluß an die Darstellung der verschiedenen Elemente des Tatbestandes einer völkerrechtlichen Entführung, ist auf die Frage einzugehen, ob auch das Völkerrecht Unrechtsausschließungsgründe kennt und der Fall denkbar ist, daß ein Staat in zurechenbarer Weise einen Verbrecher oder politisch Verfolgten aus fremdem Hoheitsgebiet ent-

[60] Zu diesem Ergebnis kommen zahlreiche Verfasser, die sich in neuerer Zeit mit dem Problem beschäftigt haben; vgl. *Bin Cheng*, Gen. Princ., a.a.O., *Schwarzenberger*. Int. Law, I, 1, a.a.O., *Kuhn*, Verschuldenshaftung, a.a.O., Insbesondere *Perret* hat in seiner mehrfach erwähnten Arbeit überzeugend dargelegt, daß an die Stelle des Begriffes „Verschulden" heute der Begriff der „Rechtspflicht" gerückt ist.

[61] So *Bin Cheng*, Gen. Princ., S. 227 ff., *Schwarzenberger*, Int. Law, I, 1, S. 573.

[62] Das wird sowohl von *Dahm* (III, S. 233) als auch von *Wengler* (I, S. 491) anerkannt, die im Falle einer schuldlosen Entführung eine Pflicht des Entführerstaates zur Rückgabe des Entführten annehmen. Vgl. allerdings dazu nachfolgend § 9.

führt, ohne damit zwangsläufig ein völkerrechtliches Delikt zu begehen. Eine Diskussion dieser Frage ergab sich im Anschluß an die Entführung von Eichmann aus Argentinien; dabei wurden verschiedene Versuche unternommen, dem Verhalten Israels, das vom Sicherheitsrat der Vereinten Nationen ausdrücklich als Verletzung der Souveränität Argentiniens qualifiziert wurde, den Charakter der Völkerrechtswidrigkeit zu nehmen. Im allgemeinen Völkergewohnheitsrecht kommt Unrechtsausschließungsgründen nicht die Bedeutung zu, wie vergleichsweise in innerstaatlichen Rechtsordnungen[1].

2. *Einwilligung des Verletzten*

Da der Grundsatz der allgemeinen Rechtslehre *„volenti non fit iniuria"* auch im Völkerrecht Geltung beansprucht[2], kann von einer völkerrechtlichen Unrechtshandlung immer dann nicht gesprochen werden, wenn ein Staat, in dessen ausschließlichen Zuständigkeitsbereich eingegriffen wurde, in diesen Eingriff eingewilligt hat und er nach allgemeinen Grundsätzen zu dieser Einwilligung berechtigt war[3]. Die erforderliche Einwilligung bedarf dabei grundsätzlich keiner Form; sie kann ausdrücklich oder stillschweigend erfolgen, muß jedoch vor oder zumindest gleichzeitig zu dem Zeitpunkt abgegeben werden, in dem die Organe des fremden Staates in die Rechtssphäre des einwilligenden Staates eingreifen[4]. Im völkerrechtlichen Schrifttum wird verschiedentlich die Behauptung aufgestellt, der verletzte Staat könne durch nachträgliche Genehmigung einen objektiv als völkerrechtliches Unrecht zu qualifizierenden Eingriff mit der Folge legalisieren, daß der zunächst rechtswidrige Zustand rückwirkend ex tunc in einen rechtsmäßigen Zustand verwandelt und damit die Rechtsverletzung als solche aus der Welt geschafft wird[5]; diese Ansicht widerspricht den Grundsätzen der allgemeinen Rechtslehre und kann auch für das geltende Völkerrecht nicht akzeptiert werden[6]. Die nachträglich gewährte Genehmigung be-

---

[1] Ausführlich zum Problem der Unrechtsausschließungsgründe *Ago*, Délit, S. 532 ff.

[2] Vgl. *Berber*, III, S. 5, *Dahm*, III, S. 215, *Schüle*, W. d. V., III, S. 85, *Strupp*, Delikt S. 146/7.

[3] Unerheblich wäre daher die Einwilligung eines in seiner völkerrechtlichen Handlungsfähigkeit beschränkten Staates, soweit die durch die Einwilligung betroffenen Rechte nicht mehr seiner Dispositionsgewalt unterliegen.

[4] So zutreffend *Schüle*, *Strupp*, a.a.O., *Ago*, Délit, S. 534, *Ross*, Textbook, S. 243.

[5] Vgl. *Dahm*, III, S. 215 (der zu Unrecht Strupp für seine Ansicht zitiert), *Berber*, III, S. 5; unrichtig ebenfalls *Schwarzenberger*, Int. Law, I, 1, S. 572 und 587.

[6] Vgl. die in Anm. 4 zit. Autoren.

seitigt die einmal eingetretene Völkerrechtsverletzung nicht; sie entfaltet aber die bedeutsame Wirkung, daß der Staat, der die Genehmigung erteilt, die Rechtsmäßigkeit des bestehenden Zustandes mit Wirkung ex nunc anerkennt und gleichzeitig auf alle Ansprüche verzichtet, die sich aus der Völkerrechtsverletzung ergeben[7]. Das Institut der Einwilligung beansprucht in der Praxis der Staaten vor allem im Zusammenhang mit der Stationierung von Truppen, dem Überfliegen des staatlichen Territoriums u. a. m. Bedeutung und kann auch für den hier zu erörternden Fall einer Entführung rechtserheblich werden. So kann von einer völkerrechtswidrigen Entführung nicht mehr die Rede sein, wenn der Territorialstaat Agenten eines fremden Staates erlaubt, innerhalb seines Gebietes eine Person festzunehmen und aus diesem wegzuführen. Bei der sogenannten Durchlieferung von Verbrechern entfällt der Tatbestand der Entführung allein auf Grund der erteilten Einwilligung[8].

3. Der Grundsatz der „Unzumutbarkeit normgemäßen Verhaltens" im Völkerrecht

Einer Handlung, durch die völkerrechtliche Rechte eines anderen Staates verletzt wurden, kann die Qualifizierung als völkerrechtliches Unrecht nicht dadurch genommen werden, daß sich der Staat, dessen Organe die fragliche Handlung ausführten, auf „Unzumutbarkeit normgemäßen Verhaltens" beruft[9]. Dieser in der deutschen Strafrechtswissenschaft entwickelte Grundsatz besagt, daß bei Vorliegen extremer Gefahrensituationen und Pflichtenkollisionen die Verantwortung des Täters ausgeschlossen wird und damit seine Strafbarkeit entfallen kann[10]. In der völkerrechtlichen Praxis und im Schrifttum findet sich jedoch kein Anhaltspunkt für den genannten Grundsatz. Er kann deshalb keine Geltung im Völkerrecht beanspruchen, weil er als Strafrechtsgrundsatz für die spezifisch strafrechtlichen Ausnahmesituationen zugeschnitten ist und das völkerrechtliche Delikt weder in seinen Voraussetzungen noch in seinen Folgen mit strafrechtlichen Instituten gleichgesetzt werden kann[11]. *Kelsen* hat mit Recht darauf hingewiesen,

---

[7] Vgl. *Strupp*, Delikt, S. 147, Anm. 2:: „Der ... Satz volenti non fit iniuria löst sich für das Völkerrecht auf, daß entweder eine ursprüngliche Rechtmäßigkeit oder eine Rechtswidrigkeit auf Geltendmachung von deren Unrechtsfolgen verzichtet wurde, vorliegt."

[8] Vgl. dazu § 3, 8.

[9] Für Übertragung dieses Grundsatzes ins Völkerrecht, vgl. H. *Silving*, 55 A. J., S. 324 ff. (1961).

[10] Vgl. dazu *Maurach*, R., Das Deutsche Strafrecht, Allgemeiner Teil, Karlsruhe, 1965, S. 320 ff. und die dort angegebene Literatur.

[11] Dazu § 7, 4; ablehnend, *Schwarzenberger* 15 Current Legal Problems, S. 253 (1962). Zutreffend weist *Dahm*, I, S. 47/48 auf die sachliche und funk-

daß strafrechtliche Grundsätze nur dort eine Anwendungsberechtigung im Völkerrecht haben, wo spezifisch strafrechtliche Voraussetzungen gegeben sind, also individuelle Schuld und individuelle Unrechtsfolge[12]. Die Geltung des genannten Grundsatzes wäre daher allenfalls in einem echten Völkerstrafrecht denkbar, das sich mit Individuen, z. B. Kriegsverbrechern, Verbrechern gegen die Menschlichkeit u. a. m. befaßt, nicht aber in einem Völkerrecht, das sich primär mit dem Verhalten von Staaten befaßt.

Selbst die besondere Ausnahmesituation, in der sich Israel angesichts der Straflosigkeit von *A. Eichmann* in Argentinien befand, erlaubt es nicht, aus diesem Gesichtspunkt die Entführung von Eichmann anders zu beurteilen als es durch den Sicherheitsrat geschah, nämlich als völkerrechtliches Delikt[13].

4. Notwehr

Als Unrechtsausschließungsgrund wird im völkerrechtlichen Schrifttum regelmäßig das Institut der Notwehr genannt[14]. Man versteht darunter die gewaltsame Abwehr eines gegenwärtigen oder unmittelbar bevorstehenden Rechtseingriffes durch den von dem Eingriff betroffenen Staat[15].Die völkerrechtliche Notwehr ist ein defensives Selbsthilfemittel, das sich darauf beschränkt, einen gewaltsamen, rechtswidrigen Angriff auf das Gebiet, ein Schiff oder ein Staatsorgan mit Gewalt abzuwehren[16]. Art. 51 der Satzung der Vereinten Nationen hat die Notwehr als ein *„inherent right“* (droit naturel) bezeichnet und damit die

---

tionelle Verschiedenheit von innerstaatlichem Recht und Völkerrecht hin und warnt vor einer bedenkenlosen Übertragung z. B. der für das Notrecht geltenden Regeln des Strafrechts.

[12] *Kelsen,* Unrecht, S. 570.

[13] H. *Silving,* a.a.O., S. 338 bezeichnet die Entführung Eichmanns als völkerrechtskonform.

[14] *Berber,* III, S. 5, *Dahm,* III, S. 212, *Seidl - Hohenveldern,* Rdz. 1296, *Verdross,* S. 427/28, *Wengler,* I, S. 387 Anm. 2. Ausführliche Darstellung der Rechtswidrigkeit, *Strupp,* Delikt, S. 122 ff.
Der Übertragung des Instituts der Notwehr ins Völkerrecht sind eine Reihe von Autoren (besonders *Kelsen,* Unrecht, S. 561 ff., *Ago,* 68 Rec. d. C., S. 537 ff. (1939), *Cavaglieri,* 26, Rec. d. C. S. 556/7 (1929), *Guggenheim,* Traité, II, S. 59 entgegengetreten mit der Behauptung, daß die Notwehr als ausnahmsweise Gestattung der Selbsthilfe theoretisch nur in einer Rechtsordnung möglich sei, in der als Regel die Monopolisierung der Zwangs- und Gewaltanwendung in Händen des Staates gilt. In einer Rechtsordnung, in der die Reaktion auf ein Unrecht noch nicht zentralisiert sei, könne von einem Rechtsinstitut der Notwehr nicht die Rede sein, da ja hier Selbsthilfe die Regel sei.

[15] Vgl. *Verdross,* S. 428, *Wengler* I, 387 Anm. 2, *Dahm,* II, S. 409.

[16] Vgl. *Verdross,* S. 428.

Geltung dieses Grundsatzes in der Völkerrechtsordnung besonders herausgestellt.

Obzwar das Notwehrrecht im geltenden Völkerrecht erhebliche Bedeutung beansprucht, kann es für den Tatbestand völkerrechtswidriger Entführungen nicht als Unrechtsausschließungsgrund herangezogen werden. Im *Eichmann-Fall* wurde versucht, die Entführung als Akt der Notwehr hinzustellen: S'agissant de l'Etat d'Israel, dont l'existence est menacée par le complot du nazisme international, cette action relève de la *légitime défense*[17]. Einem solchen Versuch konnte jedoch bereits aus rechtstheoretischen Erwägungen kein Erfolg beschieden sein. Begrifflich setzt Notwehr einen rechtswidrigen Angriff voraus. Ein völkerrechtswidriger Angriff kann immer nur von einem Völkerrechtssubjekt ausgehen. Das Verhalten von flüchtigen Verbrechern, politisch Verfolgten und sonstigen Privatpersonen kann deshalb keinen Angriff im Sinne des Völkerrechts darstellen, weil ihnen die Völkerrechtspersönlichkeit fehlt[18]. Außerdem ist die völkerrechtliche Notwehr rein defensiver Natur, ihr Ziel liegt allein in der Erhaltung des status quo[19]; deshalb könnte es niemals erlaubt sein, unter Berufung auf Notwehr, fremde Gebietshoheit und sonstige Rechte eines anderen Staates zum Zwecke einer Entführung — also aggressiv — zu verletzen.

5. *Notstand*

Als letzter Rechtfertigungsgrund ist schließlich der Notstand zu erwähnen. Von einem Notstand spricht man dann, wenn ein Staat von einer gegenwärtigen oder unmittelbar bevorstehenden, auf andere Weise nicht abwendbaren Gefahr bedroht ist, die ohne Verletzung fremder Rechte die Existenz des Staates in Frage stellen würde[20]. Der Notstand unterscheidet sich von der Notwehr dadurch, daß bei ihm kein rechtswidriger Angriff eines anderen Staates vorliegen muß; hier ist es der im Notstand befindliche Staat, der zuerst in Rechte eines anderen Staates eingreift[21]. Während die Notwehr stets den Angriff eines Staates

---

[17] Diese bemerkenswerte Äußerung eines sonst ernst zu nehmenden Verfassers zeigt auch gleichzeitig die Gefahren auf, denen ein solches Institut im Völkerrecht ausgesetzt wäre. Das Zitat stammt von *Aroneanu*, 16 Rev. de défense nationale, S. 1455 (1960).

[18] Vgl. *Dahm*, II, S. 442/3 und *Verdross*, S. 432.

[19] So *Dahm*, II, S. 409.

[20] Vgl. *Strupp*, W. V. D., II, S. 151 und Delikt, S. 134 ff.; allgemein auch *Sauer*, Grundlehre, S. 257/58, *Sauer*, System, S. 460/61 und *Ago*, Délit, S. 540 ff.

[21] Vgl. *Verdross*, S. 412. Zur Abgrenzung des völkerrechtlichen Notstandes und sogenannten Selbsterhaltungsrechtes von der Notwehr vgl. H.-G. *Franzke*, Die militärische Abwehr von Angriffen auf Staatsangehörige, 16 Österr. Z. ö. R., S. 132/133 (1966) und die dort in Anm. 36 und 37 genannten Verfasser.

voraussetzt, ist es nicht ausgeschlossen, daß das Verhalten von Privatpersonen einen Staat in die Situation eines Notstandes bringt; in einer solchen Lage könnten staatliche Aktionen gegen diese Personen unter dem Gesichtspunkt einer Notstandshandlung erforderlich sein[22]. Begrifflich wäre es denkbar, daß sich ein Staat bei der Entführung einer Person aus fremdem Territorium auf Notstand beruft.

Die Geltung eines Notstandsrechtes im Völkerrecht ist nicht unbestritten. Die Staatenpraxis kennt eine Reihe von Fällen, in denen sich Staaten auf Notstand beriefen[23]. Zum Beweis werden heute allgemein folgende Fälle angeführt: der *Amelia-Insel-Zwischenfall*[24], der *Caroline-Fall*[25], der *Neptune-Fall*[26], der *Virginius-Fall*[27] und der Fall der Verfolgung des mexikanischen Banditen *Villa* im Jahre 1916[28]. Jedoch ist zu

---

[22] Vgl. *Dahm*, II, S. 442/443.

[23] Umfassende Aufzählung bei *Fauchille*, Traité, I, S. 420. *Strupp*, Delikt, S. 153 ff.

[24] Im Jahre 1817 besetzte eine Bande Abenteurer, die im Namen der revoltierenden Kolonien Buenos Aires und Venezuela gegen Spanien und auch gegen die USA Schmuggel und Piraterie trieben, die Amelia-Insel an der Mündung des St. Mary River, an der Grenze des Staates Georgia, der damals noch zu Spanien gehörte. Da Spanien nichts tat, um dem Treiben ein Ende zu machen, sandte Präsident Monroe ein amerikanisches Kriegsschiff nach der Insel, die sodann gesäubert wurde. Die völkerrechtliche Begründetheit des amerikanischen Vorgehens sah man im Recht der Staaten auf Selbsterhaltung (vgl. *Schmitt* in W. V. D., I, S. 37); vgl. *Moore*, Digest, II, S. 406.

[25] Als 1837 in Kanada ein Aufstand gegen England ausbrach, der in den angrenzenden Teilen der Vereinigten Staaten Unterstützung fand, bildeten sich dort regelrechte Freiwilligenkorps. Ein solches bezog Lager auf Navy Island in Oberkanada. Da die Vereinigten Staaten nicht einschritten, überfielen die englischen Streitkräfte am 29. Dezember den kleinen Dampfer Caroline, der den Verkehr der Insurgenten auf Navy Island mit dem Festland vermittelte (amerikanische Seite), überwältigten die Besatzung, töteten oder verletzten mehrere an Bord befindliche Personen, zündeten das Schiff an und ließen es über die Niagara Fälle abtreiben. Die Vereinigten Staaten protestierten gegen das englische Vorgehen in amerikanischen Gewässern. Im Rahmn der Verhandlungen wurde die Formel geprägt, die nachfolgend Eingang in die völkerrechtliche Praxis gefunden hat; danach sind Notstandshandlungen zu beschränken auf „*cases in which the necessity of that self defence is instant, overwhelming, and leaving no choice of means, and no moment for deliberation.*“ (zit. bei Hyde, Int. Law, I, S. 239; vgl. *Strupp*, W. V. D., I, S. 181.

[26] Im April 1795 wurde das mit Lebensmitteln beladene Schiff Neptune durch englische Kriegsschiffe aufgebracht und gezwungen, einen britischen Hafen anzulaufen, wo die Ladung verkauft wurde und dem Kapitän der Erlös ausgehändigt wurde. Die englische Regierung berief sich auf Notstand, da sie sich im Kriege befinde und das Land von einer Hungersnot bedroht sei. *Lapr.-Pol.*, I, S. 137 ff.

[27] Das unter nordamerikanischer Flagge segelnde Schiff Virginius, das 1873 den aufständischen Kubanern Waffen, Mannschaften und Vorräte brachte, wurde von den Spaniern auf hoher See abgefangen; dabei wurde ein Teil der Mannschaft getötet. Auch diese Kaperung wurde als nicht völkerrechtswidrig bezeichnet, da sie als Nothandlung im Interesse der Selbsterhaltung geboten war. *Strupp*, W. V. D., III, S. 167.

[28] Zu Beginn des Jahres 1916 fielen an der Grenze zwischen den Vereinigten Staaten und Mexiko am unteren Rio Grande laufend mexikanische Ban-

bedenken, daß ein Teil dieser Fälle nach richtiger Ansicht unter dem Gesichtspunkt der völkerrechtlich erlaubten Repressalie zu betrachten ist[29]; da sich in einer Reihe von Fällen zwar die aktiv tätigen Staaten auf Notstand beriefen, die betroffenen Staaten jedoch gegen deren Vorgehen protestiert haben, erscheint eine Anerkennung eines Notstandsrechtes zumindest fraglich[30].

Daher ist auch die völkerrechtliche Lehre geteilter Ansicht: ein Teil bejaht die Geltung des Grundsatzes des Notstandes[31], ein Teil verneint ein solches Institut[32]. Richtig dürfte es sein, ein Notstandsrecht für das geltende Völkerrecht unter den besonders strengen Maßstäben der im *Caroline-Zwischenfall* entwickelten Formel anzuerkennen[33]. Unter diesen strengen Voraussetzungen könnte auch eine Entführung vom Völkerrecht gerechtfertigt sein. Aus dem völkerrechtlichen Schrifttum sowie aus der Praxis der Staaten ist kein Fall ersichtlich, in dem sich ein Staat, der in zurechenbarer Weise aus fremdem Hoheitsgebiet eine Person entführte, auf Notstand hätte berufen können[34].

---

diten in das amerikanische Gebiet ein. Als am 9. März 1916 der Bandit Francisco Villa wiederum einfiel und amerikanische Soldaten und Bürger in Columbus, Neu Mexiko, angriff, wobei 16 Personen ums Leben kamen und die wichtigsten Gebäude des Ortes in Flammen aufgingen, wurden die Banditen durch amerikanische Soldaten über die Grenze getrieben, und auf mexikanischem Gebiet verfolgt. Vgl. *Hyde*, Int. Law, I, S. 240 ff.

[29] Vgl. Bemerkungen in § 7, 3.

[30] Auf das Fehlen der *opinio iuris* weist besonders *Cavaglieri*, 26 Rec. d. C., S. 559/60 (1929) hin.

[31] Vgl. *Dahm*, III, S. 438 ff., 444, *Strupp*, Delikt, S. 122 f., *Ago*, Délit, S. 544: „dans des hypothèses extrèmes", *Anzilotti*, Corso, S. 414 ff.

[32] *Verdross*, S. 413, *Kelsen*, Unrecht, S. 564 ff., *Guggenheim*, Traité, II, S. 62; *Fauchille*, Traité, I, 1, S. 418—420, *Cavaglieri*, 26 Rec. d. C., S. 559/60 (1929) und *Sørensen*, 101 Rec. d. C., S. 220 (1960) weisen mit Recht darauf hin, daß das Fehlen einer obligatorischen internationalen Gerichtsbarkeit, die das Vorliegen eines Notstandes feststellen könnte, eine allzu große Gefahr des Mißbrauchs schafft und lehnen daher ein allgemeines Notstandsrecht ab.

[33] So *Seidl - Hohenveldern*, Rdz. 1227/8, *Pallieri*, Dir. Int., S. 248 und *Anzilotti* im *Oscar Chinn-Fall*, St.I.G.H., A/B, No. 63, S. 114 („... the plea of necessity which, by definition, implies the impossibility of proceeding by any other method than the one contrary to law.").

[34] *Vattel* hat in seinem berühmten Werk der Frage, ob auch eine Entführung durch Notstand gerechtfertigt sein könne, ein eigenes Kapitel gewidmet. Wie daraus hervorgeht, scheinen die Väter des Völkerrechts den delikaten Tatbestand der Entführung von Frauen als einen besonderen Anwendungsfall des völkerrechtlichen Notstands angesehen zu haben: „Disons un mot d'un cas plus singulier, puisque les Auteurs en ont parlé, d'un cas où il n'arrive plus aujourd'hui que l'on soit réduit à employer la force. Une Nation ne peut se conserver et se perpétuer que par la propagation. Un Peuple d'hommes est donc en droit de se procurer des femmes, absolument nécessaires à sa conservation et si les voisins qui en ont de reste lui en refusent, il peut justement recourir à la force. Nous en avons un exemple fameux dans l'enlèvement des Sabines ... (E. de Vattel, Le Droit des Gens, The Classics of International Law, Washington, 1916, Liv. II, Chap. IX § 122).

Zweiter Teil

Unrechtsfolgen einer völkerrechtswidrigen Entführung

§ 7. Die völkerrechtlichen Unrechtsfolgen

1. Allgemeines

Der Sicherheitsrat der Vereinten Nationen forderte in seiner Resolution anläßlich der Entführung *Eichmanns* aus Argentinien die israelische Regierung in salomonischer Weise auf: „to make *appropriate reparation* in accordance with the Charter of the United Nations and the rules of international law;“[1].

Aufgabe der nachfolgenden Ausführungen ist es, zu ermitteln, was im Falle einer völkerrechtswidrigen Entführung als *„appropriate reparation“* anzusehen ist. Die Ermittlung der Unrechtsfolgen für den Fall einer Entführung erfordert es, zunächst Art, Inhalt und Rechtsnatur der völkerrechtlichen Unrechtsfolgen schlechthin zu klären.

2. Der Grundsatz der Wiedergutmachung

Im völkerrechtlichen Schrifttum und in der Praxis der Staaten besteht Einhelligkeit über die Geltung des Grundsatzes, daß ein Völkerrechtssubjekt, dem ein völkerrechtlicher Unrechtstatbestand zugerechnet werden kann, zur Wiedergutmachung des materiellen und ideellen Unrechts verpflichtet ist[2]. Die völkerrechtliche Wiedergutmachungspflicht ist eine echte Rechtspflicht[3]; sie hat ihren Grund in dem mit Be-

---

[1] Vgl. Anhang, Nr. 18.

[2] Vgl. *Dahm*, III, S. 232 ff., *Seidl - Hohenveldern*, Rdz. 1233/37, *Verdross*, S. 373, *Opp.-Lauterpacht*, I, S. 352, *Schwarzenberger*, Int. Law, I, 1, 562 ff., *Rousseau*, Droit Int., Approfondi, S. 102, *Guggenheim*, 80 Rec. d. C., S. 145 (1952) und die bei *Reitzer*, Réparation, S. 25 zit. Autoren; St.I.G.H. im *Chorzow-Fall* (1927); *„It is a principle of international law that the breach of an engagement involves an obligation to make reparation* St.I.G.H., A, No. 9, S. 21.

[3] So *Verdross*, S. 373, *Schüle*, W. d. V., I, S. 338; früher war die Idee einer solchen Wiedergutmachungspflicht als der Idee der Souveränität der Staaten widersprechend abgelehnt worden (so z. B. Funck - Brentano und Sorel, Pradier - Fodéré; Kritik dazu bei *Fauchille*, Traité, I, 1, S. 514 und *Strupp*, Delikt, S. 5 ff.).

gehen eines völkerrechtlichen Delikts zwischen Deliktssubjekt und Deliktsobjekt entstehenden besonderen Rechtsverhältnis, kraft dessen dem verletzten Staat Ansprüche gegen den Rechtsverletzer zustehen[4]. Abgesehen von den Fällen der sogenannten Nachholpflicht, in denen der Rechtsverletzer seine ursprüngliche Verpflichtung nachträglich zu erbringen hat, entsteht als Folge der Verletzung der primären Verpflichtung für den Staat, dem die Völkerrechtsverletzung zuzurechnen ist, eine sekundäre Verpflichtung, nämlich die zur Wiedergutmachung[5]. Dieser Verpflichtung des Rechtsbrechers entspricht das Recht des verletzten Staates, Wiedergutmachung zu verlangen.

3. *Das Recht, Sanktionen zu ergreifen*

Die Feststellung, daß mit Begehen eines völkerrechtlichen Delikts ein eigenes Rechtsverhältnis entsteht, kraft dessen der verletzte Staat zur Wiedergutmachung berechtigt und der Staat, dem das völkerrechtswidrige Verhalten zuzurechnen ist, zur Wiedergutmachung verpflichtet wird, besagt nicht, daß sich darin die völkerrechtlichen Unrechtsfolgen erschöpfen. Da das geltende Völkerrecht über keine zentralen Organe verfügt, die eine Durchsetzung des völkerrechtlichen Wiedergutmachungsanspruches garantieren könnten, berechtigt es unter bestimmten Voraussetzungen Staaten, die durch vorausgegangenes Unrecht verletzt wurden, selbst zur Durchsetzung ihrer Rechtsansprüche gegen den Rechtsbrecher Sanktionen zu ergreifen. Unter Sanktion im strengen Sinn versteht man Zwangsmaßnahmen, die als Reaktion auf vorangegangenes völkerrechtliches Unrecht vom verletzten Staat gegenüber dem Rechtsbrecher durchgeführt werden dürfen[6]. Die Haupterscheinungsformen solcher völkerrechtlichen Sanktionen sind Repressalie[7] und Selbstschutz[8].

Unter Repressalie versteht man den nach fruchtloser Aufforderung zur Wiedergutmachung[9] ausgeführten Rechtseingriff des in seinen Rech-

---

[4] Vgl. *Wengler*, I, S. 500, *Schwarzenberger*, Int. Law, I, 1, S. 589, *Anzilotti*, Corso, S. 385/421.

[5] So *Reitzer*, Réparation, S. 26, *Bourquin*, 35 Rec. d. C., S. 212 (1931), *Fenwick*, Int. Law, S. 280/81; vgl. Anm. 2.

[6] Vgl. *Dahm*, III, S. 265, *Schwarzenberger*, Int. Law, I, 1, S. 659, *Reitzer*, La réparation, S. 22, *Bissonnette*, Satisfaction S. 10/11.

[7] Vgl. allgemein dazu *Dahm*, II, S. 427 ff., *Partsch*, W. d.V., III, S. 104 ff.

[8] Vgl. dazu besonders *Verdross*, S. 429 ff.

[9] Entgegen der Ansicht *Kelsens* (Unrecht, S. 551 ff., besond. 573, General Theory, S. 357), der eine der Realisierung von Zwangsakten vorangehende Aufforderung zur Leistung von Wiedergutmachung ablehnt und es dem verletzten Staat sofort erlaubt, Zwangsmaßnahmen zu ergreifen, wenn dies seinen Interessen nützlicher ist, wird es im Schrifttum allgemein anerkannt, daß der Ergreifung von Zwangsmaßnahmen im Rahmen des völkerrecht-

ten verletzten Staates in beliebige Rechtsgüter des Rechtsbrechers[10]; der Eingriff hat zum Ziel, den Rechtsbrecher auf mittelbare Weise zur Achtung des Rechts und zur Erfüllung seiner Verpflichtungen zu veranlassen[11]. Von Selbstschutz spricht man dann, wenn ein Staat, der dadurch verletzt wird, daß ein anderer Staat seinen völkerrechtlichen Verpflichtungen nicht nachkommt, ausnahmsweise selbst berechtigt ist, einzuschreiten und — sogar auf fremdem Territorium — die Handlungen vorzunehmen, die der andere Staat pflichtwidrig unterlassen hat (vgl. *Caroline-Fall, Amelia-Insel-Zwischenfall* und die Verfolgung von *Villa*[12, 13]).

Während durch die Repressalie mittelbar die Herbeiführung des vom Völkerrecht geforderten Zustands erreicht werden soll, kann durch Selbstschutzhandlungen unmittelbar der völkerrechtskonforme Zustand herbeigeführt werden. Allerdings wurde das Sanktionsrecht des allgemeinen Völkergewohnheitsrechts durch die jüngste Entwicklung stark eingeschränkt. Im Rahmen des Rechts der Vereinten Nationen ist es den Staaten untersagt, gewaltsame Sanktionen anzuwenden, um ihre Rechtsansprüche durchzusetzen[14]. Das bedeutet nicht, daß der in seinen Rechten verletzte Staat keine Möglichkeiten mehr hat, den Rechtsbrecher zur Erfüllung seiner Pflichten zu zwingen[15]. Es bleibt den Staaten eine Reihe

---

lichen Repressalienrechts eine fruchtlose Aufforderung zur Wiedergutmachung vorangehen muß; vgl. *Partsch*, a.a.O., S. 104, *Verdross*, S. 426, *Wengler*, I, S. 516, *Guggenheim*, Traité II, S. 64 und besonders die Untersuchung bei *Reitzer*, a.a.O., S. 31 ff., der auch zutreffend feststellt, daß es auf die Form der Aufforderung nicht ankommt (zulässig ist selbst die Form des Ultimatums, a.a.O., S. 55).

[10] Vgl. *Wengler*, I, S. 517, *Balladore - Pallieri*, Dir. Int. S. 249. Allerdings darf die Sanktion in keinem auffälligen Mißverhältnis zum Unrecht des Gegners stehen (*Verdross*, S. 426/7, *Balladore - Pallieri*, Dir. Int., S. 249).

[11] So *Partsch*, a.a.O., S. 106, *Bourquin*, 35 Rec. d. C., S. 222/223 (1931).

[12] Vgl. § 6, 5.

[13] *Verdross*, S. 429 ff. weist zutreffend auf den Unterschied zwischen Notstand und Selbstschutz hin und stellt fest, daß nur der Selbstschutz eine Unrechtsfolge darstellt, während beim Notstand in den Bereich eines unschuldigen Staates eingegriffen wird. Berücksichtigt man, daß in den genannten Fällen *Caroline, Amelia, Villa* die Territorialstaaten jeweils ihren völkerrechtlichen Pflichten nicht nachgekommen sind und die Staaten, die dadurch Schaden erlitten haben, zur Selbsthilfe in Form der Beseitigung des völkerrechtswidrigen Zustandes gegriffen haben, wird es klar, daß die Beispiele nicht zur Begründung eines Notstandes im Völkerrecht herangezogen werden dürfen.

[14] Vgl. *Dahm*, III, S. 266, *Verdross*, S. 551 ff. Obzwar unter dem Gewaltverbot des Art. 2 Ziff. 4 der Satzung immer nur ein Verbot militärischer Gewalt zu sehen ist (*Seidl - Hohenveldern*, Rdz. 1294, *Verdross*, S. 554), muß dieses Verbot doch angesichts der in Art. 2 Ziff. 3 und Art. 33 Satzung enthaltenen Verpflichtung, Streitigkeiten friedlich zu regeln, sehr weit ausgelegt werden.

[15] Es ist zwar richtig, daß mit dem Gewaltverbot der Vereinten Nationen das völkerrechtliche Deliktsrecht in eine kritische Lage geraten ist (so *Dahm*, III, S. 266, *Kunz*, 54 A. J., 345 (1960): „*at the present time almost the totality*

von wirksamen Sanktionsmöglichkeiten, die keinen verbotenen Zwang darstellen; so besonders wirtschaftliche, diplomatische, moralische oder andere Sanktionen[16].

Ein Staat, aus dessen Territorium eine Person widerrechtlich entführt wurde, ist daher berechtigt, dem Entführerstaat gegenüber, der sich weigert, seinen Wiedergutmachungsverpflichtungen nachzukommen, solche Sanktionen anzuwenden. So wäre es denkbar, bestehende Auslieferungsverträge zu kündigen, die diplomatischen Beziehungen abzubrechen oder Maßnahmen eines Wirtschaftsboykotts oder Embargos anzuordnen.

4. Rechtsnatur der Unrechtsfolgen

Art, Inhalt und Ausmaß einer Unrechtsfolge hängen wesentlich davon ab, welcher Rechtscharakter ihr im Rahmen einer gegebenen Rechtsordnung zukommt. In den nationalen Rechtsordnungen entsteht in der Regel als Folge einer Unrechtshandlung zum einen ein bürgerlich rechtlicher Anspruch des unmittelbar geschädigten Individuums, zum anderen ein strafrechtlicher Anspruch des in seiner Rechtssphäre verletzten Staates. Der Zwangsakt, der die Unrechtsfolge realisiert, tritt in zwei Erscheinungsformen auf: als Strafe oder als Exekution. Die Frage, ob die Unrechtsfolgen des Völkerrechts, Wiedergutmachungsanspruch und Sanktionsberechtigung, als Strafe aufzufassen sind, ist aus verschiedenen Gesichtspunkten von Interesse.

Die völkerrechtliche Praxis kennt eine Reihe von Fällen, in denen Staaten, denen gegenüber Unrecht geschehen war, so ungeheure Forderungen an den Rechtsbrecher stellten, daß sich der Eindruck bilden muß, es handle sich hier um Strafen[17]. Dieser Eindruck wird verstärkt, wenn

---

of international law is unenforceable"). Doch darf man nicht übersehen, daß bei der heutigen wirtschaftlichen Abhängigkeit der meisten Staaten ein Wirtschaftsembargo oder -boykott ein ebenso starkes Druckmittel sein kann, den Rechtsbrecher zu seinen Verpflichtungen zu zwingen, wie eine beschränkte militärische Aktion.

[16] Vgl. dazu statt aller, *Cavaré*, I, S. 131 ff., ders. 80 Rec. d. C. S. 195 ff. (1952).

[17] Ein Musterbeispiel dafür bietet die 12-Punkte-Forderung an China im Anschluß an den *Boxer-Aufstand* (der deutsche Botschafter von Ketteler war von regulären Truppen ermordet worden, fremde Botschaften waren angegriffen und Ausländerfriedhöfe zerstört worden u. a. m.). Die beteiligten Mächte verlangten Entsendung einer Sühnemission unter Anführung eines kaiserlichen Prinzen nach Berlin, Errichtung eines Denkmals an der Stelle, wo Ketteler ermordet worden war, Errichtung von Sühnedenkmälern in allen Friedhöfen, die geschändet worden waren, Aussetzung aller öffentlichen Prüfungen für 5 Jahre in Städten, wo Fremde ermordet worden waren, Schadensersatz u. a. m.; zit. bei *Moore*, Digest, V, § 808/809, *Eagleton*, Responsibility, S. 185. Ähnlich unverhältnismäßig die italienische 7-Punkte-Forde-

einzelne Staaten, denen ein Wiedergutmachungsanspruch zustand, vom Rechtsverletzer sogenannte *„punitive"* oder *„exemplary damages"* forderten[18]. Soweit internationale Instanzen sich mit dieser Frage befassen mußten, haben sie es regelmäßig abgelehnt, Wiedergutmachungsforderungen nach *„punitive damages"* stattzugeben[19]. Diese ablehnende Haltung kann nicht ausschließlich darauf zurückgeführt werden, daß den Schiedsgerichten wegen des Schiedsvertrages einfach die Kompetenz fehlte, solche Unrechtsfolgen auszusprechen[20]; in diesen Entscheidungen spiegelt sich vielmehr die auch in der Literatur vorherrschende Meinung wider, daß die völkerrechtlichen Unrechtsfolgen keinen pönalen Charakter haben[21].

Das Völkerrecht stellt in seiner gegenwärtigen Form eine noch nicht entwickelte, primitive Rechtsordnung dar, der eine Differenzierung in zivil- und strafrechtliche Ansprüche — in Strafe und Exekution — noch fremd ist; seine Unrechtsfolgen können daher mit den traditionellen Rechtsbegriffen nicht erfaßt werden[22]. Auch die Idee der Souveränität und Immunität der Staaten spricht dagegen, daß koordinierte Staaten gegeneinander Strafgewalt ausüben[23]. Daran ändert sich auch nichts, wenn man den verletzten Staat, der die Unrechtsfolge realisiert, als

---

rung an Griechenland anläßlich der Ermordung des italienischen Generals *Tellini* im August 1923 in Griechenland (u. a. Entschuldigungshandlungen durch höchste griechische Militärs, feierliche Begräbnisfeier zu Ehren des Toten in der Kathedrale von Athen unter Anwesenheit der gesamten griechischen Regierung, Hinterlegung von 50 000 000 italienischen Lire bis zur Festlegung des Schadensersatzanspruches durch den St.I.G.H.; zit. bei *Eagleton*, Responsibility, S. 187; vgl. auch die franz. Forderung im *Manheim-Fall* (tödliche Verletzung eines Mitgliedes der französischen Kontrollkommission im Juli 1929 in Berlin) zit. bei *Lais*, Die Rechtsfolgen völkerrechtlicher Delikte, S. 16.

[18] Vgl. die Forderung des amerikanischen Secretary of State, E. Root, nach „exemplary redress", zit. bei *Hyde*, Int. Law II, S. 945, Anm. 14, im *Labaree-Fall;* ähnlich Ann. Digest, 1925—26, No. 188, S. 256: *„punitive damages"*, Ann. Digest, 1929—30, No. 126, S. 202: *„inflictment of punishment"* u. a. m.

[19] So im *Carthage-Fall*, zit. bei *Martens*, Nouveau Recueil Général, III, vol. 8, S. 178; ähnlich Schiedsrichter Parker im bekannten *Lusitania-Fall*, 7 RIAA, S. 39 (E. vom 1. Nov. 1923).

[20] Das behaupten *Opp.-Lauterpacht*, I, S. 354/5 und *Lauterpacht*, 62 Rec. d. C., S. 354 (1937).

[21] Ablehnend, *Berber*, III, S. 25. *Strupp*, Delikt, S. 217, *Schoen*, Haftung, S. 22/122, *Lais*, a.a.O., S. 143, *Carlebach*, Probleme de la Faute, S. 5 ff., *Anzilotti*, Corso, S. 386, *Garcia Amador*, 94 Rec. d. C., S. 477 ff. (1958), die meisten Mitglieder der Int. Law Commission (vgl. Yearbook, S. 239—241, 1956, I) und auch die sowjetische Völkerrechtslehre (*Tunkin*, Communicazioni e studi, S. 24). Anderer Ansicht, *Grosch*, Friedenswarte, S. 254 ff. (1912), *Lauterpacht*, 62 Rec. d. C., S. 349 ff. (1937), *Eustathiades*, 84 Rec. d. C., S. 439 (1953), *Opp.-Lauterpacht*, I, S. 354, Eagleton, 76 Rec. d. C., S. 379 (1950). Allgemein dazu *Personnaz*, S. 300 f.

[22] Vgl. *Berber*, III, S. 25, *Kelsen*, Unrecht, S. 487. *Anzilotti*, Corso, S. 386, *Reitzer*, La Réparation, S. 208, *Bourquin*, 16 Rec. d. C., S. 124 (1927).

[23] Vgl. *Schoen*, Haftung, S. 22.

„Organ der Völkerrechtsgemeinschaft" handeln läßt[24]. Des weiteren würde die Übernahme des Instituts der Strafe ins Völkerrecht voraussetzen, daß die Realisierung der Unrechtsfolgen einheitlich und von zentralen Stellen aus vorgenommen werden kann[25]. Strafrechtliche Verantwortung wäre nur sinnvoll bei Zugrundelegung subjektiver und individueller Schuld[26]. Solange der durch ein völkerrechtliches Delikt verletzte Staat selbst „Richter in eigener Sache" ist, d. h. es primär von seinem Willen abhängt, zu bestimmen, welche Ausgestaltung er den völkerrechtlichen Unrechtsfolgen gibt, würde die Einbeziehung pönaler Elemente in das Recht der Unrechtsfolgen eine unnötige Belastung der internationalen Beziehungen darstellen.

Den völkerrechtlichen Unrechtsfolgen kann daher kein pönaler Charakter beigemessen werden. Diese Feststellung ist für die nachfolgend darzustellende Ausgestaltung des Wiedergutmachungsanspruches von Bedeutung. Sie ist gleichfalls von besonderer Bedeutung für das völkerrechtliche Sanktionsrecht. Sinn der völkerrechtlichen Sanktionsmaßnahmen kann es nur sein, die gestörte Rechtsordnung wiederherzustellen[27], d. h. entweder die Erfüllung einer versäumten Pflicht nachträglich zu veranlassen oder im Rahmen der Folgenbeseitigung den status quo herzustellen; daher müssen die Sanktionsmaßnahmen dann aufhören, wenn der völkerrechtlich gebotene Zweck erreicht ist, z. B. ein Schaden ersetzt, ein Entführter zurückgegeben, eine Entschuldigungshandlung vorgenommen wurde[28].

5. *Aktivlegitimation zur Geltendmachung der Unrechtsfolgen*

Grundsätzlich stehen die Rechte aus einem völkerrechtlichen Delikt nur dem konkreten Deliktsobjekt, d. h. dem Staat zu, dessen subjektive Rechte verletzt wurden[29]. Im Falle einer Entführung kommt als Deliktsobjekt und damit als Subjekt der Unrechtsfolgen allein der Staat in Frage, dessen Gebietshoheit verletzt ist.

Aus dem Gedanken heraus, daß jede Verletzung einer völkerrechtlichen Norm potentiell auch die Rechte aller übrigen Völkerrechtssub-

---

[24] So *Grosch*, a.a.O., S. 254 ff., der übersieht, daß kein Staat berechtigt ist, im Namen der Völkerrechtsordnung zu sprechen (zutreffend *Burckhardt*, Verantwortung, Anm. 24, *Cavaré*, I, S. 106 ff.).

[25] So *Kelsen*, Unrecht, S. 570, *Burckhardt*, a.a.O., Anm. 24, S. 10 f.

[26] Die sozialen Funktionen der Strafe sind begrifflich nur auf physische Personen anwendbar, vgl. *Sauer*, System des Völkerrechts, S. 426.

[27] So *Dahm*, II, S. 428, *Bourquin*, 35 Rec. d. C., S. 222/3 (1931).

[28] *Berber*, III, S. 90; *Dahm*, II, S. 428; *Partsch*, W. d. V., S. 105.

[29] So *Seidl-Hohenveldern*, Völkerrecht, Rdz. 1239, *Verdross*, S. 375, *Strupp*, Delikt, S. 16.

jekte beeinträchtigt, hatten früher zahlreiche Völkerrechtsautoren die Auffassung vertreten, daß bei bestimmten Völkerrechtsverletzungen, insbesondere dann, wenn sich ein Staat fortlaufend und grundsätzlich über die Regeln des Völkerrechts hinwegsetzt, auch die anderen Mitglieder der Völkerrechtsgemeinschaft zur Geltendmachung der Unrechtsfolgen berechtigt sein sollten[30]. Auch heute wird vereinzelt ein Einschreiten nicht unmittelbar verletzter Staaten gefordert[31]. So fordert *Oppenheim-Lauterpacht,* daß in Fällen, in denen ein Staat solche Regeln des Völkerrechts verletzt, die universell durch Gewohnheitsrecht oder Vertrag anerkannt sind, andere Staaten ein Recht haben sollen, den Rechtsverletzer zur Unterwerfung unter die Rechtsordnung zu zwingen[32]. Diese Ansicht dürfte dem geltenden Völkerrecht nicht entsprechen. Nach allgemeiner Ansicht berechtigt das bloße Interesse an der Einhaltung der Völkerrechtsordnung andere als die unmittelbar verletzten Staaten nicht zur Geltendmachung einer Unrechtsfolge[33]. Bei der Gleichheit und Souveränität der Mitglieder der Völkergemeinschaft hat kein Staat, auch keine Mehrheit von Staaten, ein Recht, sich zum Wächter der Völkerrechtsgemeinschaft zu machen[34]. Aus diesem Grunde muß auch der Versuch von *Aroneanu* abgelehnt werden, der im *Eichmann-Fall* das Verhalten Israels als das eines Organs der Völkergemeinschaft bezeichnete und so die Rechtmäßigkeit der Entführung begründen wollte: „Alors, dans un contexte international anarchique, où les Etats agissent arbitrairement contre la loi et abritent des criminels contre l'humanité, d'autres Etats peuvent se substituer à l'organisation internationale défaillante pour appliquer la loi... Ce n'était rien d'autre qu'une action de police judiciaire internationale que menaient par un ‚*dédoublement fonctionnel*' légitime des étrangers appartenant à d'autres services, intéressés à l'application de la loi internationale[35]."

Zulässig und vom geltenden Völkerrecht anerkannt ist jedoch die Möglichkeit, daß nicht unmittelbar verletzte Staaten gegen eine Völkerrechtsverletzung protestieren[36]. Die völkerrechtliche Praxis kennt zahl-

---

[30] Vgl. *Vattel,* zit. bei Verdross, S. 375, *Heffter,* Das Europäische Völkerrecht, S. 224/5, *Bluntschli,* Das moderne Völkerrecht der zivilisierten Staaten, S. 263/4. *Eagleton,* Responsibility, S. 224 ff.

[31] *Tunkin,* Communicazioni e Studi, S. 43.

[32] *Opp.-Lauterpacht,* I, S. 308; diese Ansicht wird zutreffend von *Berber,* I, S. 191 abgelehnt; nicht ganz unbedenklich auch die Ansicht von *Wengler,* I, S. 580.

[33] *Verdross,* S. 375; vgl. auch *Schwarzenberger,* Int. Law, I, 1, S. 586/7, der auf die Problematik hinweist, die sich ergeben kann, wenn der konkret verletzte Staat auf seine Folgenbeseitigungsansprüche verzichtet.

[34] *Barth,* Delikt, S. 3, *Schoen,* Haftung, S. 136.

[35] *Aroneanu,* 16 Revue de défense nationale, S. 1455 (1960).

[36] Vgl. *Seidl - Hohenveldern,* Rdz. 1239/1240.

reiche Kollektivaktionen, die zum Ziel haben, einen Rechtsbrecher zur Einhaltung des Völkerrechts zu veranlassen; diese haben jedoch nicht den Charakter von Unrechtsfolgen[37]. Soweit ersichtlich, hat bislang in einem einzigen Fall eine völkerrechtswidrige Entführung auch nicht unmittelbar verletzte Staaten veranlaßt, gegen das geschehene Unrecht bei der Regierung vorstellig zu werden, der die Entführungshandlung zuzurechnen war. Es handelt sich um die während des amerikanischen Bürgerkrieges durchgeführte Entführung zweier Kommissare der Konföderierten von Bord des britischen Postschiffes *Trent*[38]. Die allgemeine Empörung über dieses völkerrechtliche Unrecht veranlaßte Frankreich, Österreich und Preußen in gesonderten Botschaften über ihre jeweiligen diplomatischen Vertreter in Washington, bei der amerikanischen Regierung vorstellig zu werden und gegen das amerikanische Verhalten zu protestieren[39].

§ 8. Ausgestaltung der Wiedergutmachung

1. *Der Grundsatz der Naturalrestitution*

Nach den anerkannten Regeln des Völkergewohnheitsrechts ist ein Völkerrechtssubjekt, dem ein Unrechtstatbestand zugerechnet werden kann, zur Wiedergutmachung des materiellen und ideellen Unrechts verpflichtet[1]. Für Inhalt, Art und Ausmaß dieses Anspruchs ist maßgebend, daß die verletzte Rechtsordnung, soweit möglich, wieder hergestellt wird, nicht aber, daß dem Rechtsbrecher eine Strafe auferlegt werden soll[2]. In dem Sinne haben internationale Schiedsgerichte zur Ausgestaltung des Wiedergutmachungsanspruches den bekannten Grundsatz des römischen Rechts ins Völkerrecht übernommen, wonach der Rechtsverletzer zur *restitutio in integrum* (auch restitutio naturalis) verpflichtet ist. Der Grundsatz der Naturalrestitution gehört heute zu den fundamentalen Regeln des Völkergewohnheitsrechts und wird im Schrifttum[3] und von internationalen Schiedsgerichten[4] einhellig anerkannt. Er fand

---

[37] Vgl. die Fälle bei *Eustathiades*, 84 Rec. d. C., S. 536 (1953) und *Martens*, Causes célèbres, I, S. 79—104.

[38] Zum Sachverhalt, vgl. § 3, 10.

[39] Die Schreiben der Regierungen sind abgedruckt in *Mountague Bernard*, A Historical Account of the Neutrality of Great Britain During the American Civil War, London, 1870, S. 196—200.

[1] Vgl. dazu § 7, 1 und 2.

[2] Vgl. § 7, 4.

[3] So *Berber*, III, S. 23, *Dahm*, III, S. 232 ff., *Seidl - Hohenveldern*, Rdz. 1233, *Verdross*, S. 400, *Schwarzenberger*, Int. Law, I, 1, S. 655, *Bin Cheng*, Gen. Princ., S. 170, *Anzilotti*, Corso, S. 427, *Cavaré*, Droit Int., II, S. 483/4.

[4] Vgl. die Entscheidung des zentralamerikanischen Gerichtshofs vom 10. März 1917 betreffend die *Bryan-Chamorro-Verträge*, abgedruckt in 11 A. J.,

in der bekannten Entscheidung des Ständigen Internationalen Gerichtshofs im Fall *Chorzow* folgende klassische Formulierung: „The essential principle contained in the actual notion of an illegal act — a principle which seems to be established by international practice and in particular by decisions of arbitral tribunals — is that reparation must, as far as possible, wipe out all consequences of the illegal act and reestablish the situation which would, in all probability, have existed if that act had not been committed[5].“ Damit ist unmißverständlich zum Ausdruck gebracht, daß allein die Herstellung des *status quo* primärer Zweck der völkerrechtlichen Wiedergutmachung ist; gleichzeitig wurde der Wiedergutmachungspflicht ein konkreter Inhalt gegeben.

Diesem Grundsatz kommt nicht nur im Falle einer völkerrechtswidrigen Entführung besondere Bedeutung zu; er verlangt aus grundsätzlichen Erwägungen eine strikte Befolgung. Die spezifische Situation des geltenden Völkerrechts mit seinem Mangel an Zentralisation und zwingend kompetenten, übergeordneten Organen bedarf eines besonders wirksamen Systems der Unrechtsfolgen. Dieser Forderung wird allein eine Unrechtsfolge gerecht, die primär darauf hinzielt, den Rechtsbrecher zur Herstellung des *status quo* zu verpflichten. Wenn im innerstaatlichen Recht das Gesetz dem Rechtsbrecher vielfach erlaubt, durch Kompensationsleistungen den Anspruch des Verletzten abzugelten, so ist dies dadurch gerechtfertigt, daß ein perfektioniertes System des Rechtsschutzes mit strengen Organen über die Einhaltung des Rechtsfriedens und der Rechtssicherheit wacht. Da dies im Völkerrecht nicht der Fall ist, liegt es am System der Unrechtsfolgen, einen potentiellen Rechtsbrecher, der Rechtsnorm, Inhalt und Wahrscheinlichkeit der ihn treffenden Unrechtsfolgen kennt — und auf Grund dieser Kenntnis vielfach eine Vorteilsabwägung vornimmt —, dadurch von rechtswidrigem Tun abzuhalten, daß ihm die Gewißheit gegeben wird, nicht im Genuß des völkerrechtswidrig Erlangten bleiben zu können, selbst nicht auf Kosten einer Kompensationsleistung in Geld[6]. Allein die strenge Einhaltung des Grundsatzes der Naturalrestitution kann im Gefüge des geltenden Völkerrechts verhindern, daß sich Staaten über seine Normen hinwegsetzen, um in den Besitz von Sachen oder Personen zu gelangen, die ihnen eine beliebig hohe Kompensationsleistung in Geld *„wert sind“*. Wenn daher *H. Silving* in ihrer Besprechung des *Eichmann-Falles* grundsätzliche Bedenken gegen die Rückgabe eines völkerrechtswidrig Entführten als Form der Wiedergutmachung geltend macht, verkennt sie

---

S. 674 ff., besonders S. 730 (1917); vgl. auch den *Fall der norwegischen Schiffseigentümer*, 1 RIAA, S. 338, *Guggenheim*, Traité, II, S. 68, Anm. 2.

[5] St.I.G.H., A, No. 17, S. 47.

[6] Ähnlich *Schwarzenberger*, Int. Law, I, 1, S. 655 und 87 Rec. d. C., S. 375 (1955); vgl. auch *Wengler*, I, S. 427.

das Wesen und die Notwendigkeit dieses Rechtsinstituts im Gefüge des geltenden Völkerrechts[7]. Es hieße die Normen des Völkerrechts aushöhlen, würde man es zulassen, daß im Falle völkerrechtswidriger Entführungen der Entführerstaat die Naturalrestitution verweigern könnte.

2. *Leistung von Genugtuung*

Wiedergutmachung in Form der Naturalrestitution ist nur in den Fällen denkbar, in denen durch das geschehene Unrecht eine materielle Schädigung beim Objekt eines völkerrechtlichen Delikts herbeigeführt wurde; sie scheidet immer dann aus, wenn durch eine Unrechtshandlung in ideelle Güter eingegriffen wurde. Immaterielle Güter, wie z. B. Ehre, Ansehen, Würde und Unabhängigkeit eines Staates, spielen im zwischenstaatlichen Bereich eine außerordentlich wichtige Rolle[8]. Daher stellt in der Regel jede Verletzung eines einem Staat zustehenden subjektiven Rechts gleichzeitig eine Mißachtung und Beeinträchtigung seiner Ehre und seines Prestiges, damit eine Verletzung immaterieller Güter dar[9]. Da die Wiedergutmachung dieser Ehrverletzung durch Naturalrestitution praktisch nicht denkbar ist, entstand die besondere Form der Wiedergutmachung durch Leistung von Genugtuung.

Von Genugtuung spricht man dann, wenn durch die rechtswidrige Handlung eines Staates einem anderen Staat immaterieller Schaden zugefügt wurde und es dem Deliktssubjekt obliegt, diese Rechtsverletzung dadurch wiedergutzumachen, daß es das verletzte Rechtsgefühl des betroffenen Staates wieder beschwichtigt[10]. Genugtuung kann erfolgen durch Entschuldigungshandlungen[11], Bestrafung der schuldigen Organe[12] oder durch Garantien für die Zukunft[13]. Wiedergutmachung durch Geldleistung im Falle der Verletzung immaterieller Güter ist zwar denkbar,

---

[7] Vgl. *Silving*, 55 A. J., S. 319 Anm. 36 (1961); aus den genannten Gründen ist die Formulierung von *Dahm*, daß das Völkerrecht den Schwerpunkt mehr auf den Entschädigungsanspruch verlagere zumindest für den hier einschlägigen Sachverhalt bedenklich (vgl. *Dahm*, III, S. 178).

[8] Allgemein dazu *Berber*, I, S. 204 ff., *Reitzer*, La Réparation, S. 124, *Personnaz*, La Réparation, S. 288, *Bissonnette*, Satisfaction, S. 36, *Sauer*, System des Völkerrechts, S. 428.

[9] So *Bissonnette*, a.a.O., S. 36/37 und die dort zit. Autoren; ebenso *Personnaz*, a.a.O., S. 58, *Cavaglieri*, 26 Rec. d. C., S. 542 (1929), *St.I.G.H.*, A, No. 13, S. 25/26; a. A., *Dahm*, III, S. 241.

[10] Vgl. *Verdross*, S. 404, *Schüle*, W. d. V., I, S. 660/61, *Anzilotti*, Corso, S. 426, Garcia *Amador*, 94 Rec. d. C., S. 476 ff. (1958).

[11] *Verdross*, S. 404, *Personnaz*, a.a.O., S. 293 ff., *Bissonnette*, a.a.O., S. 86 ff., der ausführlich die in der Praxis der Staaten entwickelten Formen der Entschuldigungshandlungen aufführt.

[12] Vgl. *Bissonnette*, a.a.O., S. 111 ff.

[13] *Bissonnette*, a.a.O.

entspricht jedoch nicht der Praxis der Staaten[14]. Gerade bei der Genugtuung ist darauf zu achten, daß diese nur eine Form der Wiedergutmachung ist und daher nicht als Erniedrigung oder Strafe aufgefaßt werden darf[15].

3. Leistung von Schadensersatz

Soweit eine Wiederherstellung des status quo nicht möglich ist, weil der durch die Unrechtshandlung eingetretene Erfolg ganz oder teilweise nicht mehr rückgängig gemacht werden kann, hat Ausgleich durch Schadensersatz zu erfolgen; dabei ist zu berücksichtigen, daß auch diese Form der Wiedergutmachung zu einer möglichst vollkommenen Wiederherstellung des status quo führen soll[16].

4. Verhältnis der verschiedenen Formen der Wiedergutmachung

Aus dem Gesagten ergibt sich, daß in ein und demselben Fall die verschiedenen Formen der Wiedergutmachung, also Restitutionspflicht, Genugtuung und Schadensersatzpflicht, gleichzeitig bestehen können[17]. Es ist jedoch zu berücksichtigen, daß unter Umständen in der materiellen Wiedergutmachung bereits eine Genugtuung für die Verletzung immaterieller Güter enthalten sein kann.

§ 9. Unrechtsfolgen und Schulderfordernis

1. Der Eintritt der Unrechtsfolgen kann allein von der Tatbestandserfüllung abhängig gemacht werden

Der Eintritt der völkerrechtlichen Unrechtsfolgen, sowohl der Wiedergutmachungsansprüche wie auch der Sanktionsberechtigungen, hängt allein davon ab, ob ein Subjekt des Völkerrechts in einer ihm zurechenbaren Art und Weise subjektive Rechte eines anderen Völkerrechts-

---

[14] Vgl. *Reitzer*, a.a.O., S. 119, *Strupp*, Delikt, S. 213 ff.

[15] *Personnaz*, a.a.O., S. 287; vgl. § 7, 4.

[16] *Verdross*, S. 401, *Schwarzenberger*, Int. Law, I, 1, S. 660.

[17] Vgl. *Verdross*, S. 401, *Opp.-Lauterpacht*, I, S. 295, Anm. 1, *Personnaz*, a.a.O., S. 285. Als Musterbeispiel einer völkerrechtlichen Folgenbeseitigung vgl. die Erklärung der britischen Regierung im *Tor al Bahal-Zwischenfall* (1963), in der die britische Regierung zunächst ihr Bedauern über den Vorfall ausdrückt, sodann Garantien für die Zukunft abgibt, die eine Wiederholung einer Rechtsverletzung der gleichen Art verhindern sollen und schließlich Schadensersatz leistet (zit. in The Contemporary Practice of the United Kingdom in the Field of International Law, ed. by Lauterpacht, 1963, II, S. 103).

subjekts verletzt und bei diesem eine Schädigung materieller oder immaterieller Güter herbeigeführt hat. An die Tatbestandserfüllung knüpft sich unmittelbar das System der völkerrechtlichen Unrechtsfolgen; dabei bedarf es zur Begründung bestimmter Formen der Wiedergutmachung keinesfalls des zusätzlichen Nachweises einer Schuld bei den staatlichen Organen, die das völkerrechtswidrige Verhalten unmittelbar verursachen[1]. Im Falle einer völkerrechtswidrigen Entführung muß daher der Staat, dem die rechtswidrige Handlung zuzurechnen ist, Wiedergutmachung leisten. Dazu muß er zum einen den Entführten zurückgeben[2]; zum anderen muß er, soweit immaterielle Güter des anderen Staates verletzt wurden und dadurch ein immaterieller Schaden entstand, Genugtuung leisten[3]. Selbst im Falle einer „schuldlosen Entführung" können grundsätzlich beide Formen der Wiedergutmachung in Frage kommen.

2. Bedeutung des Verschuldens im Rahmen der Pflicht zur Leistung von Genugtuung

Im Gegensatz zu der hier vertretenen Auffassung wird im völkerrechtlichen Schrifttum die Frage des Schulderfordernisses vielfach aus dem Bereich des Tatbestandes ausgeklammert und in jenen der Unrechtsfolgen verlagert[4]. *I. von Münch* hat in seiner Monographie über das völkerrechtliche Delikt von der Frage nach Schuld oder Erfolg als Voraussetzung der Zurechenbarkeit eines bestimmten Verhaltens zum Staat ausdrücklich die Frage nach Schuld oder Erfolg als Voraussetzung der völkerrechtlichen Haftung getrennt[5]. Nach *Dahm* löst bereits das rechtswidrige Handeln der Organe *für sich allein* gewisse Rechtsfolgen aus und verpflichtet insbesondere den rechtswidrig Handelnden zur Wiederherstellung des dem Recht entsprechenden Zustandes; diese Wiedergutmachungspflicht besteht demnach unabhängig davon, ob dem Organ des rechtswidrig handelnden Staates ein Vorwurf gemacht werden kann oder nicht, während das Entstehen eines Anspruches auf Genugtuung schuldhaftes Handeln der staatlichen Organe voraussetzt[6]. Eine ähnliche Auffassung vertritt *Wengler*[7]. Danach müßte ein Staat,

---

[1] Vgl. *Reitzer*, a.a.O., S. 147, *Personnaz*, a.a.O., S. 106: „Il ne semble pas qu'au point de vue des principes la faute même lourde ou le dol doivent influer sur le principe de la responsabilité seul le lien de causalité importe en pareil cas, et le dol n'entraine pas nécessairement la démonstration de ce lien ..."; vgl. auch *Starke*, 19 Br. Y., S. 106/7 (1938).

[2] Vgl. nachfolgend § 10.

[3] Vgl. nachfolgend § 13.

[4] Vgl. § 5, 2.

[5] I. *von Münch*, Delikt, S. 161.

[6] Vgl. *Dahm*, III, S. 232 ff.

[7] Vgl. *Wengler*, I, S. 489 ff.

dessen Organe, ohne schuldhaft zu handeln, eine Person aus fremdem Territorium entführt hätten, zwar den Entführten im Rahmen der Wiedergutmachung zurückgeben; ein Anspruch auf Genugtuung — z. B. Bestrafung der Organe oder Entschuldigung durch die zuständigen Behörden — könnte jedoch nach dieser Auffassung nicht entstehen[8].

Dagegen ist einzuwenden, daß aus Gründen der logischen Priorität das Verschulden, wenn überhaupt, im Rahmen der Zurechenbarkeit zu prüfen wäre. Darauf hat bereits *Ago* in seiner Abhandlung über das Problem des Verschuldens im Rahmen des völkerrechtlichen Deliktsrechts hingewiesen[9]. Völkerrechtliche Ansprüche beruhen grundsätzlich auf Vertrag oder auf Gewohnheitsrecht. Völkergewohnheitsrechtliche Ansprüche auf Wiedergutmachung, auf Herstellung des status quo oder auf Genugtuung, sind allein im Rahmen des völkerrechtlichen Deliktsrechts denkbar. Dieses hat bislang zwei Formen der Unrechtsfolgen entwickelt, nämlich die Wiedergutmachung und die Sanktion. Wiedergutmachung materiellen und immateriellen Unrechts ist primärer Zweck des Rechtes der völkerrechtlichen Unrechtsfolgen[10]. Wiedergutmachung und Sanktion knüpfen an den gleichen Deliktsbegriff an und setzen lediglich ein zurechenbares, völkerrechtswidriges Verhalten voraus. Da aber die Pflicht zur Herstellung des status quo und die Pflicht zur Leistung von Genugtuung oder Schadensersatz lediglich Ausgestaltungsformen der einen, einheitlichen Wiedergutmachungspflicht sind[11], ist es nicht zulässig, ihr Entstehen dem Grunde nach von unterschiedlichen Voraussetzungen abhängig zu machen. Wenn ein bestimmtes Verhalten als völkerrechtswidrig und zurechenbar angesehen wird, kann dieses grundsätzlich alle drei Formen von Wiedergutmachungspflichten auslösen. Damit soll nicht gesagt werden, daß der Frage des Verschuldens im Rahmen der Pflicht zur Leistung von Genugtuung keine Bedeutung zukommt. Die Pflicht zur Leistung von Genugtuung ist, wie jede Wiedergutmachungspflicht, davon abhängig, daß ein Schaden entstanden ist. Während es nicht schwerfällt, das Vorliegen eines materiellen Schadens festzustellen, bereitet das im Bereich der immateriellen Güter erhebliche Schwierigkeiten. Die Frage, ob ein bestimmtes Verhalten der Organe eines fremden Staates als Affront gegen die Ehre der Nation, als Angriff auf das Ansehen und das Prestige des Staates gewertet werden kann, hängt von einer Reihe von psychologischen Faktoren ab[12]. Für die Feststellung, ob ein immaterieller Schaden gegeben ist oder nicht, kann

---

[8] Vgl. *Dahm, Wengler,* a.a.O.

[9] *Ago,* Verschulden, besonders S. 466.

[10] Vgl. dazu §§ 7, 8.

[11] Dazu ausführlich § 8.

[12] Vgl. dazu insbesondere *Anzilotti,* Corso, S. 426.

es jedenfalls von Bedeutung sein, ob die handelnden Staatsorgane vorsätzlich, fahrlässig oder schuldlos fremde Rechte verletzten. Damit wird die Frage des Verschuldens ausschließlich in den Bereich der Ermittlung des immateriellen Schadens verlagert. Soweit bei der Bemessung der Unrechtsfolgen, insbesondere der zu leistenden Genugtuung, auf nähere Tatumstände, Verschulden, Vorsatz oder Absicht der handelnden Organe Rücksicht genommen wird, handelt es sich um einen rein psychologischen, nicht aber rechtlich relevanten Einfluß auf die zu leistende Wiedergutmachung[13].

Aus den genannten Gründen scheint es gerechtfertigt, den Eintritt der völkerrechtlichen Unrechtsfolgen, einschließlich der Pflicht zur Leistung von Genugtuung, allein von der objektiven Verletzung völkerrechtlicher Rechte abhängig zu machen.

§ 10. Die Pflicht zur Rückgabe eines völkerrechtswidrig Entführten

1. Anerkennung des Grundsatzes im Schrifttum

Aus den vorangehenden Erörterungen ergibt sich, daß gerade für den Fall der völkerrechtswidrigen Entführung eine strikte Befolgung des Grundsatzes der Naturalrestitution geboten ist. In der völkerrechtlichen Literatur wird daher auch übereinstimmend die Pflicht des Entführerstaates angenommen, den Entführten an den Staat zurückzugeben, dessen Rechte durch die Entführung verletzt wurden[1]. In der Begründung zu *Art. 16 des Entwurfes der Harvard Law School* wird zutreffend festgestellt:

„It is everywhere agreed, of course, that recourse to measures in violation of international law or international convention in obtaining custody of a person charged with crime entails international responsi-

---

[13] Ebenso *Reitzer*, a.a.O., S. 118. Vgl. auch *Borchardt*, 1 ZaöRV, S. 225 (1929): „International Courts and Foreign Offices do not profess to make any fundamental distinction between wrongful, though perhaps innocent and unintentional, invasion of alien's rights, and ‚fault' — the degree of wilfulness or negligence in the commission of the injury affecting mainly the measure of damages."

[1] So *von Bar*, Lehrbuch des Internationalen Privat- und Strafrecht, S. 327, *Lammasch*, Auslieferungspflicht und Asylrecht, S. 814 Anm., *Berber*, III, S. 23, *Opp.-Lauterpacht*, I, S. 295, Anm. I, *McNair*, Law Opinions, I, S. 78, *Briggs*, Law of Nations, S. 579, *Hyde*, Int. Law, II, S. 1031, *Moore*, Extradition, 1, S. 288, *Rivier*, Principes, I, S. 289, *Anzilotti*, Scritti, II, Bd. 2, S. 219; vgl. auch die Einzeldarstellungen in Zeitschriften: L. C. *Green*, 23 Mod. Law Rev., S. 510 (1960), *Lasok*, 11 Int. Comp., L. Q., S. 325 (1962), *Garcia - Mora*, 32 Indiana Law Journal, S. 437 (1957), *Fawcett*, 38 Br. Y., S. 199 (1962), *Ronzitti*, 48 Rivista, S. 65 (1965) und *Doehring*, 25 ZaöRV, S. 213 (1965).

bility which must be discharged by the *release or restoration* of the person taken, indemnification of the injured State, or otherwise[2]."

Dazu ist allerdings zu bemerken, daß von der primären Form der Wiedergutmachung, nämlich der Freilassung oder Rückgabe des Entführten, nur dann zugunsten anderer Formen der Wiedergutmachung abgewichen werden darf, wenn dies ausnahmsweise vom Völkerrecht gestattet wird oder im Einverständnis mit dem Staat erfolgt, dem der Folgenbeseitigungsanspruch zusteht[3].

Verschiedentlich wird im Schrifttum die Behauptung aufgestellt, die Wiederherstellung des status quo sei zwar rechtlich die primäre, faktisch aber eine seltene Form der Wiedergutmachung; das entspricht, zumindest was völkerrechtswidrige Entführungen und deren Erledigung in der Staatenpraxis betrifft, nicht den Tatsachen. Desgleichen ist ein „Besitzanspruch" des Entführerstaates auf die Person des Entführten unter keinem rechtlichen Gesichtspunkt anzunehmen[4].

2. Anerkennung durch die Praxis der Staaten

In der völkerrechtlichen Praxis wird die Pflicht zur Rückgabe einer völkerrechtswidrig entführten Person allgemein anerkannt. Dabei empfinden es Regierungen, die Kenntnis davon erlangen, daß durch ihre Organe in völkerrechtswidriger Weise eine Person aus dem Territorium eines anderen Staates entführt wurde, häufig als eine Pflicht der internationalen Höflichkeit, die entführte Person bereits zurückzugeben, bevor der verletzte Staat im Wege eines Protestes seine Rechte geltend gemacht hat[5]. Die Untersuchung der einschlägigen Fälle hat ergeben, daß in der überwiegenden Mehrzahl die Entführerstaaten ihrer Wiedergutmachungspflicht durch Rückgabe des Entführten bzw. dessen Frei-

---

[2] Harvard Draft, 29 A. J., S. 623/24 (1935, Supplement).

[3] Zu möglichen Ausnahmen vgl. § 11.

[4] *Doehring* spricht in 25 ZaöRV, S. 214 (1965) von einer „*Art Besitzanspruch*" Israels im *Eichmann-Fall*. Wenn Doehring diesen Besitzanspruch damit begründet, daß eine Herausgabe des Entführten nicht mehr verlangt worden sei, nachdem eine andere Art der Wiedergutmachung erfolgt war, beruht das auf einer Verkennung von Ursache und Wirkung. Der sogenannte Besitzanspruch ist keinesfalls als Grund für die andere Form der Wiedergutmachung — nämlich die förmliche Entschuldigung — anzusehen; vielmehr liegt in der Annahme dieser förmlichen Entschuldigung — als Form der Wiedergutmachung — ein Verzicht auf den Herausgabeanspruch seitens der argentinischen Regierung, der nunmehr erst einen „Besitzanspruch" Israels ermöglicht.

[5] Vgl. dazu *Travers*, Le Droit Pénal International, III, S. 161. Die „Pflicht" der Höflichkeit besteht jedoch nur darin, daß eine Rückgabe erfolgt, bevor der berechtigte Staat sie überhaupt geltend gemacht hat; die Rückgabepflicht als solche beruht niemals auf der sogenannten internationalen Courtoisie.

lassung nachgekommen sind. Die Vielzahl der Fälle und die Gleichartigkeit der Abwicklung spricht eindeutig dafür, daß es sich bei der Rückgabepflicht um eine echte Rechtspflicht und nicht lediglich um eine Praxis der internationalen Courtoisie handelt[6]. Die umfangreiche völkerrechtliche Praxis erlaubt es nicht, bei der Frage der Wiedergutmachung völkerrechtswidriger Entführungen eine mögliche Lücke im Völkerrecht anzunehmen[7].

3. Untersuchung der Fälle, die gegen das Bestehen einer Rückgabepflicht angeführt werden

Gegen die einem Entführerstaat obliegende Pflicht, den völkerrechtswidrig Entführten an den verletzten Staat zurückzugeben, werden im völkerrechtlichen Schrifttum verschiedentlich Bedenken vorgebracht. Soweit dabei auf Fälle verwiesen wird, in denen eine rechtswidrig entführte Person nicht zurückgegeben wurde, beruhen die Bedenken ausschließlich auf einer Verkennung der völkerrechtlichen Zurechnungsnormen[8]. Zwar lassen sich eine Reihe von Entführungsvorgängen anführen, in denen Staaten, aus deren Territorium Personen entführt worden waren, vom Aufenthaltsstaat vergeblich Freilassung oder Rückgabe des Entführten verlangt haben; in all diesen Fällen wurde die Rückgabe des Entführten völlig zu Recht einfach deshalb verweigert, weil keine völkerrechtswidrige Entführung vorlag.

In einer ersten Gruppe von Fällen war eine Rückgabepflicht des Aufenthaltsstaates deshalb nicht gegeben, weil die Entführung ausschließlich durch Privatpersonen ausgeführt wurde[9]. Aus diesem Grund konnte weder im *Blair-Fall*[10] noch im Fall *Madeline His*[11] ein völkerrechtlicher Folgenbeseitigungsanspruch bestehen. Auch in dem häufig erwähnten *Martinez-Fall* kann von keiner völkerrechtswidrigen Entfüh-

---

[6] Die Behauptung von *Cocatre - Zilgien*, L'Affaire Argoud, S. 58, Paul O'Higgins habe die Rückgabe von Entführten als Akt der Courtoisie bezeichnet und nicht als Rechtspflicht, ist unrichtig: vgl. *O'Higgins*, 36 Br. Y., S. 293 (1960): „British practice is in accordance with the principle that in case of apprehension in violation of international law there is an *obligation* upon the arresting State to restore the person arrested." (Hervorhebung von Verf.)

[7] So zu Unrecht *Cocatre - Zilgien*, a.a.O., S. 58.

[8] Einem solchen Irrtum unterliegt sowohl *Cardozo*, 55 A. J., S. 135 (1961), als auch H. *Silving*, 55 A. J., S. 318/19 Anm. 36 (1961), die den Grundsatz der Naturalrestitution nicht auf Entführungen anwenden wollen und zu Unrecht die Fälle *Ker*, *Collins* und *Martinez* erwähnten (in keinem der Fälle handelte es sich um eine völkerrechtswidrige Entführung).

[9] Daß nur ein dem Staat zurechenbares Verhalten zu einem völkerrechtlichen Delikt führen kann, wurde in § 4 ausführlich dargelegt; vgl. besonders § 4, 3.

[10] Zum Sachverhalt und zur rechtlichen Würdigung vgl. § 4, 3.

[11] Vgl. ebenfalls § 4, 3.

rung und damit auch von keinem Anspruch auf Rückgabe des Entführten gesprochen werden. Martinez war im Jahre 1905 durch einen gewissen Antonio Felix aus Mexiko entführt und amerikanischen Behörden übergeben worden. Nachdem Felix auf Ersuchen der mexikanischen Regierung entsprechend den Bestimmungen des Auslieferungsvertrages an Mexiko ausgeliefert worden war, forderte die mexikanische Regierung Freilassung und Rückgabe des Entführten[12]. Da Antonio Felix weder im Auftrag noch mit Wissen amerikanischer Stellen gehandelt hatte, konnte die Entführung den Vereinigten Staaten nicht zugerechnet werden. Wenn *Cardozo* diesen Fall mit dem *Eichmann-Fall* vergleicht, entbehrt das jeder rechtlichen Grundlage[13]. Während im *Martinez-Fall* die amerikanische Regierung zu Recht die Rückgabe des Entführers verweigerte, bestand im *Eichmann-Fall,* nachdem der Sicherheitsrat der Vereinten Nationen die Entführung als völkerrechtliches Delikt qualifiziert hatte, grundsätzlich eine Rückgabepflicht.

In einer zweiten Gruppe von Fällen entfiel die Pflicht, einen Entführten zurückzugeben, deshalb, weil bei der Entführung Organe der beiden beteiligten Staaten in jeweils zurechenbarer Weise mitgeholfen hatten. Bereits im Fall *Belli* und *Bluch*[14] hatte sich Österreich geweigert, einen auf solche Weise gemeinschaftlich Entführten zurückzugeben. Obwohl anerkannt ist, daß unter diesen Umständen von einer völkerrechtswidrigen Entführung nicht die Rede sein kann und folglich auch eine Rückgabepflicht des Staates, in dessen Gebiet der Entführte verbracht wurde, nicht besteht[15], fordern Staaten häufig auch unter diesen Voraussetzungen die Rückgabe des Entführten. Wenn unter diesen Umständen die Rückgabe verweigert wird, kann das nicht gegen das Prinzip der Naturalrestitution im Falle völkerrechtswidriger Entführungen sprechen. Daher verweigerte die Regierung der Vereinigten Staaten im

---

[12] Der Fall ist zitiert in Papers Relating to the Foreign Relations of the United States, Washington, 1906, II, S. 1121/22; in der Forderung der mexikanischen Regierung heißt es: „The Government of the United States granted the extradition of A. Felix ... thereby implicitly recognizing ... that the course taken by Felix to take Martinez out of the territory of Mexico was illegal and in contravention of the lawful procedure established by the treaty between Mexico and the United States ...“; diese Ausführungen enthalten einen doppelten — auch von den anderen Staaten des öfteren begangenen — Irrtum: zum einen kann ein Individuum einen Auslieferungsvertrag nicht verletzen, zum anderen kann sich aus einer solchen Privathandlung kein völkerrechtliches Rechtsverhältnis ergeben (wenn die Vereinigten Staaten den Entführer zurückgegeben haben, dann deshalb, weil Felix durch die Entführung mexikanisches Strafrecht verletzt hat und diese Straftat im Auslieferungsvertrag aufgeführt war).

[13] *Cardozo,* 55 A. J., S. 127 (1961).

[14] Vgl. § 4, 7 b.

[15] Vgl. dazu § 4, 7 b; vgl. auch *Decroq,* 53 Revue critique de droit int. privé, S. 426 (1964).

Lopez-Fall zu Recht die Rückgabe des Entführten an Mexiko. Lopez wurde am 20. Januar 1934 von vier Personen in Nuevo Laredo, Mexiko, festgenommen und gezwungen, den Rio Grande zu überqueren, wo er von amerikanischen Polizeibeamten verhaftet wurde. Da festgestellt wurde, daß die amerikanischen Beamten die Entführung mit mexikanischen Staatsorganen abgesprochen und gemeinschaftlich durchgeführt hatten, bestand keine Rechtspflicht zur Rückgabe des Entführten, da es an der Voraussetzung eines völkerrechtlichen Entführungstatbestandes fehlte[16].

Gegen das Prinzip, daß völkerrechtswidrig Entführte an den Staat, aus dessen Territorium sie weggeführt wurden, zurückzugeben sind, kann auch nicht die Entscheidung des Ständigen Haager Schiedshofs vom 24. Februar 1911 in dem bekannten *Savarkar-Fall* herangezogen werden[17]. In dieser Entscheidung, die im Schrifttum einhellig abgelehnt wurde[18], hat sich der Haager Schiedshof nicht gegen die Rückgabe des Entführten als Form der Unrechtsfolgenbeseitigung ausgesprochen, was im Schrifttum verschiedentlich zu Unrecht unterstellt wird[19]. Das Schiedsgericht kam vielmehr auf Grund der Tatsachenwürdigung zu dem Ergebnis, daß durch die britischen Beamten weder die französische Gebietshoheit verletzt noch das französische Asylrecht mißachtet wurde.

Da das Gericht bereits die Tatbestandsmäßigkeit verneinte, daher auf die Frage der Unrechtsfolgen zwangsläufig nicht eingehen durfte, ist es unrichtig, die Entscheidung für oder gegen irgend eine Meinung zur Frage der Wiedergutmachung im Falle einer völkerrechtswidrigen Entführung heranzuziehen.

Schließlich spricht auch die Erledigung des *Eichmann-* und des *Argoud-Falles* nicht gegen das Prinzip der Naturalrestitution; in beiden

---

[16] Der Sachverhalt ist zitiert bei *Hackworth*, Digest, IV, S. 224—225; vgl. auch das Verfahren gegen Lopez, *Ex parte Lopez*, 6 F. Supp. 342 (1934); aus dem Verfahren gegen Villareal (*Villareal v. Hammond* 74 F. 2 d 503 (1934)), den texanischen Polizeibeamten, der mit gezogener Pistole die Festnahme überwacht hatte, ergibt sich, daß die Entführung ausgeführt wurde, um eine Belohnung von 750 Dollar zu verdienen, die für die Ergreifung von Lopez ausgesetzt war. *Garcia - Mora*, 32 Indiana Law Journal, S. 435 (1957) erwähnt diesen Fall, um Bedenken am Prinzip der Naturalrestitution anzumelden.

[17] Zum Sachverhalt vgl. § 4, 7.

[18] Besonders *Kohler*, 5 Zeitschrift für Völkerrecht und Bundesstaatsrecht, S. 202 ff. (1911), *Strupp*, Beiheft 1 zu der genannten Zeitschrift, S. 12 ff.; Maurice *Hamelin*, Recueil Général de Jurisprudence, de Doctrine et de Législation Coloniales, Paris, 1911, S. 1 ff. und *Anzilotti*, Scritti, II, Band 2, S. 219: „*Sotto ogni riguardo, la domanda della Francia era fondata e doveva essere accolta.*“

[19] So z. B. *Doehring*, 25 ZaöRV, S. 215 (1965).

Fällen wurde von der völkerrechtlich gebotenen Lösung auf Grund zwischenstaatlicher Sonderregelung abgewichen[20].

§ 11. Bestehen allgemein anerkannte Gründe, welche die Rückgabepflicht zugunsten einer anderen Form der Wiedergutmachung entfallen lassen?

1. Vorliegen einer tatsächlichen Unmöglichkeit

Wie oben dargelegt, ist die Pflicht zur Wiedergutmachung durch Herstellung des status quo die primäre völkerrechtliche Unrechtsfolge. Kein Staat ist befugt, von sich aus die Wiedergutmachung in Form der Naturalrestitution durch eine Kompensationszahlung in Geld zu ersetzen[1]. Naturalrestitution als Unrechtsfolge muß zwangsläufig dann ausscheiden, wenn durch das völkerrechtliche Delikt Eingriffe vorgenommen wurden, die nicht mehr rückgängig zu machen sind (z. B. völkerrechtswidrige Erschießung, Versenkung von Schiffen u. a.); in diesem Fall tritt automatisch an Stelle der nicht möglichen Naturalrestitution die Pflicht zu Kompensationsleistungen[2]. Desgleichen muß die sekundäre Form der Wiedergutmachung — Kompensationsleistung — in den Fällen objektiv nachträglicher Unmöglichkeit eingreifen; das ist dann der Fall, wenn eine Naturalrestitution nicht mehr möglich ist, weil nach Begehen der völkerrechtswidrigen Handlung Umstände eingetreten sind, die den zur Wiedergutmachung Verpflichteten der effektiven Möglichkeit berauben, den status quo herzustellen (z. B. der völkerrechtswidrig Entführte entkommt aus dem Territorium des Entführerstaates oder stirbt dort). Von einer Unmöglichkeit kann jedoch nicht gesprochen werden, wenn lediglich erhebliche tatsächliche Hindernisse bestehen, den status quo wieder herzustellen, dies aber nicht gänzlich undurchführbar ist[3].

---

[20] Zum *Eichmann-Fall* stellt *O'Higgins*, 36 Br. Y., S. 296 (1960) mit Recht fest, daß keine der beteiligten Regierungen Zweifel äußerte, daß „the appropriate reparation ... was restoration of the person seized"; im *Argoud-Fall* bedauerte der *Ausschuß für auswärtige Angelegenheiten* in seinem schriftlichen Bericht, „daß die völkerrechtlich gebotene Lösung — nämlich die Rücküberstellung des Entführten an die Bundesrepublik Deutschland — an der Haltung der französischen Regierung *gescheitert ist*" — zitiert Deutscher Bundestag, 4. Wahlperiode, Drucksache IV/3450.

[1] Vgl. *Guggenheim*, 80 Rec. d. C., S. 145 (1952).

[2] Vgl. *Verdross*, S. 401, *Schwarzenberger*, Int. Law, I, 1, S. 660.

[3] Vgl. *Wengler*, I, S. 386; allerdings können Kompensationsleistungen immer dann an die Stelle von Naturalrestitution treten, wenn der zur Wiedergutmachung berechtigte Staat sein Einverständnis erklärt. In Schiedsverträgen verzichen Staaten häufig auf ihr Recht auf Naturalrestitution und begnügen sich mit Kompensationsleistungen (vgl. *Verdross*, S. 400).

Für den Fall einer völkerrechtswidrigen Entführung kann eine Unmöglichkeit nur angenommen werden, wenn sich der Entführte nicht mehr in der Herrschaftsgewalt des Entführerstaates befindet. Jedoch darf der zur Rückgabe verpflichtete Staat nicht seinerseits bewußt eine solche Unmöglichkeit herbeiführen. Ein Staat, der einen durch seine Agenten völkerrechtswidrig Entführten an einen dritten Staat ausliefert und dadurch eine bestehende Restitutionspflicht unmöglich macht, begeht ein zusätzliches völkerrechtliches Delikt[4]. Ein Staat darf gleichfalls nicht, wie dies im Falle der Entführung von Gegnern des Castro-Regimes von einer Insel der britischen Bahamagruppe geschah, die Entführten vor Gericht stellen und erschießen lassen, solange die völkerrechtliche Restitutionspflicht besteht[5].

2. *Die sogenannte rechtliche Unmöglichkeit*

Im Anschluß an den Fall der tatsächlichen Unmöglichkeit ist zu prüfen, ob auch das Völkerrecht eine sogenannte rechtliche Unmöglichkeit kennt, welche die Pflicht zur Naturalrestitution entfallen ließe.

a) Aus Gründen des nationalen Rechts

An eine rechtliche Unmöglichkeit könnte man dann denken, wenn es einem Staat auf Grund der innerstaatlichen Gesetzgebung rechtlich nicht möglich wäre, durch seine Exekutive die Rückgabe einer entführten Person vornehmen zu lassen. In der Staatenpraxis fehlt es nicht an Versuchen, sich durch Berufung auf die Verfassung, die Unabhängigkeit der rechtsprechenden Gewalt oder die bundesstaatliche Kompetenzverteilung völkerrechtlichen Folgenbeseitigungsansprüchen zu entziehen. Im *Martinez-Entführungsfall* lehnte das amerikanische State Department die Rückgabe des Entführten zwar im Ergebnis zu Recht ab; unzutreffend war es aber, sich dabei auf rechtliche Unmöglichkeit zu berufen:

---

[4] Ebenso *O'Higgins*, 36 Br. Y., S. 309 (1960).

[5] Am 13. August 1963 waren 29 Castro-Gegner auf die Insel Anguila Cay, brit. Bahamas, geflüchtet und dort von zwei kubanischen Kanonenbooten entdeckt worden. Einem Kommando von Marinetruppen, die an Land gingen, gelang es 19 der Flüchtlinge festzunehmen und nach Kuba zu entführen. Da der Vorfall von einem zufällig in der Nähe befindlichen amerikanischen Aufklärungsflugzeug beobachtet und aufgenommen worden war, erfuhr die britische Regierung umgehend davon; sie protestierte gegen die Verletzung ihrer Gebietshoheit und forderte die Rückgabe der Entführten. Die kubanische Regierung weigerte sich, die Flüchtlinge zurückzugeben und ließ, ungeachtet des Protests, wenige Tage später drei der Entführten erschießen (zit. in 68 Rev. Gén., S. 168 ff. (1964)); nach langwierigen diplomatischen Bemühungen Großbritanniens war sie allerdings bereit, den restlichen Personen die Ausreise zu gestatten (vgl. 70 Rev. Gén., 152 (1966)).

„It (erg. amerikanische Regierung) is unable to comply with the request of the Mexican Government for the release of Martinez ... for the further reason that the prosecution of Martinez appears to be proceeding in *the courts of the State of California, which are independent of the Federal Executive*[6]."

Begründungen dieser Art widersprechen dem geltenden Völkerrecht. In der Literatur und von internationalen Instanzen wird einhellig der Grundsatz anerkannt, daß Staaten sich nicht durch Berufung auf ihre innerstaatlichen Rechtsordnungen der völkerrechtlichen Verantwortung entziehen können[7]. Daraus folgt auch, daß sie sich dieser oder jener Form der Wiedergutmachung nicht dadurch entziehen können, daß sie Hinderungsgründe des innerstaatlichen Rechts anführen[8]. Die Tatsache, daß sich ein völkerrechtswidrig Entführter in den Händen der rechtsprechenden Gewalt befindet, kann keinen Einfluß auf die Restitutionspflicht haben. Ebenso ist ein Gericht ausnahmslos nicht in der Lage durch seinen Urteilsspruch den Restitutionsanspruch des verletzten Staates zu hemmen oder gar zum Erlöschen zu bringen[9].

Das wurde auch von der Cour de Sûreté im *Argoud-Fall* richtig erkannt:

„Attendu, d'ailleurs, et à tout prendre, que, quelle que soit la décision que la Cour serait appellée à prononcer en ce qui concerne Argoud, même privative de liberté, celle — ci ne pourrait faire obstacle, ultérieurement, à un accord éventuel entre Etats souverains sur le sort de l'accusé[10]."

b) Aus Gründen des Völkerrechts

Von einer relevanten rechtlichen Unmöglichkeit, welche die Naturalrestitution als Form der Wiedergutmachung in Wegfall bringen könnte, dürfte man nur dann sprechen, wenn der Staat, der zur Naturalrestitu-

---

[6] Zit. in Papers Relating to the Foreign Relations of the United States, 1906, II, S. 1122; zum Sachverhalt vgl. § 10, 3. Ebenso unzulässig war die Argumentation des Gouverneurs von Georgia im *Bullock-Fall*, zit. bei *Moore*, Extradition, I, S. 292.

[7] Vgl. *Berber*, III, S. 5, *Verdross*, S. 114, *Dahm*, III, S. 211, *Rousseau*, Droit Int. Approfondi, S. 104, *Fitzmaurice*, 92 Rec. d. C., S. 85 ff. (1957); vgl. auch *Art. 5 der Haager Kodifikationskonferenz:* „A State cannot avoid international responsibility by invoking its municipal law." Der St.I.G.H. vertrat diese Ansicht in zahlreichen Entscheidungen, z. B. St.I.G.H., A, No. 5, S. 42/43; A, No. 10, S. 24; A, No. 17, S. 33. Allgem. dazu *Schwarzenberger*, Int. Law, I, 1, S. 69/70.

[8] So *Personnaz*, Réparation, S. 83; ebenso *Reitzer*, Réparation, S. 144.

[9] Vgl. *Kirchner*, Neue Juristische Wochenschrift, 1964, S. 853.

[10] Zit. bei *Cocatre - Zilgien*, L'Affaire Argoud, S. 67.

tion verpflichtet ist, im Falle der Durchführung gleichzeitig gegen eine bindende Norm des Völkerrechts verstoßen würde[11]. In entsprechender Anwendung der für die Auslieferung entwickelten Grundsätze wäre es denkbar, daß die Rücklieferung eines Entführten entfallen müßte, wenn sie die Verletzung elementarer Menschenrechte zur Folge hätte[12].

3. Wegfall der Rückgabepflicht bei sogenannter moralischer Unmöglichkeit

Da die Naturalrestitution als primäre Form der Wiedergutmachung in der Praxis oft erhebliche Schwierigkeiten bereitet, fehlt es nicht an Versuchen, das Prinzip einzuschränken und ausnahmsweise an Stelle der Pflicht zur Herstellung des status quo eine Kompensationsleistung in Geld zuzulassen. Das soll dann der Fall sein, wenn Naturalrestitution dem dazu verpflichteten Staat unzumutbar[13], wenn sie unbillig[14], demütigend ist[15] oder wenn sie einen Rechtsmißbrauch darstellt[16]. Die Notwendigkeit, im geltenden Völkerrecht das Prinzip der Naturalrestitution strikt zu handhaben, verbietet es, in so allgemeinen Formulierungen eine Einschränkung des Prinzips zu erlauben[17]; im übrigen findet sich in der Staatenpraxis, soweit es sich um die Pflicht zur Rückgabe völkerrechtswidrig Entführter handelt, kein Anhaltspunkt für die Annahme der erwähnten Einschränkungen. Insbesondere wurde von der Staatenpraxis bislang auch der Fall nicht als „unbillig", „unzumutbar", oder „demütigend" anerkannt, in dem den Entführerstaat die Verpflichtung traf, einen eigenen Staatsangehörigen, der aus fremdem Territorium entführt worden war, zurückzugeben. *Doehring* glaubte im *Argoud-Fall* deshalb von einer „besonderen Problematik" sprechen zu müssen,

---

[11] Anzilotti, zit. bei *Personnaz,* Réparation, S. 90.

[12] Dazu *Berber,* I, S. 392/93 und *Dahm,* I, S. 277 Anm. 12.

[13] *Doehring,* 25 ZaöRV, S. 214 (1965) erwägt es, dem Fall der tatsächlichen Unmöglichkeit den der Unzumutbarkeit gleichzustellen.

[14] Vgl. *Lais,* Die Rechtsfolgen völkerrechtlicher Delikte, S. 36.

[15] Vgl. *Clunet,* Questions de Droit, S. 6: „Il est clair que l'Etat offensé ou lésé ne devra exiger de l'Etat fautif rien d'incompatible avec la dignité de ce dernier." Dem stellt Clunet richtig entgegen: „L'octroi d'une légitime réparation n'a rien dont la dignité n'une nation ne puisse s'accommoder."

[16] Besonders weitgehend die Formulierung von *Berber,* III, S. 24: „Ist die Wiederherstellung des früheren Zustandes nicht möglich oder genügend, nicht zumutbar, unbillig, demütigend oder ein Rechtsmißbrauch, so tritt an ihre Stelle der Anspruch auf Entschädigung in Geld"; die Aufstellung eines so weitgehenden Grundsatzes hätte eines besonderen Nachweises aus der Staatenpraxis bedurft.

[17] Vgl. dazu § 8, 1; mit Recht wendet sich *Sauer,* System des Völkerrechts, S. 431 gegen die Ansicht, daß ein Staat Naturalrestitution zugunsten einer anderen Form der Wiedergutmachung ablehnen könne, wenn er innerstaatlichen Schwierigkeiten begegne.

weil Frankreich einen eigenen Staatsangehörigen hätte herausgeben sollen[18]. Dem kann nicht beigepflichtet werden. Die Tatsache, daß der Entführte die Staatsangehörigkeit des Entführerstaates hat, kann diesem niemals einen Grund geben, die Rückgabe an den Staat zu verweigern, dem der völkerrechtliche Folgenbeseitigungsanspruch zusteht[19]. Dies wurde in der Staatenpraxis durchwegs anerkannt: im bekannten *Nogales-Fall* erkannte Mexiko expressis verbis die Rechtspflicht zur Rückgabe des entführten mexikanischen Staatsangehörigen an den Verletzten[20]. Im *Mangold-Fall* forderte die französische Regierung von Deutschland die Rückgabe des entführten deutschen Staatsangehörigen[21]. Der von deutschen Agenten im Jahre 1935 aus Holland entführte deutsche Staatsangehörige *Gutzeit* wurde auf den Protest der holländischen Regierung an die holländische Grenze gebracht und dort freigelassen[22]. Auch im *Mantovani-Fall* wurde der nach Italien entführte Italiener an die Schweiz zurückgegeben[23]. Schließlich darf auch der Entscheidung des Haager Schiedshofs im *Savarkar-Fall* nicht unterstellt werden, „das Gericht habe letztlich doch Großbritannien die Herausgabe eines Angehörigen des British Empire nicht zumuten wollen"[24]. Für eine solche Unterstellung findet sich weder in der Entscheidung selbst noch in den umfangreichen von den beteiligten Regierungen vorgetragenen Rechtsausführungen der geringste Anhaltspunkt[25].

---

[18] *Doehring*, a.a.O., S. 214/15.

[19] Ebenso *Fawcett*, 38 Br. Y., S. 199 (1962) und *McNair*, Int. Law Opinions, I, S. 79 zum *Martin-Fall*.

[20] Zum Sachverhalt vgl. Anhang, Nr. 10. Der amerikanische Außenminister führte aus „whether the person rescued was or was not a Mexican nothing could satisfy the Government of the United States except the delivery to its authorities of the prisoner who was forcibly taken from the Arizona officials"; auf Ersuchen der mexikanischen Regierung erklärte sich die Regierung der Vereinigten Staaten erst dann bereit, von einer Rückforderung abzusehen, als die mexikanische Regierung ausdrücklich den Rechtsanspruch als solchen der Vereinigten Staaten anerkannt hatte (vgl. dazu *Moore*, Extradition, I, S. 289/90).

[21] Vgl. Anhang, Nr. 6.

[22] Zit. bei *Preuss*, 29 A. J., S. 504 (1935); allerdings weigerte sich Gutzeit von seiner Freiheit Gebrauch zu machen und zur holländischen Seite der Grenze hinüberzugehen, wohl im Hinblick darauf, daß sich seine Familie in Deutschland aufhielt.

[23] Anhang, Nr. 24.

[24] So *Doehring*, a.a.O., S. 215.

[25] Vgl. zunächst das in § 10, 3 Gesagte; außerdem Case und Counter Case presented on behalf of the Government of His Britannic Majesty to the Tribunal constituted under an agreement signed in London on the 25th day of October 1910 between the Government of His Britannic Majesty and the Government of the French Republic (Savarkar Arbitration) sowie Mémoire und Contre — mémoire présenté par le Gouvernement de la République Française (Affaire Savarkar), Paris, Imprimerie Nationale, 1911.

Damit ist jedoch nicht gesagt, daß kein Fall denkbar wäre, in dem das geltende Völkerrecht einem Entführerstaat erlauben könnte, die Rückgabe des völkerrechtswidrig Entführten zu verweigern. Für besondere Ausnahmesituationen sind wohl auch in diesem Zusammenhang die Grundsätze anzuwenden, die im Falle vertraglicher Pflichten zu einem Leistungsverweigerungsrecht führen. Daher ist eine moralische Unmöglichkeit dann anzunehmen, wenn die Rückgabe einer Person zwar nicht schlechthin unmöglich wäre, wohl aber den Bestand des Staates gefährden oder die Erfüllung seiner wesentlichen Staatsaufgaben unmöglich machen würde[26]. Diesen Gesichtspunkt hat auch die Regierung der Vereinigten Staaten im *Trent-Fall* zum Ausdruck gebracht:

„I have not forgotten that, *if the safety of this Union required the detention* of the captured persons, it would be the right and duty of this Government to detain them. But the effectual check and waning proportions of the existing insurrection, as well as the comparative unimportance of the captured persons themselves, when dispassionately weighed, happily forbid me from resorting to that defence[27]."

§ 12. Gilt der Grundsatz ‚dolo facit, qui petit, quod statim redditurus est' im Falle des Anspruches auf Rückgabe eines völkerrechtswidrig Entführten?

1. Allgemeines

Die Frage der Rückgabe eines völkerrechtswidrig Entführten kann dann problematisch werden, wenn der zur Wiedergutmachung berechtigte Asylstaat seinerseits verpflichtet wäre, auf Ersuchen des Entführerstaates den Entführten wieder herauszugeben. In diesem Fall könnte man daran denken, in analoger Anwendung des aus innerstaatlichen Rechtsordnungen bekannten Grundsatzes „dolo facit, qui petit, quod statim redditurus est", dem wiedergutmachungspflichtigen Staat das Recht zu geben, die Rückgabe des Entführten zu verweigern. Vorauszuschicken ist allerdings, daß für den hier zur Diskussion stehenden Problemkreis die Anwendbarkeit dieses Grundsatzes nur in sehr beschränk-

---

[26] Im Anschluß an die Formulierung von *Verdross*, S. 176; im Ergebnis ebenso *Wengler*, I, S. 387, der auf Grund eines im Völkerrecht geltenden Notstandsgedankens den verpflichtenden Charakter einer jeden Norm dann suspendiert sieht, „wenn die Erfüllung der Verpflichtung aus der Norm in der konkreten Situation die Befriedigung lebenswichtiger Interessen der Verpflichteten hindern würde"; vgl. auch *Sauer*, System des Völkerrechts, S. 431, der eine Interessenabwägung fordert.

[27] Zitiert bei *Mountague Bernard*, A Historical Account of the Neutrality of Great Britain during the American Civil War, S. 212; vgl. § 3, 10.

tem Umfang denkbar ist. Voraussetzung wäre, daß der Entführerstaat dem Asylstaat gegenüber einen Rechtsanspruch auf Auslieferung der entführten Person hätte. Da dem allgemeinen Völkergewohnheitsrecht eine Pflicht zur Auslieferung nicht zu entnehmen ist, wäre ein Rechtsanspruch auf Auslieferung nur auf Grund vertraglicher Regelungen denkbar[1]. Aber selbst wenn ein Auslieferungsvertrag besteht, würde ein Rechtsanspruch auf Auslieferung in der Regel dann entfallen, wenn der Entführte Staatsangehöriger des Staates wäre, aus dem er entführt wurde, oder wenn er vom Entführerstaat wegen politischer Vergehen oder Verbrechen gesucht würde; das ergibt sich daraus, daß Auslieferungsverträge regelmäßig Vorschriften enthalten, die sowohl eigene Staatsangehörige[2] als auch politische Verbrecher von einer Auslieferung ausnehmen[3]. Im Hinblick darauf, daß gerade Personen, die wegen politischer Vergehen verfolgt werden, am häufigsten Opfer völkerrechtswidriger Entführungen sind, blieben für den eingangs zitierten Grundsatz — seine Geltung im Völkerrecht unterstellt — praktisch nur wenige Anwendungsfälle. Im *Argoud-Fall* wäre der Einwand „dolo facit, qui petit, quod statim redditurus est" schon deshalb nicht in Frage gekommen, weil die Bundesrepublik keine Pflicht zur Auslieferung des Entführten hatte[4].

2. *Ausgestaltung des Grundsatzes im innerstaatlichen Recht*

Der Grundsatz „dolo facit, qui petit, quod statim redditurus est" steht am Ende einer langen Rechtsentwicklung, die zunächst von dem Gedanken ausgegangen war: *„nullus videtur dolo facere, qui suo iure utitur[5]."*

---

[1] Vgl. *Dahm*, I, S. 279, *Verdross*, S. 646; vgl. im übrigen § 3, II, 3.

[2] Vgl. *Grützner*, W. d. V., I, S. 119.

[3] *Grützner*, a.a.O., S. 117/18.

[4] Wie *Doehring*, 25 ZaöRV, S. 217 (1965) richtig feststellt, hätte die Bundesrepublik Argoud auch nicht im Hinblick auf Art. 4 Abs. II des deutsch-französischen Auslieferungsvertrages („Als politische Tat wird nicht angesehen ... 2. ein Angriff gegen das Leben eines Staatsoberhauptes ...") ausliefern müssen, da Art. 16 Grundgesetz auch den Attentäter schützt; unrichtig insofern Kirchner, Neue Juristische Wochenschrift, 1964, S. 854. Zwar hat der BGH zu Art. 16 Abs. II Satz 2 GG festgestellt, daß einem Griechen, dessen Auslieferung nach Griechenland wegen Mordes verlangt wird und gemäß § 3 III DAG zulässig ist, das politisch Verfolgten durch Art. 16 Abs. II Satz 2 GG gewährte Asyl nicht zustehe (BGHSt. 8, 59 ff.); dem kann in dieser Allgemeinheit nicht gefolgt werden. Ein politisch Verfolgter darf auch dann nicht ausgeliefert werden, wenn ihm ein vorsätzliches Verbrechen gegen das Leben zur Last gelegt wird (vgl. *Kimminich*, Bonner Kommentar, Anm. 162 zu Art. 16 GG); maßgebend für das Entstehen des subjektiven Asylrechts nach Art. 16 II 2 GG ist allein die Frage, ob der Asylsuchende politisch verfolgt wird (vgl. *Kimminich*, a.a.O., Anm. 197 zu Art. 16).

[5] Das römische Recht beschränkte diese Regel schon früh hinsichtlich des Eigentums (vgl. *Kaser*, Römisches Privatrecht, 1955, § 31); später entwickelte

Er hat im Rahmen der Lehre vom Verbot des Rechtsmißbrauches oder der unzulässigen Rechtsausübung Eingang in das innerstaatliche deutsche Recht gefunden. In Frankreich und Belgien entwickelte sich der Grundsatz im Rahmen der Theorie vom *„abus de droit“*[6]. Obwohl in allgemeiner und ausdrücklicher Form vom deutschen Gesetzgeber bislang nicht geregelt[7], hat die Rechtsprechung eine Reihe typischer Ausgestaltungsformen des Verbots des Rechtsmißbrauches oder der unzulässigen Rechtsausübung entwickelt. Allgemein anerkannt sind heute folgende Fälle: die mißbräuchliche Ausnützung einer gesetzlich oder vertraglich zuerkannten Rechtsposition[8], widerspruchsvolles Verhalten im engeren Sinn (venire contra factum proprium)[9], arglistige Ausnutzung eigener Sitten- und Vertragswidrigkeit[10], Mangel oder Fehlen der Geschäftsgrundlage[11], Berufung auf Nichtigkeit eines Vertrages[12], unzulässige Einrede der Verjährung[13] und schließlich das Verlangen einer wieder zurückzuerstattenden Leistung (dolo facit, qui petit, quod statim redditurus est)[14]. Der Grundsatz „dolo facit, qui petit, ...“ besagt, daß der Inhaber eines Anspruches rechtsmißbräuchlich handelt, wenn er von jemand eine Leistung verlangt, die er selbst in unmittelbarer Zukunft wieder zurückerstatten müßte. Unter diesen Umständen muß der Inhaber des Anspruchs von seinem Verlangen Abstand nehmen, selbst wenn sein Verhalten nicht arglistig ist[15].

Die Darstellung der verschiedenen Ausgestaltungsformen des sogenannten Verbots des Rechtsmißbrauches sollte zeigen, daß mit der bloßen Berufung auf den Begriff des Rechtsmißbrauches im innerstaatlichen Recht zweifelhafte Rechtsverhältnisse nicht entschieden werden können; dazu bedarf es vielmehr einer der konkreten Regeln, wie sie von Rechtsprechung und Lehre entwickelt wurden. Es steht nichts im Wege, diese methodische Feststellung auch auf das Völkerrecht zu übertragen.

---

sich daraus die sog. exceptio doli generalis, die in das Gemeine Recht und das Allgemeine Landrecht übernommen wurde.

[6] Umfassende Literaturangaben dazu in der Monographie von Wilhelm *Weber*, Treu und Glauben, Berlin 1961, S. 742.

[7] Positive Regelungen im BGB sind z. B. §§ 242 und 826.

[8] Vgl. *Weber*, a.a.O., Anm. D 83—272.

[9] *Weber*, a.a.O., Anm. D 323—394.

[10] *Weber*, a.a.O., Anm. D 395—415.

[11] *Weber*, a.a.O., Anm. D 416.

[12] *Weber*, a.a.O., Anm. D 417—477.

[13] *Weber*, a.a.O., Anm. D 478—483.

[14] *Weber*, a.a.O., Anm. D 520—521.

[15] Vgl. auch die bei *Weber*, a.a.O., S. 885 angegebene Literatur.

3. Das sogenannte Verbot des Rechtsmißbrauches: Kritik der Behandlung dieser Frage im Schrifttum

Im völkerrechtlichen Schrifttum wird zunehmend die Frage gestellt, ob das Verbot des Rechtsmißbrauches Bestandteil des geltenden Völkerrechts ist. Obwohl in zahlreichen Abhandlungen vom Rechtsmißbrauch die Rede ist, besteht über den Begriff noch keine einhellige Auffassung[16]. Allgemein spricht man von einem Rechtsmißbrauch dann, wenn der Inhaber eines Rechtes einer anderen Person dadurch Schaden zufügt, daß er von seiner Rechtsposition Gebrauch macht; dabei wird offen gelassen, ob der Schaden bewußt zugefügt sein muß oder nicht[17].

Die Geltung eines so umfassenden Verbots des Rechtsmißbrauches wurde in der völkerrechtlichen Doktrin[18] und in Sondervoten von Richtern internationaler Instanzen zwar schon des öfteren bejaht[19], doch hat bislang noch keine internationale Instanz selbst eine Entscheidung getroffen, in der das Vorliegen eines verbotenen Rechtsmißbrauches angenommen worden wäre[20]. Eine genaue Untersuchung der internationalen Rechtsprechung und der Staatenpraxis ergibt[21], daß ein generelles Verbot des Rechtsmißbrauches im Sinne der gegebenen Definition nicht Bestandteil des geltenden Völkerrechts ist[22]. *Wengler* hat dazu zutreffend festgestellt:

„Es kann aber wohl nicht als ein für alle Völkerrechtsnormen geltender allgemeiner Rechtsgrundsatz angesehen werden, daß der Gebrauch eines völkerrechtlichen subjektiven Rechtes eine Grenze in einem umfassenderen Verbot des Rechtsmißbrauches fände[23]." Daneben hat *Berber* nachgewiesen, daß es sich hier auch um keinen der „von den Kulturvölkern übereinstimmend anerkannten allgemeinen Rechtsgrundsätze"

---

[16] Übersicht über die verschiedenen Auffassungen bei *Schüle*, W. d. V., III, S. 69 ff.; vgl. auch I. *von Münch*, Delikt, S. 18/19.

[17] Vgl. *Schüle*, a.a.O., S. 70.

[18] Vgl. *Dahm*, I, S. 194 ff., *Seidl - Hohenveldern*, Rdz. 1203, *Verdross*, S. 132, *Opp.-Lauterpacht*, I, S. 345—347, *Politis*, 6 Rec. d. C., S. 77 ff. (1925), *Lauterpacht*, 62 Rec. d. C., S. 340 f. (1937), *Garcia - Amador*, 94 Rec. d. C., S. 376 ff. (1958) und insbesondere *Kiss*, A.-Ch., L'abus de droit en droit international, bes. S. 179 ff.

[19] Vor allem die Richter *Azevedo, Alvarez, Spiropoulos, Klaestad* zit. bei Schüle, a.a.O.

[20] Zutreffend *Guggenheim*, Traité, I, S. 155.

[21] So schon *Scerni* in seiner Untersuchung L'abuso di diritto nei rapporti internazionali, Roma 1930; neuerdings *Roulet*, J. D., La caractère artificiel de la théorie de l'abus de droit en droit international public, Neuchâtel 1958.

[22] Neben *Scerni* und *Roulet*, a.a.O., bes. *Strupp*, Delikt, S. 6, *Ago*, Délit, S. 443, *Schüle*, a.a.O., *Cavaglieri*, 26 Rec. d. C., S. 544/45 (1929), *Schwarzenberger*, 87 Rec. d. C., S. 305 ff. (1955) und *Fitzmaurice*, 92 Rec. d. C., S. 54/55 (1957).

[23] *Wengler*, I, S. 392.

im Sinne des Art. 38 des Statuts des Internationalen Gerichtshofs handelt[24].

Damit ist nicht gesagt, daß der dem Verbot des Rechtsmißbrauches zugrunde liegende Gedanke im Völkerrecht keine Geltung beanspruchen könnte. Die allgemeine Rechtsidee von den immanenten Schranken aller subjektiven Rechte hat auch in das allgemeine Völkergewohnheitsrecht Eingang gefunden. Die Positivierung dieser Rechtsidee bedarf allerdings, wie ein Blick auf innerstaatliche Rechtsordnungen zeigt, einer langen und intensiven Bemühung von Rechtsprechung und Lehre; mit einem allgemeinen Hinweis auf die Geltung oder Nichtgeltung eines Verbotes des Rechtsmißbrauches lassen sich auch im Völkerrecht zweifelhafte Rechtssituationen nicht lösen. Aus diesem Grunde ist die im Schrifttum allgemein gebrauchte Fragestellung „Gibt es im Völkerrecht ein generelles Verbot des Rechtsmißbrauches?" zumindest unzweckmäßig. Positive Ergebnisse können nur dann erzielt werden, wenn man nach den konkreten Ausgestaltungsformen und Anwendungsfällen des Verbots des Rechtsmißbrauches im geltenden Völkerrecht fragt.

Normen, die ein bestimmtes Verhalten als rechtsmißbräuchlich verbieten, haben sich in vielen Einzelbereichen des Völkerrechts gebildet; sie haben insbesondere in das völkerrechtliche Fremdenrecht Eingang gefunden. So wird das einem Staat auf Grund seiner Gebietshoheit zustehende Recht, selbst zu bestimmen, ob und unter welchen Umständen er Fremde in sein Gebiet aufnehmen will, nicht unerheblich beschränkt; kein Staat darf von seinem Recht, Fremden den Zugang zu verweigern, in der Weise Gebrauch machen, daß er sich willkürlich vom Ausland absperrt und allen Fremden Zugang zu seinem Gebiet verschließt[25].

In gleicher Weise wird auch das auf der Gebietshoheit beruhende Recht, Fremde aus dem Staatsgebiet auszuweisen, durch konkrete Normen, die einen Mißbrauch verbieten, beschränkt[26]. Von besonderer Bedeutung wird die Ausgestaltung des Verbots des Rechtsmißbrauches im internationalen Wasserrecht. Wie neuerdings *Dintelmann* nachgewiesen hat, kennt das positive Völkerrecht konkrete Normen, die dem Anlieger

---

[24] *Berber*, F. J., Die Rechtsquellen des internationalen Wassernutzungsrechtes, München 1955, S. 138 ff.; ebenso *Roulet*, a.a.O., S. 105—112 und *Schwarzenberger*, a.a.O., S. 304 ff.; a. A. *Dahm*, I, S. 66 ff. und *Opp.-Lauterpacht*, I, S. 346/7.

[25] Vgl. dazu *Dahm*, I, S. 499, *Verdross*, S. 362, *Starke*, Introduction, S. 264/65.

[26] Das geltende Völkerrecht kennt zahlreiche Normen, die eine Ausweisung hinsichtlich der Modalität der Durchführung und den Gründen beschränken (vgl. *Berber*, I, S. 385 ff., *Dahm*, I, S. 527, *Verdross*, S. 371/72). Vgl. *Schick*, W., Der Abschiebungs- und Übernahmeverkehr, 27 Monatsschrift der Vereinigung Deutscher Auslandsbeamten, S. 370 ff. (1964).

eines internationalen Wasserlaufes ein bestimmtes Verhalten verbieten (z. B. Verschmutzungsverbot)[27].

Aus all diesen Beispielen, die sich beliebig vermehren ließen, folgt, daß es zahlreiche Anwendungsfälle des Verbots des Rechtsmißbrauchs im geltenden Völkerrecht gibt; allerdings kann dabei die konkrete Entscheidung des Einzelfalles nicht auf Grund des allgemeinen Verbots des Rechtsmißbrauchs selbst, sondern nur an Hand der konkreten völkerrechtlichen Normen getroffen werden, die sich — ausgelöst durch die Idee des Verbots des Rechtsmißbrauchs — selbständig entwickelt haben.

4. Der Grundsatz „dolo facit ..." in Zusammenhang mit völkerrechtswidrigen Entführungen und der Pflicht zur Naturalrestitution

Anschließend soll untersucht werden, ob die Abwicklung völkerrechtswidriger Entführungen durch die beteiligten Staaten es rechtfertigt, die Geltung des Grundsatzes „dolo facit, qui petit, quod statim redditurus est" zu bejahen. Gegen ein Recht des Entführerstaates, die Rückgabe des Entführten an den zur Naturalrestitution berechtigten Staat dann verweigern zu können, wenn ihm seinerseits auf Grund eines Auslieferungsvertrages ein Anspruch auf spätere Auslieferung zustehen würde, spricht schon die Tatsache, daß es sich bei dem Restitutionsanspruch und dem Anspruch auf Auslieferung um zwei wesensmäßig verschiedene Ansprüche handelt, die nicht miteinander verglichen werden können. Der Restitutionsanspruch dient der Wiedergutmachung eines völkerrechtlichen Unrechts; er ist zwar als völkerrechtliche Unrechtsfolge keine Strafe, dient aber dennoch dazu, der Völkergemeinschaft zu zeigen, daß sich „Unrecht nicht bezahlt macht". Demgegenüber dient der auf Grund vertraglicher Regelung bestehende Auslieferungsanspruch allein dazu, im Interesse der internationalen Verbrechensbekämpfung zu verhindern, daß flüchtige Verbrecher ungestraft bleiben. Die beiden Ansprüche sind daher niemals „identisch"[28].

Im völkerrechtlichen Schrifttum findet sich kein Anhaltspunkt dafür, daß unter den genannten besonderen Umständen die Restitutionspflicht des Entführerstaates entfallen könnte. Ein solches Ergebnis läßt sich auch nicht aus den allgemeinen Grundsätzen des Rechts der völkerrecht-

---

[27] Klaus *Dintelmann*, Die Verunreinigung internationaler Binnengewässer insbesondere in Westeuropa aus der Sicht des Völkerrechts, 1965, S. 117; Dintelmann stellt zutreffend fest, daß sich die einschlägigen Fragen aus dem gewohnheitsrechtlich anerkannten eingeschränkten Verschmutzungsverbot lösen lassen, nicht aber unmittelbar aus dem Verbot des Rechtsmißbrauchs (a.a.O., S. 138).

[28] Vgl. *Doehring*, 25 ZaöRV, S. 217 (1965).

lichen Folgenbeseitigung herleiten[29]. Insbesondere läßt sich auch aus der Staatenpraxis die Geltung des Grundsatzes „dolo facit, qui petit, quod statim redditurus est" im Zusammenhang mit dem völkerrechtlichen Wiedergutmachungsanspruch auf Rückgabe des Entführten nicht herleiten. In den im Rahmen dieser Arbeit untersuchten Fällen hat sich kein Staat geweigert, einen Entführten zurückzugeben, indem er dem Asylstaat entgegenhielt, daß er auf Grund eines bestehenden Auslieferungsvertrages ja ohnehin berechtigt sei, anschließend die Auslieferung des Entführten zu verlangen. Dagegen haben eine Reihe von Staaten, aus deren Gebiet flüchtige Verbrecher entführt worden waren, die Rückgabe dieser Person gefordert und die Entführerstaaten ausdrücklich darauf aufmerksam gemacht, daß es ihnen frei stehe, nach Durchführung der völkerrechtlichen Folgenbeseitigung, im üblichen diplomatischen Wege die Auslieferung der zuvor Entführten zu verlangen.

Dies war die Haltung der Vereinigten Staaten im Fall *Rufino Rueda*, der von spanischen Agenten aus amerikanischem Gebiet nach Havanna entführt worden war[30]. Im Falle *L. F. Converse* und *E. M. Blatt* verlangten die Vereinigten Staaten gleichfalls Rückgabe der nach Mexiko verschleppten Personen, machten aber die mexikanische Regierung gleichzeitig auf ihre Rechte aus dem Auslieferungsvertrag aufmerksam:

„. . . if it were established that they hat committed an offense properly extraditable under the existing extradition treaty between the United States and Mexico the Mexican Government would naturally possess the right to institute, in accordance with the treaty, regular proceedings for their return to Mexico and trial for punishment[31]." In beiden Fällen wurden die entführten Personen an den zur Wiedergutmachung berechtigten Staat zurückgegeben. Im gleichen Sinn wurde der *Cipriano-Fall* diplomatisch bereinigt. Hier war der berüchtigte sizilianische Bandit Cipriano mit mehreren Begleitern durch italienische Behörden an Bord eines französischen Postdampfers festgenommen worden, der in den Hafen von Genua einlief; anschließend wurden sie auf italienisches Territorium gebracht und dort inhaftiert. Diese Festnahme verstieß gegen Art. 7 der Postkonvention vom 4. September 1860. Auf den Protest der französischen Regierung kamen die beteiligten Regierungen dahingehend überein, daß die italienische Regierung zwar die völkerrechtswidrig Festgenommenen nach Frankreich zurückstellte,

---

[29] Mit Recht stellte *de Schutter* daher fest: „Even if the Government is willing to hand over a criminal and he is kidnapped before, this Government may first request the return of the person concerned and release him again immediately afterwards" (1 Rev. Belge, S. 103/104 (1965)).

[30] Vgl. Anhang, Nr. 12.

[31] Vgl. *Hackworth*, Digest, II, S. 309; Anhang, Nr. 5.

dabei aber gleichzeitig die französische Regierung um die Einleitung eines Auslieferungsverfahrens ersuchte. Die Banditen wurden daher zunächst nach Frankreich zurückgebracht und anschließend an Italien ausgeliefert[32].

§ 13. Wiedergutmachung des immateriellen Unrechts im Falle einer völkerrechtswidrigen Entführung

Mit der Rückgabe der entführten Person kann der Staat, der zur Wiedergutmachung verpflichtet ist, den status quo lediglich insofern wiederherstellen, als die materiellen Folgen des völkerrechtlichen Unrechts beseitigt bzw. rückgängig gemacht werden. Wie oben dargelegt, werden durch eine völkerrechtswidrige Entführung auch immaterielle Güter des Staates verletzt, aus dessen Gebiet das Opfer der Entführung fortgeschleppt wurde. Eine solche Unrechtshandlung stellt regelmäßig einen schweren Angriff auf die Ehre und das Ansehen des verletzten Staates in der Völkergemeinschaft dar. Daher trifft den Rechtsbrecher auch die Pflicht, dieses immaterielle Unrecht wiedergutzumachen, d. h. Genugtuung zu leisten. Als entsprechende Genugtuung gilt, wie im völkerrechtlichen Schrifttum allgemein anerkannt ist, in erster Linie Bestrafung der schuldigen Organe sowie offizielle Entschuldigungserklärungen, gegebenenfalls Garantien für völkerrechtskonformes Verhalten in der Zukunft[1]. Die Pflicht zur Leistung von Genugtuung besteht in der Regel neben der Pflicht zur Rückgabe des Entführten[2]. Für die Abwicklung des Falles einer völkerrechtswidrigen Entführung gilt demnach der von *Travers* treffend formulierte Grundsatz:

„Le premier principe à poser est que toute réclamation de la souveraineté étrangère doit être suivie de la mise en liberté immédiate du détenu et de la punition des agents fautifs, en un mot de la remise des choses en état, de sanctions et de l'expression de regrets[3]."

Die Untersuchung der einschlägigen völkerrechtlichen Praxis zeigt, daß die durch völkerrechtswidrige Entführungen in ihren Rechten verletzten Staaten besonderen Wert auf die Wiedergutmachung des immateriellen Schadens gelegt haben und sich in der Mehrzahl der Fälle nicht mit der bloßen Rückgabe des Entführten zufrieden gaben. Besonders deutlich geht dies aus der diplomatischen Korrespondenz im *Trent-Fall*

---

[32] Vgl. *Lammasch*, Auslieferungsrecht und Asylpflicht, S. 815, Anm. 11.

[1] Vgl. *Dahm*, III, S. 243, *Verdross*, S. 404, *Ronzitti*, 48 Rivista, S. 67 (1965); vgl. im übrigen § 8, 2.

[2] Vgl. *Opp.-Lauterpacht*, I, S. 295 Anm. 1: „Apart from *other* satisfaction"; vgl. die im Anhang zit. Fälle.

[3] *Travers*, Le Droit Pénal International, III, S. 161.

hervor[4]. Wie aus der im Anhang wiedergegebenen Zusammenstellung völkerrechtlicher Entführungsfälle zu ersehen ist, haben die Staaten, denen eine solche Unrechtshandlung zuzurechnen war, auf den entsprechenden Protest des verletzten Staates fast immer die schuldigen Beamten bestraft und sich für das rechtswidrige Verhalten entschuldigt[5]. Auch der *Eichmann-Fall* fand seine diplomatische Erledigung, nachdem die israelische Regierung ihr Bedauern über den Vorfall ausgedrückt hatte[6]. Im *Argoud-Fall* ist eine solche offizielle Erklärung bedauerlicherweise unterblieben[7].

§ 14. Untergang des Rechtes auf Rückgabe des Entführten

1. *Allgemeines*

Mit dem Begehen einer völkerrechtswidrigen Entführung entsteht zwischen dem Staat, dem die Entführung zuzurechnen ist und jenem, dessen subjektive Rechte verletzt wurden, ein besonderes Rechtsverhältnis, kraft dessen der verletzte Staat ein Recht auf Wiedergutmachung erlangt. Sofern nicht ein Fall der rechtlichen, physischen oder moralischen Unmöglichkeit vorliegt, besteht die Wiedergutmachungspflicht darin, daß der Rechtsbrecher den Entführten zurückzugeben hat. Bei der Abwicklung des durch die Rechtsverletzung entstandenen Rechtsverhältnisses bedarf es, mangels einer den beiden Staaten übergeordneten richterlichen Instanz des Mitwirkens des verletzten Staates; vor allem diesem obliegt es, dem völkerrechtlichen Anspruch die konkrete Ausgestaltung zu geben und die Modalitäten der Durchführung der Wiedergutmachung zu bestimmen. Das Verhalten des Inhabers des Folgenbeseitigungsanspruches bestimmt im übrigen das weitere Schicksal des

---

[4] „Her Majesty's Government trusts that when this matter shall have been brought under the consideration of the United States, that Government will, of its own accord, offer to the British Government such redress as alone would satisfy the British nation, namely, the liberation of the four gentlemen, and their delivery to your Lordship in order that they may again be placed under British protection, and a suitable apology for the aggression which has been committed." Zit. bei Mountague Bernard, A Historical Account of the Neutrality of Great Britain during the American Civil War, S. 192/93; in dem zit. Schreiben an den britischen Botschafter in den Vereinigten Staaten heißt es weiter: „Should these terms not be offered by Mr. Seward, you will propose them to him."

[5] Vgl. auch den *Fall Vincenti*, § 3 I, 9.

[6] Vgl. Anhang, Nr. 18.

[7] Daß der französische Staatspräsident in seinem geheim gebliebenen Schreiben vom 19. Februar 1964 an den deutschen Bundeskanzler eine solche Entschuldigungserklärung abgab, ist nach der ganzen Behandlung des Falles durch die französischen Stellen und auch den französischen Staatspräsidenten nicht anzunehmen.

Anspruches: der berechtigte Staat kann seinen Anspruch realisieren, er kann auf eine Realisierung verzichten und er kann schließlich durch sein Verhalten den Untergang des Anspruchs bewirken. Die Frage des Verzichts und Untergangs des Folgenbeseitigungsanspruches bedarf nachfolgend einer kurzen Erörterung.

2. *Untergang durch Verzicht*

Unter Verzicht versteht man die willentliche Preisgabe des einer Rechtsperson zustehenden subjektiven Rechts durch den Rechtsträger mit der Folge, daß das subjektive Recht erlöscht. Das Rechtsinstitut des Verzichts beansprucht auch im Völkerrecht Geltung und besagt, daß ein Subjekt des Völkerrechts auf Rechte verzichten kann, die ihm durch völkerrechtliche Normen verliehen werden[1]. Verzichtbar sind grundsätzlich alle einem Subjekt des Völkerrechts zustehenden Rechte, einschließlich des Rechts eines Staates auf selbständige Existenz[2]. Verzichtbar sind insbesondere alle Rechte, die einem Staat auf Grund einer ihm gegenüber begangenen Unrechtshandlung zustehen.

Die Wirksamkeit eines völkerrechtlichen Verzichts ist an keine Form gebunden und kann daher ausdrücklich oder auch stillschweigend, durch konkludentes Verhalten, erfolgen[3]. Beim stillschweigenden Verzicht ist es ausreichend, aber auch erforderlich, daß der Wille zur Preisgabe des Rechtes vorhanden ist und in unmißverständlicher Weise zum Ausdruck kommt[4]. Aus dem bereits erwähnten Grundsatz, daß Einschränkungen staatlicher Souveränitätsrechte nicht vermutet werden dürfen[5], ergibt sich zwangsläufig, daß auch ein Verzicht auf subjektive völkerrechtliche Rechte nicht vermutet werden darf[6]. Daher kann auch insbesondere aus der Tatsache allein, daß der Staat von einem ihm zustehenden Recht keinen Gebrauch macht, niemals geschlossen werden,

---

[1] Vgl. *Berber*, I, S. 410, *Dahm*, III, S. 167, *Verdross*, S. 157, *Engelhardt*, W. d. V., III, S. 587, *Opp.-Lauterpacht*, I, S. 875, *Cavaglieri*, 26 Rec. d. C., S. 517 (1929), Eric *Suy*, Actes Juridiques Unilatéraux, S. 156.

[2] So *Guggenheim*, Traité, I, S. 179, Eric *Suy*, a.a.O., S. 168, *Cavaglieri*, a.a.O., S. 518, der mit Recht bemerkt, daß ein Staat auf die ihm als Völkerrechtssubjekt zustehenden Grundrechte nicht verzichten kann, ohne damit gleichzeitig die Existenz als Völkerrechtssubjekt aufzugeben.

[3] Vgl. Eric *Suy*, a.a.O., S. 157, Kiss, Répertoire, I, S. 643, mit Beispielen aus der diplomatischen Praxis.

[4] *Cavaglieri*, a.a.O., S. 518, Eric *Suy*, a.a.O., *Schwarzenberger*, Int. Law, I, 1, S. 552.

[5] Vgl. § 1, 4, Anm. 12.

[6] So *Engelhardt*, a.a.O., S. 588, *Guggenheim*, Traité, I, S. 148, Anm. 1, *Schwarzenberger*, Int. Law, I, 1, S. 549 ff.; vgl. Eric *Suy*, a.a.O., S. 159 ff. und die dort zit. Entscheidungen.

daß er auf dieses Recht verzichtet habe[7]. Das Institut des stillschweigenden Verzichts muß daher im geltenden Völkerrecht äußerst restriktiv gehandhabt werden; ein Untergang der völkerrechtlichen Folgenbeseitigungsansprüche durch Verzicht erfolgt nur in seltenen Fällen. In den beiden jüngsten Entführungsfällen von *Eichmann* und *Argoud* erfolgte ein Verzicht auf Realisierung der Folgenbeseitigungsansprüche in Form der Naturalrestitution in der Weise, daß die jeweils beteiligten Regierungen übereinkamen, die Angelegenheiten für erledigt zu erklären[8].

3. Untergang durch Rechtsverwirkung

Während beim Verzicht der Rechtsuntergang durch willentliche Preisgabe des Rechts durch den Rechtsträger erfolgt, sei es, daß er seinen Willen ausdrücklich oder durch konkludentes Verhalten zum Ausdruck bringt, kann der Untergang eines Rechtes auch dadurch erfolgen, daß eine Rechtsordnung an ein bestimmtes Verhalten des Rechtsträgers den Verlust des Rechtes knüpft. In den innerstaatlichen Rechtsordnungen geschieht dies durch Verjährung und Verwirkung[9]. Auch das geltende Völkerrecht kennt das Rechtsinstitut der Rechtsverwirkung. Von einer Rechtsverwirkung kann man dann sprechen, wenn die Völkerrechtsordnung an ein bestimmtes Verhalten des Inhabers einer völkerrechtlich geschützten Rechtsposition die unwiderlegbare Vermutung des Verzichts oder der Einwilligung knüpft[10]. Grund einer solchen Rechtsfiktion ist der Gedanke, daß, wer einen Rechtsschein hervorruft, diesen im Interesse des Rechtsfriedens gegen sich gelten lassen muß. Gerade im Völkerrecht erfordern rechtspolitische Gesichtspunkte die Geltung dieses Grundsatzes[11].

Das Institut der Rechtsverwirkung gewinnt im Zusammenhang mit Rechtsansprüchen, die ihren Grund in einem völkerrechtlichen Delikt haben, besondere Bedeutung. Die Frage, ob der einem Staat zustehende Anspruch auf Rückgabe einer völkerrechtswidrig entführten Person der Verwirkung unterliegt, ergibt sich regelmäßig nur dann, wenn der zur Herstellung des status quo berechtigte Staat seinen Anspruch nicht geltend macht und dem Entführerstaat gegenüber Stillschweigen wahrt.

---

[7] Vgl. *Engelhardt*, a.a.O., S. 587, Eric *Suy*, a.a.O., S. 165. *Opp.-Lauterpacht*, I, S. 876.

[8] Vgl. Anhang Nr. 18 und 20.

[9] Zur Verjährung vgl. z. B. §§ 194 ff. BGB, zur Verwirkung § 15 Straßenverkehrsgesetz vom 19. Dezember 1952 und § 40 Luftverkehrsgesetz vom 10. Januar 1959.

[10] Vgl. *Engelhardt*, a.a.O., S. 588, *Dahm*, III, S. 171 ff., der das Institut der Rechtsverwirkung als allgemeinen Rechtsgrundsatz im Sinne des Art. 38 des Statuts des I.G.H. betrachtet; vgl. auch *Pinto*, 87 Rec. d. C., S. 445 (1955).

[11] Dazu *Dahm*, III, S. 171.

An bloßes Stillschweigen kann jedoch die Rechtsvermutung des Verzichts nicht geknüpft werden; der Satz *„qui tacet consentire videtur“* beansprucht in keiner Rechtsordnung absolute Geltung[12]. Dagegen ist es allgemein anerkannt, daß dem Stillschweigen eines Staates dann die Wirkung einer Anerkennung, eines Verzichts oder einer Einwilligung zukommt, wenn er zur Erhebung eines Protests verpflichtet gewesen wäre. Die völkerrechtliche Fiktion der Rechtsverwirkung knüpft daher an folgende Regel an: *„qui tacet consentire videtur dum loqui potuit ac debuit*[13]*.“*

Ein Staat, aus dessen Territorium in völkerrechtswidriger Weise eine Person entführt wurde, könnte demnach den sich daraus ergebenden Anspruch auf Rückgabe des Entführten nur dann verwirken, wenn er verpflichtet wäre, zur Wahrung seiner Restitutionsansprüche Protest zu erheben und seine Ansprüche geltend zu machen. Die Untersuchung der einschlägigen völkerrechtlichen Praxis führt zu dem Ergebnis, daß ein Staat, dem das Recht zusteht, von einem anderen Staat die Rückgabe eines aus seinem Territorium völkerrechtswidrig Entführten zu fordern, verpflichtet ist, gegen die Völkerrechtsverletzung zu protestieren. Das ergibt sich zum einen daraus, daß Staaten, aus deren Gebiet in völkerrechtswidriger Weise Personen entführt werden, fast ausnahmslos dagegen Protest erheben und die Rückgabe des Entführten fordern[14]; zum anderen spricht dafür auch der Umstand, daß Staaten, denen eine völkerrechtswidrige Entführung zuzurechnen ist, die Rückgabe des Entführten regelmäßig erst dann vornehmen, wenn der zur Rücküberstellung berechtigte Staat gegen die Rechtsverletzung Protest erhoben hat[15]. Schließlich spricht dafür auch die Tatsache, daß aus der Praxis der Staaten kein Fall bekannt ist, in dem ein Staat, aus dessen Gebiet eine Person entführt worden war, die Rückgabe des Entführten zu einem späteren Zeitpunkt noch mit Erfolg geltend machte, nachdem er es zunächst unterlassen hatte in angemessener Frist Protest zu erheben. Die Pflicht, gegen die Völkerrechtsverletzung zu protestie-

---

[12] Vgl. Eric *Suy*, a.a.O., S. 61; dagegen — wohl zu Unrecht — für eine weite Anwendung *Cavaglieri*, a.a.O., S. 513.

[13] Vgl. *Berber*, I, S. 410, *Seidl - Hohenveldern*, Rdz. 134, *Verdross*, 30 Rec. d. C., S. 437 (1929), Eric *Suy*, a.a.O., S. 63/64, Quadri, Dir. Int., S. 483; „A nostro avviso il silencio prolungato puo aver l'effetto di una rinuncia solo quando il diritto internazionale prescriva determinati atti al fine di un rapido chiaramento della situazione.“

[14] Vgl. dazu die im Anhang zit. Fälle; außerdem die im Text erwähnten Fälle *Trent, Vincenti* u. a.

[15] Vgl. die im Anhang zit. Fälle: im Falle *Wilson* und *McElvery* (Anhang Nr. 5) erklärte sich der kanadische Generalgouverneur bereit „to restore the abducted persons *if* the United States should require“ (zit. bei *Moore*, Digest, IV, S. 329); vgl. *Morgenstern*, 26 Br. Y., S. 327 (1949), *Garcia - Mora*, 32 Indiana Law Journal, S. 435: „... there is no way to hold it (erg. Entführerstaat) liable *unless the offended State protests* through diplomatic channels.“

ren, kann begrifflich erst dann und nur dann entstehen, wenn der verletzte Staat von der völkerrechtswidrigen Handlung Kenntnis erlangt hat. Erst wenn der Rechtsträger des Folgenbeseitigungsanspruches über einen längeren Zeitraum hinweg nach Kenntniserlangung Stillschweigen gewahrt hat, kann Rechtsverwirkung eintreten[16]. Im Falle einer Entführung muß daher zumindest feststehen, daß fremde Staatsorgane an der rechtswidrigen Handlung beteiligt waren. Daß eine solche Aufklärung insbesondere dann erhebliche Schwierigkeiten bereiten kann, wenn Angehörige fremder Geheimdienste die Entführung durchgeführt hatten, zeigen die Fälle *Argoud* und *Ben Barka*. Daher konnte auch das verhältnismäßig lange Schweigen der Bundesrepublik im *Argoud-Fall* nicht zu einer Verwirkung der Restitutionsansprüche führen.

Der Grundsatz, daß Rechtsuntergang durch Rechtsverwirkung infolge mangelnden Protests gegen eine Rechtsverletzung eintreten kann, wurde von internationalen Instanzen bereits mehrfach im Zusammenhang mit territorialen Gebietsrechten anerkannt[17]. Es besteht kein Grund, die Regel nicht auch auf den Fall des Anspruches auf Rückgabe eines völkerrechtswidrig Entführten anzuwenden. Allerdings ist eine generelle Festlegung des Zeitraumes, nach dessen Verlauf Rechtsverwirkung eintritt, nicht möglich; eine solche könnte nur unter Berücksichtigung der Umstände des konkreten Falles bestimmt werden.

4. Rechtsfolgen im Fall des Untergangs des Rechtes auf Rückgabe des Entführten

Verzicht und Rechtsverwirkung haben im Anschluß an ein völkerrechtliches Delikt lediglich die Rechtswirkung, daß die Rechte, die sich für das verletzte Völkerrechtssubjekt aus dem völkerrechtlichen Unrecht ergeben, untergehen; gleichzeitig erwirbt der Rechtsbrecher einen originären Rechtstitel an dem durch das völkerrechtliche Unrecht Erlangten[18]. Mit dem Untergang der völkerrechtlichen Folgenbeseitigungsansprüche ist keinesfalls, wie im Schrifttum behauptet wird, der Untergang der Rechtswidrigkeit der Unrechtshandlung als solcher verbunden[19]. Es gelten hier dieselben Grundsätze, die im Rahmen der völkerrechtlichen Einwilligung bereits dargestellt wurden[20].

---

[16] Vgl. Eric *Suy*, a.a.O., S. 62, *McGibbon*, 31 Br. Y., S. 173 (1954).

[17] Vgl. die bei Eric *Suy*, a.a.O., S. 65 ff., zit. Entscheidungen insbesondere der beiden Weltgerichtshöfe.

[18] Vgl. *Verdross*, S. 157: „Verzicht bewirkt das Erlöschen eines subjektiven Rechts des verzichtenden Staates"; *Lauterpacht*, Recognition in international law, S. 428: „... prescription does not in law amount to a validation of the unlawful title. It is an original acquisition of a new title" (Anm. 1).

[19] Unzutreffend *O'Higgins*, 36 Br. Y., S. 280: „But if the State of asylum acquiesces in the arrest ... there is no breach of international law"; ähnlich

Die Tatsache, daß Verzicht und Verwirkung lediglich den Untergang der zwischen Deliktssubjekt und Deliktsobjekt bestehenden Wiedergutmachungsansprüche herbeiführen, nicht aber die Völkerrechtswidrigkeit des betreffenden Aktes an sich beseitigen, könnte im Falle einer Entführung dann von Bedeutung werden, wenn die bloße Tatsache der Völkerrechtswidrigkeit von nationalen Gerichten im Rahmen eines Strafverfahrens gegen den Entführten berücksichtigt werden müßte[21].

§ 15. Bestehen subjektive Rechte des Opfers einer völkerrechtswidrigen Entführung?

1. Allgemeines

Im Anschluß an die eingangs gegebene Definition des Subjekts des Völkerrechts wurde in den vorangehenden Ausführungen ausschließlich von Rechten und Pflichten der Staaten gesprochen. Es bleibt daher die Frage, ob auch dem Opfer der Entführung aus der völkerrechtlichen Unrechtshandlung eigene Rechte entstehen können. Anlaß dazu bieten verschiedene Behauptungen völkerrechtlicher Autoren anläßlich der jüngsten Entführungsfälle[1].

2. Staaten als normale Subjekte der völkerrechtlichen Unrechtsfolgen

Es wurde oben bereits dargelegt, daß Subjekte eines völkerrechtlichen Deliktstatbestandes ausnahmslos die von der Völkerrechtsordnung anerkannten unmittelbaren Adressaten völkerrechtlicher Normen, in der Regel also Staaten und internationale Organisationen, sein können; in gleicher Weise kommt auch als Objekt eines völkerrechtlichen Unrechts-

---

Papadatos, Le Procès Eichmann, zu der Erklärung der beiden Regierungen, den Vorfall für erledigt anzusehen: „Donc, toute violation du droit international susceptible de résulter de cet incident se trouve par là automatiquement et définitivement anéantie ..." (S. 63).

[20] Dazu § 6, 2.

[21] Vgl. nachfolgend §§ 16 ff.

[1] Vgl. z. B. *De Schutter*, 1 Rev. Belge, S. 121 (1965): „The opinion according to which every international dispute should be considered as a matter between states has now definitely given way to the thesis that also considers the individual as a subject of international rights and obligations. It is an established fact that the rights of every individual are guaranteed by the legal order. To this also belongs the protection against prosecution of an individual whom an international legal rule protects against the action of internal jurisdiction." Ziel der nachfolgenden Untersuchung ist es, zu ermitteln, ob das Völkerrecht für den Fall der Entführung konkrete Individualrechte anerkennt.

tatbestandes ausnahmslos ein solcher unmittelbarer Adressat völkerrechtlicher Normen in Betracht. Mit der Frage nach dem Objekt des Unrechts stellt sich immer gleichzeitig die Frage nach dem Subjekt der Unrechtsfolge. Die Feststellung des Objekts eines völkerrechtlichen Unrechts hat vor allem den Sinn, klarzustellen, wessen Interesse das Völkerrecht durch seine Unrechtstatbestände und Unrechtsfolgen bestimmenden Normen gewahrt wissen will[2]. Wessen Interesse eine Rechtsordnung gewahrt wissen will, zeigt sie daran, wem sie die Unrechtsfolgen unmittelbar zur Verfügung stellt. Das geltende Völkerrecht schützt grundsätzlich primär und unmittelbar die Subjekte des Völkerrechts, berechtigt daher auch nur die in ihren Rechten verletzten Völkerrechtssubjekte, die erfolgte Rechtsverletzung geltend zu machen, und die Unrechtsfolge gegen den Rechtsverletzer zu richten; wie oben bereits dargelegt wurde, sind daher Staaten und die als Völkerrechtssubjekte anerkannten internationalen Organisationen als Träger völkerrechtlicher Wiedergutmachungsansprüche anzusehen[3].

Da das als Folge der Völkerrechtsverletzung entstehende besondere Rechtsverhältnis immer nur ein solches zwischen den beteiligten Staaten sein kann, läßt das geltende Völkerrecht keinerlei Rechtsbeziehungen zwischen dem Staat, der das Völkerrecht verletzt und einem durch diese Verletzung gleichzeitig zu Schaden gekommenen Individuum entstehen[4]. Im völkerrechtlichen Schrifttum und in der Praxis der Staaten wird überwiegend anerkannt, daß die Ansprüche, die aus einer Völkerrechtsverletzung entstehen, grundsätzlich nur dem verletzten Völkerrechtssubjekt, nie aber einem Individuum selbst zustehen, selbst dann nicht, wenn sie letzten Endes doch nur zugunsten eines Individuums geltend gemacht werden[5]. Das hat zur Folge, daß ein Individuum, das bei einer Völkerrechtsverletzung zu Schaden gekommen ist, auch nicht die rechtliche Qualifikation hat, dem Rechtsbrecher gegenüber einen Verzicht auszusprechen, der den als Objekt des Unrechts betroffenen Staat seines Wiedergutmachungsanspruches berauben könnte[6].

[2] Vgl. *Kelsen*, Unrecht, S. 521.

[3] *Kelsen*, a.a.O., *Berber*, III, S. 18 ff., *Strupp*, Delikt, S. 219.

[4] Vgl. den St.I.G.H. im *Chorzow-Fall:* „The rules of law governing the reparations are the rules of international law in force between the two States concerned, and not the law governing relations between the State which has (wrongful) committed a wrongful act and the individual who has suffered damage. Rights or interests of an individual ... are always in a different plane to rights belonging to a State (St.I.G.H., A, No. 17, S. 28); ähnlich die *General Claims Commission* zwischen Mexiko und den Vereinigten Staaten: „There does not exist, in that system (erg. Völkerrecht) any relation of responsibility between the transgressing State and the injured individual for the reason that the latter is not subject to international law (*Dickson Car Wheel* Co., 1931, 4 RIAA, S. 678).

[5] Vgl. *Seidl-Hohenveldern*, Rdz. 1208, *Strupp*, Delikt, S. 219. *Cavaglieri*, 26 Rec. d. C., S. 561 (1929).

[6] Vgl. *Seidl-Hohenveldern*, Rdz. 1251, *Dahm*, III, S. 259.

Da kein Grund einzusehen ist, der es verbieten würde, dem Individuum für bestimmte Zwecke und in bestimmtem Umfang Rechtspersönlichkeit zukommen zu lassen[7], könnte ihm durch Völkervertragsrecht das Recht eingeräumt werden, Völkerrechtsverletzungen, aus deren Anlaß er zu Schaden kam, selbst unmittelbar vor internationalen Instanzen geltend zu machen[8]. Mangels entgegenstehender, vertraglicher Regelung ist im Fall einer völkerrechtlichen Entführung Gegenstand der Rechtsauseinandersetzung, die sich auf internationaler Ebene abspielt, nicht das Unrecht, das dem Entführten zugefügt wurde, sondern allein jenes, das dem Staat zugefügt wurde, aus dessen Gebiet eine Person weggeführt wurde.

3. Folgen für den Fall einer Entführung

Aus diesen Grundsätzen ergibt sich, daß ein völkerrechtswidrig Entführter weder aus der Verletzung der Gebietshoheit noch aus der Verletzung des Asylrechts, noch aus einer eventuell gegebenen Mißachtung vertraglicher Bestimmungen eigene Rechte herleiten kann.

a) Aus der Verletzung der Gebietshoheit

Daß das Opfer einer Entführung aus der Verletzung der Gebietshoheit keine Rechte herleiten kann, bedarf keiner weiteren Ausführungen.

b) Aus der Verletzung des Asylrechts

In gleicher Weise steht ihm auch aus der Verletzung jener Normen, die das völkerrechtliche Asylrecht regeln, kein subjektives Recht zu.

Das sogenannte Asylrecht beinhaltet als Ausfluß des staatlichen Ausschließlichkeitsanspruches innerhalb des eigenen Territoriums die tatsächliche und rechtliche Möglichkeit, fremde Staatsangehörige, die im Ausland verfolgt werden und innerhalb seiner Grenzen Zuflucht suchen, dem Schutz seiner Gesetze zu unterstellen[9]. Die Entscheidung darüber, ob ein Staat einer Person Asyl gewähren will, steht allein in seinem Ermessen; wo nicht besondere vertragliche Regelungen bestehen, ist kein

---

[7] Vgl. *Brownlie*, 11 Int. Comp. L. Q., S. 702 ff. (1962); vgl. § 2.

[8] Vgl. *Verdross*, S. 375, *Guggenheim*, Traité, I, S. 284 (Guggenheim weist zutreffend auf die jederzeitige Widerrufbarkeit einer so eingeräumten Rechtsposition und damit ihre Schwäche hin), *Garcia Amador*, 94 Rec. d. C., A. 467 ff. (1958), *Korowicz*, Introduction, S. 353 ff. (zum deutsch-polnischen Abkommen über Oberschlesien); vgl. auch § 2, 4.

[9] Vgl. *Abendroth*, W. d. V., I, S. 91; vgl. im übrigen § 3, II.

Staat verpflichtet — auch nicht aus humanitären Gründen[10] — einem Verfolgten Asyl zu gewähren[11]. Ein subjektives Recht eines Verfolgten auf Asylgewährung wird im geltenden Völkerrecht einhellig abgelehnt[12]. Zutreffend wurde dies in einer Reihe nationaler Gerichtsentscheidungen festgestellt. In der berühmten amerikanischen Entscheidung *Ker v. Illinois*, in der sich der amerikanische Supreme Court erstmals mit der Frage der Gerichtsbarkeit über eine gewaltsam aus dem Territorium eines fremden Staates entführte Person zu befassen hatte, wurde ein solches Recht des Entführten auf Asyl im fremden Staat ausdrücklich abgelehnt[13]. Der Bundesgerichtshof bestätigte diesen Grundsatz in seiner Entscheidung vom 16. Januar 1963 ebenfalls: „Das allgemeine Völkerrecht kennt kein Asylrecht der wegen einer politischen Straftat verfolgten Person. Das völkerrechtliche Asylrecht ist nicht das Recht des Einzelnen auf Asyl kraft Völkerrecht, sondern ein Recht des Staates, Asyl zu gewähren[14]."

Verschiedene Versuche im völkerrechtlichen Schrifttum, dem Staat nicht nur die rechtliche Möglichkeit, sondern auch die Pflicht aufzuerlegen, Asyl zu gewähren und dem Individuum ein subjektives Recht darauf anzuerkennen[15], konnten bislang keinen Erfolg haben[16]. Das hätte beim gegenwärtigen Stand des Völkerrechts auch wenig Sinn, da das

---

[10] *Dahm*, I, S. 500.

[11] *Abendroth*, a.a.O., S. 90, *Dahm*, I, S. 500, *Berber*, I, S. 379, *Lammasch*, Auslieferungspflicht und Asylrecht, S. 40/41, *Bolesta - Kodziebrodzki*, Le Droit d'Asile, S. 320, *Starke*, Introduction, S. 275, *Opp.-Lauterpacht*, I, S. 678.

[12] Besonders *Garcia - Mora*, International Law and Asylum as a Human Right, S. 120, *Morgenstern*, 26 Bd. Y., S. 335 (1949) und die in der Anm. zuvor zitierten Verfasser.

[13] „There is no language in this treaty, or in any other treaty made by this country on the subject of extradition ... which says in terms that a party fleeing from the United States to escape punishment for crime becomes thereby entitled to an asylum in the country to which he has fled ... The treaty, so far as it regulates the right of asylum at all, is intended to limit this right (erg. Asylrecht) in the case of one who is proved to be a criminal fleeing from justice ..." *Ker v. Illinois*, 119 U. S., 436, 442 (1886); vgl. auch *Mahon v. Justice* (1888) 127 U. S., 706, *United States v. Unverzagt* (1924), 299 F. 1015, 5 F. 2 d, 492, *United States v. Insull* (1934) 8 F. Supp. 310.

[14] BGH St. 18/218 ff. Der Entscheidung lag folgender Sachverhalt zu Grunde: der Angeklagte hatte in Köln zwei Mitglieder der von ihm bekämpften algerischen Freiheitsorganisation FLN niedergeschossen, war nach Belgien geflohen und von dort an die Bundesrepublik ausgeliefert worden. In dem Strafverfahren machte der Angeklagte geltend, er habe nach allgemeinem Völkerrecht ein Recht auf Asyl in Belgien gehabt, das verletzt worden sei.

[15] Dazu *Garcia - Mora*, a.a.O., S. 94; vgl. die Forderung — de lege ferenda — mehrere Mitglieder des Instituts de Droit international auf der Sitzung in Bath, *Lauterpacht* (vgl. Annuaire, vol. 43, 1950, Band II, S. 200), *Barbosa de Magalhaes* (a.a.O., S. 201/2).

[16] Vgl. *Fitzmaurice* auf der Tagung des Institut de Droit International, a.a.O., S. 202, *Kimminich*, Der internationale Rechtsstatus des Flüchtlings, S. 79 ff.

Fehlen zentraler Organe es dem Individuum ohnehin nicht ermöglichen würde, sein Recht zu realisieren.

Eine Reihe von Staaten haben das Asylrecht in ihre Verfassungen aufgenommen und gewähren politisch Verfolgten oder Flüchtlingen ein subjektiv öffentliches, einklagbares Recht auf die Gewährung von Asyl[17]. Selbst wenn eine Person aus einem Staat entführt wird, in dem ihr ein subjektives Recht auf Asyl zustand, kann sie daraus unmittelbar keine Rechte mehr herleiten, sobald sie aus dem Geltungsbereich dieser Gesetzesnormen weggeschleppt wurde.

c) Aus der Verletzung eines Auslieferungsvertrages

Wie bereits dargelegt, wird durch den Tatbestand einer völkerrechtswidrigen Entführung gegebenenfalls auch ein Auslieferungsvertrag verletzt, der zwischen den beteiligten Staaten besteht. Auch hieraus kann der Entführte selbst keine Rechte geltend machen.

Auslieferungsverträge sind das völkerrechtliche Mittel, dessen sich die Staaten bedienen, um die gegenseitige Überantwortung von flüchtigen Verbrechern zum Zwecke der Strafverfolgung zu regeln. Grundsätzlich können Staaten in völkerrechtlichen Verträgen, also auch in Auslieferungsverträgen, Individuen zu unmittelbaren Trägern von Rechten und Pflichten auch im völkerrechtlichen Bereich machen und ihnen beschränkte Völkerrechtssubjektivität zukommen lassen. Eine solche Absicht muß sich unmißverständlich aus dem Vertragswerk ergeben; es kann nicht vermutet werden, daß Staaten in einem Vertrag Individuen Völkerrechtspersönlichkeit beimessen wollen[18]. Im Hinblick auf Auslieferungsverträge ist es allgemein anerkannt, daß sie nicht zum Nutzen und im Interesse des auszuliefernden Individuums, sondern allein im Interesse der vertragsschließenden Staaten geschaffen werden, daher nur zwischen diesen Rechte und Pflichten entstehen lassen[19]. Individuen selbst haben kein Recht darauf, ausgeliefert oder nicht ausgeliefert zu werden; ihnen steht kein Recht zu, Einhaltung der im Vertrag niedergelegten Verfahrensregeln zu fordern[20]. Für den aus fremdem Territorium Entführten ergibt sich daher, daß er keine Möglichkeit hat, die

---

[17] Vgl. Art. 16 Abs. II, Satz 2, Grundgesetz der Bundesrepublik Deutschland; Übersicht bei *Bolesta - Kodziebrodzki*, a.a.O., S. 325, Anm. 1; vgl. auch *Kimminich*, a.a.O., S. 364 ff., 376 ff. Vgl. auch *Kimminich*, Bonner Kommentar, Anm. 112 ff. zu Art. 16 GG.

[18] So *Schwarzenberger*, Int. Law, I, 1, S. 142.

[19] Vgl. *Dahm*, I, S. 279/80, *Kelsen*, General Theory, S. 237, *Garcia - Mora*, 32 Indiana Law Journal, S. 436 (1957), *Schwarzenberger*, Current Legal Problems, S. 272 (1950), *Morgenstern*, 29 Br. Y., S. 271 (1952).

[20] *Berber*, I, S. 396, *Dahm*, I, S. 279/80.

Verletzung eines Auslieferungsvertrages in völkerrechtlich relevanter Weise geltend zu machen. Nationale Gerichte haben es wiederholt abgelehnt, einem Angeklagten aus der Verletzung der Regeln eines Auslieferungsvertrages Rechte zuzubilligen. Die französische Cour de Cassation stellte das im *Argoud-Fall* ausdrücklich fest:

„Un inculpé réfugié à l'étranger, qui a été appréhendé sur le territoire français sans avoir été ni extradé, ni livré par l'Etat de refuge en fraude des stipulations du traité liant cet Etat à la France et dans des conditions qui constitueraient une extradition déguisée ne peut arguer de la violation de l'une quelconque des dispositions de la loi du 10 mars 1927 ou de la Convention d'extradition, notamment en ce que ces textes excluent de leurs prévisions les infractions politiques[21]." In der bereits erwähnten Entscheidung vertrat der Bundesgerichtshof die gleiche Auffassung:

„Rechte und Pflichten aus einem Auslieferungsvertrag erwachsen, wenn nichts anderes vereinbart, nur den Vertragsstaaten[22]." Und an anderer Stelle: „Es ist nicht der Sinn von Auslieferungsverträgen dem Täter, weil er ins Ausland fliehen konnte, eine die Strafverfolgung beeinträchtigende Rechtsposition einzuräumen[23]."

d) Beteiligung des Opfers der Entführung an einer internationalen Auseinandersetzung

Einem völkerrechtswidrig Entführten steht daher aus den genannten Rechtsverletzungen kein eigener Wiedergutmachungsanspruch zu. Er kann im Rahmen einer sich an die Entführung anschließenden internationalen Auseinandersetzung nicht rechtserheblich in Erscheinung treten[24]. Daher war es folgerichtig, daß im *Savarkar-Streitfall* der Ständige Schiedshof im Haag ein Mémoire des indischen Revolutionärs nicht zugelassen hat, mit dem er sich an dem Streit um die Frage der Rücküberstellung an Frankreich beteiligen wollte[25].

---

[21] Zit. in 92 Journal du Droit International, S. 94 (1965).

[22] BGH St. 18/218.

[23] BGH St. 18/220.

[24] Vgl. L. C. *Green*, 37 Tulane Law Review, S. 643 (1962/63), *Brownlie*, 11 Int. Comp. L. Q., S. 701 ff. (1962).

[25] Zit. bei *Travers*, Le Droit Pénal International, 5, S. 67 f. Wenn heute ein Entführungsfall vor den I.G.H. käme, hätte der Entführte gleichfalls keine Chance, vom Gericht zugelassen zu werden (vgl. Art. 34 I des Statuts: „Seuls les Etats ont qualité pour se présenter devant la Cour"). Vgl. auch die Cour de Sûreté im *Argoud-Fall:* „Attendu que, parallèlement, en droit international, l'Etat qui a à se plaindre d'un dommage subi par un de ses ressortissants ou de ses propres protégés exerce un droit propre quand il demande réparation, Qu'il 'en suit que l'individu qui se prétend lésé, ressortissant de cet Etat

4. *Ansprüche des Entführten im Rahmen des sogenannten Rechtes auf diplomatischen Schutz*

Regelmäßig entstehen im Falle einer völkerrechtswidrigen Entführung Rechtsbeziehungen nur zwischen dem Staat, dem die völkerrechtswidrige Handlung zuzurechnen ist und jenem, dessen Territorialhoheit verletzt wurde; für den Fall, daß der Entführte die Staatsangehörigkeit eines dritten Staates besitzt, ergibt sich die Frage, ob dadurch auch rechtliche Interessen des Heimatstaates des Entführten ins Spiel kommen. So wurde im *Eichmann-Fall* das Recht des Entführten auf diplomatischen Schutz in die Diskussion gebracht[26]. Nachfolgend soll daher die Frage erörtert werden, ob einem Entführten im Rahmen des sogenannten diplomatischen Schutzes irgendwelche Rechte zukommen.

Nach allgemein anerkannten Regeln des Völkerrechts unterliegen die Staatsangehörigen auch dann der Personalhoheit des Heimatstaates, wenn sie sich im Ausland befinden[27]. Aus diesem Grunde bringt ein Staat durch die Tatsache, daß er seine Grenzen öffnet, fremden Staatsangehörigen Zutritt zu seinem Territorium gewährt und sie nunmehr seiner Hoheitsgewalt unterwirft, eine Reihe von rechtlichen Beziehungen zu dem Heimatstaat der aufgenommenen Fremden zum Entstehen[28]. Insbesondere trifft den Aufenthaltsstaat nunmehr dem Heimatstaat der Fremden gegenüber die Pflicht, dessen Staatsangehörige gemäß den anerkannten Regeln des völkerrechtlichen Fremdenrechtes zu behandeln. Nach geltendem Völkerrecht sind alle Staaten verpflichtet, bei der Behandlung von Ausländern einen gewissen sogenannten völkerrechtlichen Mindeststandard zu beachten[29]. Dieser Mindeststandard umfaßt alle Bereiche des sozialen Lebens und erhält eine besondere Bedeutung auf dem Gebiete der Rechtspflege.

---

ou étranger croyant pouvoir se placer sous sa protection, est sans droit ni qualité à invoquer en justice une violation du droit des gens" (zit. bei Cocatre-Zilgien, a.a.O., S. 66/67).

[26] Vgl. das Urteil des *OVG Münster* vom 30. 10. 1961 in der Sache Eichmann gegen Bundesrepublik Deutschland, abgedruckt in Die öffentliche Verwaltung, 1962, S. 28.

[27] Vgl. *Berber*, I, S. 365, *Dahm*, I, S. 155 und S. 523 ff. *Verdross*, S. 316, *Opp.-Lauterpacht*, I, S. 288; allerdings berechtigt diese Personalhoheit den Heimatstaat nicht zur Ausübung von Zwangsgewalt gegenüber seinen Staatsangehörigen im Ausland.

[28] Vgl. *Berber*, I, S. 380 ff.; vgl. besonders die Dissenting Opinion des Richters *Read* im *Nottebohm-Fall:* „The general rule of international law is that nationality gives rise to a right of diplomatic protection ... By admitting the alien the State, by its voluntary act, brings into being a series of legal relationships with the State of which he is a national." I.G.H., Rep., 1955, S. 46.

[29] *Berber*, I, S. 381 ff., *Dahm*, I, S. 504 ff., *Freeman*, Responsibility, S. 531 bis 570, *Roth*, The Minimum Standard of International Law applied to aliens, S. 86 ff.

Rechtsbeziehungen zwischen dem Heimatstaat eines Fremden und dem Aufenthaltsstaat des Fremden ergeben sich regelmäßig erst mit dessen Eintritt in die Hoheitssphäre dieses Staates. Dieser Grundsatz gilt uneingeschränkt auch für den Fall des gewaltsamen Eintritts eines Entführten in den Hoheitsbereich des Entführerstaates. Da der Tatbestand der völkerrechtswidrigen Entführung zum Zeitpunkt des Eintritts in die Hoheitssphäre des Entführerstaates bereits abgeschlossen ist und daraus lediglich Rechtsbeziehungen zwischen dem Entführerstaat und dem Staat entstehen, dessen Rechte verletzt wurden, kann der Heimatstaat des Entführten als „Dritter" daraus keine eigenen Rechte herleiten.

Durch den Eintritt des Entführten in das Territorium des Entführerstaates entstehen zwischen diesem und dem Heimatstaat des Entführten lediglich die normalen Rechtsbeziehungen, die regelmäßig im Rahmen des sogenannten völkerrechtlichen Fremdenrechts entstehen. Der Aufenthaltsstaat ist verpflichtet, dem Entführten in vollem Umfang den Schutz seiner Rechtsordnung zu gewähren[30]. Diese Pflicht wäre verletzt, wenn der Entführerstaat den Entführten in einer Weise vor Gericht stellen würde, die im Widerspruch zum sogenannten justiziellen Mindeststandard stünde, wenn also in der Person des Entführten die prozessualen Rechte nicht beachtet würden oder die Entscheidung des Gerichts in unmißverständlicher Weise durch die Regierung oder sonstige politische Instanzen beeinflußt worden wäre[31]. Die bloße Tatsache, daß der Entführerstaat den Entführten vor Gericht stellt, obwohl er nur auf Grund einer Völkerrechtsverletzung in das Territorium des nunmehr Gerichtsbarkeit ausübenden Staates gelangte, kann nicht als Verletzung einer völkerrechtlichen Pflicht angesehen werden[32].

Selbst wenn der Entführerstaat durch die der Entführung nachfolgende Behandlung des Entführten im Rahmen eines Strafverfolgungsverfahrens völkerrechtliche Pflichten, insbesondere des sogenannten Fremdenrechtes, verletzen würde, könnte der Entführer selbst daraus keine Rechte geltend machen. Durch die Verletzung der genannten Pflichten würde der Entführerstaat lediglich ein neues völkerrechtliches

---

[30] Im Falle einer völkerrechtswidrigen Entführung besteht die Pflicht, den Entführten, sofern er strafrechtlich verfolgt werden soll, den zuständigen Behörden zu übergeben; im Falle einer nicht völkerrechtswidrigen Entführung besteht gleichfalls die Pflicht, das Opfer der Entführung aus den Händen von Privatpersonen zu befreien (vgl. L. C. *Green*, 23, Mod. Law Rev. 509 (1960).

[31] Vgl. allgemein dazu *Berber*, III, S. 10/11, *Seidl - Hohenveldern*, Rdz. 1198, *Garcia - Amador*, 94 Rec. d. C., S. 429 f. (1958) und besonders die Monographie von *Roth*, The Minimum Standard of International Law applied to Aliens, S. 179 f., 182 f., zum *Eichmann-Fall* vgl. L. C. *Green*, 23 Mod. Law Rev. S. 512 (1960), *Schwarzenberger*, 15 Current Legal Problems, S. 254.

[32] Dem Nachweis dieser Regel gilt der dritte Teil dieser Arbeit.

Delikt begehen, durch das ein Rechtsverhältnis zwischen ihm und dem Heimatstaat des Entführten entstehen würden. Das infolge der Verletzung allgemeiner Regeln des völkerrechtlichen Fremdenrechts entstehende Recht des Heimatstaates, sich gegen diese Verletzung zu wenden und die Wiedergutmachungsansprüche geltend zu machen, bezeichnet man mißverständlich als diplomatisches Schutzrecht. Das diplomatische Schutzrecht ist nichts anderes als das einem Staat kraft des Bandes der Staatsangehörigkeit zukommende Recht, eine Völkerrechtsverletzung geltend zu machen[33].

Die Mediatisierung des Menschen durch seinen Heimatstaat wirkt sich also dahin aus, daß durch die Nichtbeachtung des völkerrechtlichen Fremdenrechts im Sinne des Völkerrechts nicht das Individuum, sondern allein der Heimatstaat verletzt wird[34]. Das Rechtsinstitut des diplomatischen Schutzes ist ausschließlich ein Mittel zur Geltendmachung staatlicher Rechte[35]. Nach allgemeinem Völkergewohnheitsrecht ist ein jeder Staat berechtigt, nicht aber verpflichtet, Verletzungen der genannten Art im Wege der sogenannten diplomatischen Protektion geltend zu machen[36]; von einem Recht des Individuums auf Einschreiten seines Heimatstaates kann nicht die Rede sein[37]. Die Entscheidung, ob eingeschritten werden soll oder nicht, bleibt dem freien Ermessen des Heimatstaates überlassen[38].

Diese völkerrechtlichen Grundsätze wurden auch in der nationalen Rechtsprechung durchweg beachtet. Bemerkenswert ist in diesem Zusammenhang das Urteil der 24. Zivilkammer des Landgerichts Tokio vom 7. Dezember 1963 zur Frage des Ersatzes von Schäden aus dem Abwurf der Atombombe auf Hiroshima und Nagasaki und zur Verzichtklausel im japanischen Friedensvertrag[39]. In der Klage *Eichmanns* gegen

---

[33] *Verdross*, S. 406; über die weitere Bedeutung des Begriffes vgl. *Verdross*, 86 Juristische Blätter, Wien, S. 581 f. (1964).

[34] *Verdross*, S. 127, *Seidl - Hohenveldern*, Rdz. 1182, *Kelsen*, Principles, S. 245.

[35] *Berber*, III, S. 18/19; vgl. I.G.H. Rep., 1955, S. 24: „Diplomatic protection and protection by means of international judicial proceedings constitute measures for the defence of the rights of the State."

[36] Vgl. *Doehring*, Die Pflicht des Staates zur Gewährung diplomatischen Schutzes, S. 13/14, *Geck*, 17 ZaöRV, S. 512 (1956/57), *Dahm*, III, S. 247, *Guggenheim*, Traité, I, S. 311. *Opp.-Lauterpacht*, I, S. 686, die alle eine Pflicht zur diplomatischen Protektion ablehnen; a. A. z. B. *Katzarov*, 8 Österr. Z. f. öff. R. S. 433 f. (1957).

[37] *Dahm*, I, S. 525, *Doehring*, Pflicht des Staates zur Gewährung diplomatischen Schutzes, S. 11 ff., *Seidl - Hohenveldern*, 11 Österr. Z. f. öff. R. S. 151 (1961) in seiner Rezension der Arbeit von Doehring.

[38] *Dahm*, III, S. 247, *Seidl - Hohenveldern*, Völkerrecht, Rdz. 1245, *Verdross*, S. 127.

[39] Abgedruckt in 24 ZaöRV, S. 711 ff. (1964): „Der diplomatische Schutz beruht auf einem eigenen diplomatischen Schutzrecht des Staates, und was da-

die Bundesrepublik Deutschland auf Gewährung von Auslandsschutz stellte das *OVG Münster* in seinem Urteil vom 30. 10. 1961 fest: „*Ein subjektiv öffentliches Recht auf Gewährung von Auslandsschutz besteht nicht*[40]."

5. *Ansprüche des Entführten aus der Verletzung sogenannter Menschenrechte*

In der neueren völkerrechtlichen Literatur, die der Frage der Menschenrechte zunehmende Bedeutung beimißt[41], findet sich im Zusammenhang mit der Erörterung völkerrechtswidriger Entführungen regelmäßig ein Hinweis auf den Schutz der Menschenrechte.

Im Prozeß gegen *Eichmann* wandte sich die Verteidigung gegen den Grundsatz, nach dem das Individuum der rechtlichen Möglichkeit beraubt ist, sich selbst gegen eine Verletzung völkerrechtlicher Normen zur Wehr zu setzen und bezeichnete die Anerkennung eines Rechtes des Individuums, sich gegen eine Völkerrechtsverletzung zu verteidigen, als eines der wesentlichsten Postulate der Gerechtigkeit[42]. In einer Besprechung des *Argoud-Falles* stellte *Doehring* die Behauptung auf, daß, da sich die Rechtsposition des Individuums im Völkerrecht gewandelt habe, dem entführten Individuum nunmehr ein eigener Individualanspruch zuzuerkennen sei: „Sicher ist, daß im Zuge immer weitergehender Anerkennung allgemeiner Menschenrechte gerade der Menschenraub zu denjenigen völkerrechtlichen Delikten zu zählen ist, die nicht nur völkerrechtliche Rechte der beteiligten Staaten, sondern auch solche der Individuen berühren[43]. In zahlreichen Abhandlungen, die aus Anlaß der völkerrechtswidrigen Entführungen von *Eichmann* und *Argoud* geschrieben wurden, findet sich die Feststellung, daß durch die Entführung allgemeine Menschenrechte des Opfers der Entführung verletzt

---

mit geltend gemacht wird ist nicht der Anspruch des Einzelnen selbst, sondern ein eigener Ersatzanspruch des Staates. Überdies bestimmt der Staat selbst, ob er von seinem Recht des Schutzes Gebrauch machen will. Er handelt bei Ausübung seines diplomatischen Schutzes in seinem eigenen Namen und ist dabei nicht Vertreter seiner Staatsangehörigen. Die Einzelnen haben keinerlei Einflußmöglichkeiten darauf, in welcher Weise und mit welchem Inhalt der Staat seine Ansprüche geltend macht oder wie die Angelegenheit erledigt wird. Deshalb bleibt im vorliegenden Fall kein Raum übrig, die Rechtsfähigkeit des Einzelnen anzunehmen." a.a.O., S. 727/28.

[40] Abgedruckt in Die öffentliche Verwaltung, 1962, S. 28.

[41] Vgl. insbesondere *Dahm,* I, S. 419 ff. und die dort zit. Literatur; neuerdings H. *Meyer - Lindenberg,* Die Menschenrechte im Völkerrecht, Berichte der Deutschen Gesellschaft für Völkerrecht, Heft 4, 1961.

[42] Dazu *Papadatos,* Le Procès Eichmann, S. 63/64.

[43] *Doehring,* 25 ZaöRV, S. 215/6 (1965).

worden seien; zur Begründung dafür häufig einfach auf die „neue Entwicklung des Völkerrechts" hingewiesen[44].

Der Hinweis auf die neue Entwicklung im Völkerrecht ist insofern berechtigt, als der Gedanke der Menschenrechte — und darunter fällt zweifellos der Schutz der persönlichen Freiheit — in den beiden letzten Jahzehnten in zunehmendem Maße an Bedeutung gewinnt. In zahlreichen internationalen Erklärungen und Vorträgen kommt der Gedanke des Schutzes der Menschenrechte zum Ausdruck: die Charta der VereintenNationen spricht an sieben Stellen von Menschenrechten, die Charta der Organisation der amerikanischen Staaten hat den Gedanken der Menschenrechte aufgenommen, die amerikanische Erklärung der Rechte und Pflichten des Menschen — Bogotá, März 1948 — und die allgemeine Erklärung der Menschenrechte im Rahmen der Vereinten Nationen — Paris, 1948 — widmen sich ausschließlich dem Schutze der menschlichen Rechte und Grundfreiheiten. Es ist jedoch verfrüht, aus diesen zahlreichen internationalen Erklärungen auf ein bereits positiv geregeltes Individualrecht des Einzelmenschen schließen zu wollen. Zwar ist es anerkannt, daß insbesondere die Charta der Vereinten Nationen die Mitgliedstaaten verpflichtet, die Menschenrechte zu achten[45]; ein subjektives Recht des Individuums kann jedoch daraus nicht hergeleitet werden[46]. Was die allgemeine Erklärung der Menschenrechte betrifft, so ist im Schrifttum einhellig anerkannt, daß es sich hier um eine programmatische Erklärung handelt, aus der für das Individuum gleichfalls keine Rechte unmittelbar entstehen können[47].

Es ist heute anerkannt, daß Individuen selbst Träger subjektiv völkerrechtlicher Rechte und Pflichten sein können, soweit ihnen solche durch völkerrechtliche Verträge übertragen werden[48]; doch ist es nicht zulässig, aus dieser potentiellen Völkerrechtsfähigkeit auch auf eine aktuelle Rechtsfähigkeit und damit eine unmittelbar geschützte Rechts-

---

[44] So z. B. *Morgenstern*, 29 Br. Y. S. 282 (1952), *Garcia - Mora*, 32 Indiana Law Journal, S. 446 (1957).

[45] Vgl. *Dahm*, I, S. 423, vgl. auch P. N. *Drost*, Human Rights as Legal Rights, Leiden, 1951, S. 28 ff., der allerdings zutreffend darauf hinweist, daß die Charta die sogenannten Menschenrechte und Grundfreiheiten zwar erwähnt, aber in keiner Weise definiert.

[46] Vgl. *Dahm*, I, S. 426 und die dort zitierten nationalen Gerichtsentscheidungen.

[47] Vgl. Dahm, I, S. 429, *Seidl - Hohenveldern*, Rdz. 1169, *Schwarzenberger*, Int. Law, I, 1, S. 143; vgl. *Bishop*, Int. Law, S. 209 ff. insbesondere die Seite 213 zit. Erklärung von Mrs. Eleanor *Roosevelt*, der Vertreterin der Vereinigten Staaten bei der Human Rights Commission, vgl. die Monographie von W. *Robinson*, The Universal Declaration of Human Rights, New York, 1958, besonders S. 50 ff.

[48] So *Dahm*, I, S. 413.

position zu schließen[49]. Nach geltendem Völkerrecht ist nach wie vor „Normadressat der Menschenrechte in erster Linie der Staat, der gegenüber dem Einzelnen öffentliche Gewalt ausübt und deshalb über die Mittel verfügt, Würde, Freiheit und Leben der seiner Gewalt Unterworfenen zu schützen und zu bedrohen“[50]. Beim gegenwärtigen Stand des Völkerrechts wäre es auch wenig sinnvoll, von einem subjektiven Recht des Individuums zu sprechen, solange dieses keine Möglichkeit hat, diese Rechte prozessual geltend zu machen[51]. Demgegenüber hat *Doehring* in einer Besprechung des *Argoud-Falles* dem Entführten aus der Verletzung der Menschenrechte einen eigenen Individualanspruch zugebilligt und zu seiner Geltendmachung die Bundesrepublik Deutschland in einer Art Prozeßstandschaft für zuständig erachtet[52]; eine solche Konstruktion ist bereits aus rechtsdogmatischen Gründen abzulehnen und entspricht im übrigen in keiner Weise dem geltenden Völkerrecht[53]. Zutreffend hat Meyer-Lindenberg darauf hingewiesen, daß man einen Einzelmenschen nur dann als Subjekt des Völkerrechts, d. h. als Träger von Rechten und Pflichten, ansehen könne, wenn er die ihm zukommenden Rechte auch in der völkerrechtlichen Sphäre selbst geltend machen und wegen der Nichterfüllung der vom Völkerrecht auferlegten Pflichten ebenso unmittelbar belangt werden könne[54]. Aus diesem Grunde sind die sogenannten Menschenrechte und Grundfreiheiten im Augenblick noch keine wirklichen Rechte des Einzelmenschen, deren Verletzung er im internationalen Bereich geltend machen könnte. Auch heute gilt noch uneingeschränkt die treffende Feststellung, die *Starke* vor über einem Jahrzehnt in seinem bekannten Lehrbuch gemacht hat: „At the date of writing, the formulation of the rules of international law concerning human rights and fundamental freedom remain a promise rather than an achievement. There has been little concrete progress beyond the point of proclaiming conceptions, attempting definitions, establishing international organs with limited power of investigation or recommandation . . .[55].“

Unter diesen Umständen stehen einem völkerrechtswidrig Entführten nach allgemeinem Völkergewohnheitsrecht auch keine aus der Verletzung sogenannter Menschenrechte herrührenden Individualansprüche zu.

---

[49] Das scheint *Papadatos*, a.a.O., S. 64 stillschweigend zu tun.

[50] *Meyer - Lindenberg*, a.a.O., S. 85.

[51] Vgl. *Dahm*, I, S. 413.

[52] *Doehring*, 25 ZaöRV, S. 216 (1965).

[53] Vgl. besonders *Seidl - Hohenveldern*, 11 Österr. ZöR, S. 151 (1961).

[54] *Meyer - Lindenberg*, a.a.O., S. 101, *Dahm*, I, S. 431, *Seidl - Hohenveldern*, Rdz. 642.

[55] *Starke*, Introduction, S. 276.

Dritter Teil

Zur Frage der Aburteilbarkeit des völkerrechtswidrig Entführten

§ 16. Die staatliche Gerichtsbarkeit

Aus dem vom allgemeinen Völkergewohnheitsrecht anerkanten Prinzip der Gebietshoheit ergibt sich für die Staaten das Recht, grundsätzlich über alle innerhalb des staatlichen Territoriums befindlichen Personen Gerichtsbarkeit auszuüben und gegen sie Zwangsakte vorzunehmen[1]. Die Gebietshoheit umfaßt insbesondere das Recht, gegen Personen, seien es eigene oder fremde Staatsangehörige, die einer strafbaren Handlung verdächtig sind, im Rahmen eines Strafverfahrens vorzugehen[2]. Aus dem gleichfalls allgemein anerkannten Grundsatz, daß Einschränkungen der territorialen Souveränitätsrechte der Staaten nicht vermutet werden dürfen, folgt, daß alle jene Personen und Sachverhalte, die nicht ausdrücklich durch eine Norm des Völkerrechts von der Gerichtsbarkeit des Territorialstaates ausgenommen sind, einem Strafverfahren unterworfen werden können[3].

Das geltende Völkerrecht kennt eine Reihe von Regeln, welche die Strafgerichtsbarkeit der Staaten einschränken. So genießen fremde diplomatische Vertreter nach den Regeln des allgemeinen Völkergewohnheitsrechts eine Immunität von der Strafgerichtsbarkeit des Empfangsstaates[4]. Immunitätsrechte genießen ebenso fremde Kriegsschiffe, soweit sie sich im Hoheitsgebiet eines anderen Staates befinden[5] und in gewissem Umfang auch Truppenverbände, die auf Grund besonderer Regelungen im Gebiet eines fremden Staates stationiert sind[6]. Insbesondere anglo-amerikanische Autoren weisen darauf hin, daß auch Schiffen, die infolge einer Havarie oder einer Naturkatastrophe gezwungen sind, einen fremden Hafen anzulaufen, gewisse Immunitätsrechte zustehen[7].

---

[1] Vgl. *Berber*, I, S. 297, *Dahm*, I, S. 250, *Starke*, Introduction, S. 180, *Kelsen*, Principles, S. 228.

[2] Vgl. dazu besonders *Fitzmaurice*, 92 Rec. d. C., S. 208 ff. (1957).

[3] *Schwarzenberger*, Int. Law, I, 1, S. 192: „Any exclusion or limitation of territorial jurisdiction ... must be interpreted restrictively."

[4] Vgl. *Dahm*, I, S. 224 ff., *Verdross*, S. 331 ff.

[5] So *Verdross*, S. 232 ff., *Kelsen*, Principles, S. 232.

[6] Vgl. *Verdross*, S. 233/34, *Kelsen*, Principles, S. 232.

Eine weitere Beschränkung der staatlichen Gerichtsbarkeit ergibt sich dadurch, daß ein Staat Handlungen mit internationalem Einschlag nur dann seiner eigenen Strafgewalt unterwerfen darf, wenn ein sinnvoller Anknüpfungspunkt besteht; hinsichtlich der von Ausländern im Ausland begangenen Straftaten steht einem Staat daher Strafgewalt nur in beschränktem Umfang zu[8]. Diese Grundsätze waren im *Eichmann-Fall* von erheblicher Bedeutung[9].

Hinsichtlich der Person eines völkerrechtswidrig Entführten würde einem Staat Strafgewalt nur dann fehlen, wenn sich im geltenden Völkerrecht eine konkrete Norm finden ließe, die dem Opfer einer solchen Entführung im Entführerstaat eine gewisse Immunität vor dessen Strafgerichten gewähren könnte. Aus den angeführten Fällen anerkannter Immunitätsrechte lassen sich allgemeine Grundsätze nicht ableiten. Die Regel, daß Einschränkungen der territorialen Souveränitätsrechte nicht vermutet werden dürfen, spricht gegen das Bestehen einer Immunität zugunsten eines völkerrechtswidrig Entführten. Dennoch sind theoretisch zwei Gründe denkbar, die einem Entführerstaat Gerichtsbarkeit über den völkerrechtswidrig Entführten nehmen könnten: zum einen die im Rahmen der Unrechtsfolgen sich ergebende Pflicht zur Rückgabe des Entführten, zum anderen die Tatsache der Völkerrechtsverletzung an sich. Beide Gesichtspunkte bedürfen einer besonderen Erörterung.

§ 17. Die Ausübung der staatlichen Gerichtsbarkeit und die völkerrechtlichen Normen

1. Die Pflicht der Staaten zu völkerrechtskonformer Ausgestaltung der nationalen Rechtsordnung

Die Ausübung der staatlichen Gerichtsbarkeit erfordert die Errichtung von Gerichten und die Schaffung eines Systems von Prozeßnormen, die es erlauben, über die Rechtmäßigkeit oder Rechtswidrigkeit be-

---

[7] Dazu *Morgenstern*, 29 Br. Y., S. 279 (1952), *Bin Cheng*, General Principles, S. 75 ff. (der hier allerdings nur einen besonderen Fall eines völkerrechtlich anerkannten Notrechtes sieht), *Schwarzenberger*, Int. Law, I, 1, S. 197/8, *Hyde*, Int. Law, III, S. 743 ff. (insbes. den dort zitierten *Fall K. A. Hoff*); vgl. auch den Fall *Rebecca*, zitiert bei *Bishop*, Int. Law, S. 393 ff.

[8] Als Anknüpfungspunkte sind allgemein anerkannt: 1. Das Territorialitätsprinzip, 2. Das Nationalitätsprinzip, 3. Das Schutzprinzip, 4. Das Universalitätsprinzip und 5. Das Prinzip der passiven Personaltät; ausführlich dazu Robert *Staal*, 15 University of Miami Law Review, S. 428 ff. (1960/61) und Lotika *Sarkar*, 11 Int. Comp. L. Q. S. 446 ff. (1962); allgemein auch *Dahm*, I, S. 256 ff., *Verdross*, S. 318 ff., *Jeschek*, W. d. V., III, S. 397/98.

[9] Eingehend dazu G. R. *Parson*, Jr. 46 Cornell Law Quarterly, S. 326—336 (1961), H. W. *Baade*, Duke Law Journal, S. 416 ff. (1961), D. *Lasok*, 11 Int.

stimmter Sachverhalte des sozialen Lebens zu befinden und die ergangenen Urteile durchzusetzen. Nach der Gewaltenteilungslehre obliegt die Verfolgung von strafbaren Handlungen der rechtsprechenden Gewalt. Das geltende Völkerrecht beläßt grundsätzlich den Staaten die Freiheit, ihre interne Rechtsordnung, insbesondere ihre Gerichtsverfassung, zu organisieren[1]; dabei trifft die Staaten die Verpflichtung, ihre Verfassung und alle nachgeordneten Gesetze so auszurichten, daß sämtliche Organe, seien es rechtsetzende, rechtsprechende oder verwaltende, in der Lage sind, den völkerrechtlichen Verpflichtungen nachzukommen[2]. Im übrigen fordert das Völkerrecht nur, daß es, sagt aber nicht, wie es im inländischen Recht durchgesetzt werden soll[3].

2. Die Notwendigkeit eines innerstaatlichen Gebots, Völkerrechtsnormen anzuwenden

Die erste Kommission der Deutschen Gesellschaft für Völkerrecht hat das Problem der Völkerrechtsbefolgung im nationalen Bereich aufgegriffen und die Frage gestellt: „Gibt es nach dem gegenwärtigen Entwicklungsstand eine allgemeine Regel des Völkerrechts, daß auf Verträgen oder allgemeinem Völkerrecht beruhende Völkerrechtsgebote ohne Einschaltung eines innerstaatlichen Hoheitsaktes von innerstaatlichen Rechtsanwendungsorganen und Rechtsunterworfenen zu befolgen sind[4]?" Die eingehende Untersuchung der Kommission hat ergeben, daß grundsätzlich „keine allgemeine Regel des Völkerrechts gebietet, daß generell Völkerrechtsgebote ohne Einschaltung eines innerstaatlichen Hoheitsaktes von innerstaatlichen Rechtsanwendungsorganen und Rechtsunterworfenen zu befolgen sind"[5]. Wie es das geltende Völkerrecht den Staaten überläßt, die Formen und Wirkungen des völkerrechtlichen Rechtsanwendungsbefehls zu bestimmen[6], so kennt es auch keine allgemeine Regel, nach der innerstaatliche Rechtsregeln und Rechtsakte, die dem Völkerrecht widersprechen, eo ipso nichtig und ohne jede rechtliche Wirkung wären[7]. Daraus folgt für die hier zu erörternde

---

Comp. L. Q., S. 355 ff. (1962), *Yosal Rogat*, The Eichmann Trial, S. 26 ff., H. *Silving*, 55 A. J., S. 331 ff. (1961), *Schwarzenberger*, 15 Current Legal Problems, S. 256 (1962).

[1] Vgl. besonders *Mosler*, 91 Rec. d. C., S. 628 (1957), *Dahm*, I, S. 55.

[2] *Mosler*, a.a.O., *Fitzmaurice*, 92 Rec. d. C., S. 89 (1957).

[3] So die Formulierung von *Dahm*, I, S. 55.

[4] Vgl. Berichte der Deutschen Gesellschaft für Völkerrecht, Heft 6, 1964, S. 31.

[5] *Seidl-Hohenveldern*, 12 Int. Comp. L. Q., S. 90 (1963); Vgl. Berichte der Deutschen Gesellschaft für Völkerrecht, a.a.O., S. 158 (These 6); ebenso *Fitzmaurice*, a.a.O., S. 69.

[6] a.a.O., These 8.

[7] So *Mosler*, a.a.O., S. 630, *Dahm*, I, S. 56.

Frage, daß staatliche Gerichte unter Umständen gehalten wären, Gerichtsbarkeit über eine Person selbst dann anzunehmen, wenn das Völkerrecht dies im konkreten Fall nicht zuließe[8]. Selbst wenn das geltende Völkerrecht eine Norm des Inhalts aufweisen würde, daß ein Staat, der in völkerrechtswidriger Weise aus dem Territorium eines anderen Staates eine Person entführt hat, über den Entführten Gerichtsbarkeit nicht erlangt, könnte die Existenz dieser völkerrechtlichen Norm allein noch nicht eine Aburteilung des Entführten verhindern. Entsprechende Völkerrechtsgebote könnten daher der Aburteilung eines Entführten nur dann entgegenstehen, wenn durch eine Norm des innerstaatlichen Rechts ihre Anwendung für den nationalen Bereich angeordnet wäre[9].

3. Die Nichtbeachtung völkerrechtlicher Normen durch nationale Gerichte als völkerrechtliches Delikt

Das Fehlen einer allgemeinen Norm des Völkerrechts, die alle dem Völkerrecht widersprechenden innerstaatlichen Rechtsnormen und Rechtsakte vernichtet, wird dadurch kompensiert, daß jeder Sachverhalt, der einer völkerrechtlichen Norm widerspricht, unter den zuvor dargelegten Bedingungen dem Staat als völkerrechtliches Delikt zuzurechnen ist[10]. Dabei können Akte der Rechtsprechung in gleicher Weise wie Akte der Exekutive einen völkerrechtlichen Deliktstatbestand begründen[11]. Ein Staat, dessen Gerichte entgegen einem völkerrechtlichen Verbot Gerichtsbarkeit über eine bestimmte Person angenommen hätten, könnte auch nicht Vorschriften der eigenen Verfassung als Entschuldigungsgrund dafür angeben, daß völkerrechtliche Pflichten nicht erfüllt wurden[12]. Darüberhinaus ist es heute allgemein anerkannt, daß in einem solchen Fall ein Staat seine völkerrechtliche Verantwortung

---

[8] Vgl. *Garcia Mora*, 32 Indiana Law Journal, S. 444, besonders Anm. 102 (1957).

[9] Vgl. dazu statt aller *Seidl - Hohenveldern*, 12 Int. Comp. L. Q., S. 88 ff. (1963). Im allgemeinen gibt es zwei Wege, Völkerrechtsgebote im innerstaatlichen Recht zur Geltung zu bringen: 1. Der Staat erläßt von Fall zu Fall die dem Völkerrecht entsprechenden Gesetze, 2. Der Staat bestimmt im Wege einer Generalklausel, daß Völkerrecht in vollem Umfang als Teil des staatlichen Rechts verbindlich sein soll (vgl. Art. 25 des Grundgesetzes für die Bundesrepublik Deutschland: „Art. 25 1. Die allgemeinen Regeln des Völkerrechts sind Bestandteil des Bundesrechts, 2. Sie gehen den Gesetzen vor und erzeugen Rechte und Pflichten unmittelbar für die Bewohner des Bundesgebietes"); vgl. daneben Art. 59 des Grundgesetzes, der die Frage der innerstaatlichen Bindung der von der Bundesrepublik abgeschlossenen Verträge mit auswärtigen Staaten regelt).

[10] Vgl. § 1, 3.

[11] Vgl. *Verdross*, S. 383 ff., *Kelsen*, Unrecht, S. 512, *Guggenheim*, Traité, II, S. 11, *Hyde*, Int. Law, II, S. 931 ff., *Rousseau*, Droit. Int., S. 374 ff.

[12] *Verdross*, S. 114, *Fitzmaurice*, a.a.O., S. 68, 85.

auch nicht mit dem Hinweis auf die Unabhängigkeit seiner Gerichte in Abrede stellen könnte[13].

§ 18. Einschränkungen der staatlichen Gerichtsbarkeit über einen völkerrechtswidrig Entführten

1. Allgemeines

Als denkbare Gründe für die Beschränkung der staatlichen Gerichtsbarkeit kommen die dem Entführerstaat obliegende Restitutionspflicht und die Völkerrechtswidrigkeit der Entführung als solche in Frage. Es ist deshalb von Bedeutung, zwischen diesen beiden möglichen Gründen einer Beschränkung der staatlichen Gerichtsbarkeit zu unterscheiden, weil der Restitutionsanspruch der Dispositionsgewalt der beteiligten Staaten unterliegt, die Völkerrechtsverletzung als solche jedoch durch das nachträgliche Verhalten der beiden Staaten in der rechtlichen Qualifikation nicht mehr geändert werden kann.

2. Die Restitutionspflicht als denkbarer Grund für das Fehlen der staatlichen Gerichtsbarkeit

Wie oben dargelegt, entsteht durch eine völkerrechtswidrige Entführung zwischen den aktiv und passiv beteiligten Staaten ein besonderes Rechtsverhältnis kraft dessen der Entführerstaat verpflichtet ist, den Entführten an den verletzten Staat zurückzugeben. Das Recht der völkerrechtlichen Unrechtsfolgen bestimmt unmittelbar lediglich Art, Inhalt und Durchführung der jeweiligen Unrechtsfolgen; primäres Ziel ist es, den status quo wieder herzustellen. Im Anschluß an eine Entführung besagt die Restitutionspflicht lediglich, daß der Entführte auf Verlangen des verletzten Staates an diesen herauszugeben ist; sie enthält kein direktes Verbot, den Entführten zwischenzeitlich vor Gericht zu stellen. Das bedeutet jedoch nicht, daß ein Staat seine Restitutionspflicht dadurch umgehen könnte, daß er ein Strafverfahren einleitet und den Entführten in den Zuständigkeitsbereich der rechtsprechenden Gewalt überstellt[1].

Es ist allgemein anerkannt, daß kein staatliches Gericht in der Lage ist, durch seinen Urteilsspruch den Rückführungsanspruch des verletzten

[13] Ausführlich dazu I. von *Münch*, Delikt, S. 209 ff.; vgl. auch *Freeman*, Responsibility, S. 29 ff.

[1] Das folgt aus dem Grundsatz, daß sich Staaten ausnahmslos nicht durch Berufung auf staatliches Recht völkerrechtlichen Pflichten entziehen können.

Staates zu hemmen oder zum Erlöschen zu bringen[2]. Aus diesem Grund ist auch im *Argoud-Fall* die Cour de Sûrété dem Einwand der mangelnden Gerichtsbarkeit entgegengetreten und hat ausgeführt, daß, wie immer die Entscheidung des Gerichts ausfallen werde, diese in keiner Weise einem Übereinkommen der beteiligten Regierungen über das weitere Schicksal des Angeklagten — gemeint ist wohl eine eventuelle Rücküberstellung an die Bundesrepublik — entgegenstehen könne[3].

Die Feststellung, daß die Normen des völkerrechtlichen Wiedergutmachungsrechtes den Gerichten des Entführerstaates nicht ausdrücklich untersagen, den Entführten vor Gericht zu stellen, besagt nicht, daß das Bestehen der Restitutionspflicht für staatliche Gerichte durchwegs unbeachtlich wäre. Die nach allgemeinem Völkergewohnheitsrecht bestehende Restitutionspflicht wäre für staatliche Gerichte zumindest dann beachtlich, wenn kraft einer Generalklausel in der Verfassung des zur Rückgabe verpflichteten Staates innerstaatliche Rechtsanwendungsorgane generell verpflichtet wären, völkerrechtliche Gebote zu befolgen und auszuführen. Obwohl die Durchführung der Restitution durchwegs durch die Exekutive erfolgt, richtet sich das völkerrechtliche Gebot, den Entführten zurückzugeben, an den Staat als abstrakte Einheit, damit in gleicher Weise an Exekutive und rechtsprechende Gewalt; die staatlichen Gerichte wären — die Existenz einer solchen Generalklausel unterstellt — daher immer dann, wenn eine bestehende Restitutionspflicht nicht durch Verzicht seitens des berechtigten Staates oder durch Rechtsverlust unterging[4], verpflichtet, in Befolgung des völkerrechtlichen Gebotes die Freilassung und Rückgabe des Entführten anzuordnen. Insofern wären staatliche Gerichte nicht mehr berechtigt, das Verfahren gegen den Entführten weiterzuführen. Soweit die Kritik am Urteil der Cour de Sûreté im *Argoud-Fall* bemängelt, daß sich das Gericht mit dieser Frage überhaupt nicht befaßte, ist das durchaus berechtigt[5]. Auch ein deutsches Gericht könnte, angesichts des Art. 25 Grundgestz, im Falle des Bestehens einer völkerrechtlichen Restitutionspflicht sich nicht darüber hinwegsetzen[6].

---

[2] Vgl. *Kirchner*, Neue Juristische Wochenschrift, 1964, S. 853.

[3] *Cocatre-Zilgien*, L'Affaire Argoud, S. 67.

[4] Vgl. dazu die Ausführungen in § 14.

[5] Vgl. *Doehring*, 25 ZaöRV, S. 221/2 (1965) und *Ronzitti*, 48 Rivista, S. 79 (1965).

[6] Vgl. dazu statt aller *Doehring*, Die allgemeinen Regeln des völkerrechtlichen Fremdenrechts und das deutsche Verfassungsrecht, besonders S. 149 ff. Soweit allgemeine Regeln des Völkerrechts Bestandteil des Bundesrechts geworden sind, *müssen* sie von deutschen Gerichten unmittelbar angewendet werden (vgl. Th. *Maunz* — G. *Dürig*, Kommentar zum Grundgesetz, München und Berlin, 1964, Anm. 27 zu Art. 25); daher ist die Bemerkung von *Kirchner* (Neue Juristische Wochenschrift, 1964, S. 853), die Entführung wäre auch nach deutschem Prozeßrecht kein Prozeßhindernis, sicher insoweit unrichtig, als

Wie auch die Untersuchung der Staatenpraxis zeigt, lehnen es staatliche Gerichte regelmäßig ab, ein Strafverfahren gegen einen völkerrechtswidrig Entführten dann weiterzubetreiben, wenn der durch die Entführung verletzte Staat gegen die Unrechtshandlung protestiert und die Rückgabe des Entführten gefordert hat. Die amerikanische Regierung teilte im Falle der *Vincenti-Entführung* der englischen Regierung umgehend mit, daß das Verfahren gegen den Entführten eingestellt worden sei[7]. Auch im Fall des aus Basutoland entführten Südafrikaners *Ganyile* war, nachdem sich der Entführte bereits ein halbes Jahr in Haft befunden und vergeblich versucht hatte, im Rahmen eines habeas corpus Verfahrens seine Freilassung zu erreichen, die Strafverfolgung durch die Gerichte plötzlich unterbrochen worden, nachdem sich die britische Regierung in die Angelegenheit eingeschaltet und Rückgabe des Entführten gefordert hatte[8]. Im Fall *Martin* war der Entführte zwar bereits abgeurteilt worden und hatte schon einen Teil seiner Gefängnisstrafe abgebüßt; dennoch wurde der Verurteilte im Hinblick auf die Forderungen der amerikanischen Regierung frühzeitig freigelassen[9].

Soweit ersichtlich, haben in neuerer Zeit lediglich in zwei Fällen staatliche Gerichte, unter Mißachtung der Proteste und Restitutionsforderungen der verletzten Staaten, völkerrechtswidrig entführte Personen vor Gericht gestellt und abgeurteilt. Es handelt sich einmal um den Fall der von einer Insel der Bahamagruppe entführten Castrogegner, die nach Cuba geschleppt worden waren. Trotz des Protests und Rückgabeverlangens der britischen Regierung waren drei der Entführten vor ein Sondergericht gestellt und erschossen worden; allerdings wurde den restlichen Flüchtlingen im September 1965 die Ausreise zu den Bahama-Inseln erlaubt[10]. Zum anderen handelt es sich um das Verfahren gegen den aus der Bundesrepublik entführten französischen Staatsangehörigen *Argoud* vor der Cour de Sûreté, das mit der Verurteilung zu lebenslangem Zuchthaus endete[11].

---

ein aus der Entführung resultierender völkerrechtlicher Restitutionsanspruch des verletzten Staates von deutschen Gerichten zu berücksichtigen wäre.

[7] „Furthermore, it appears that Vincenti's bail has been exonerated and all proceedings subsequent to his unlawful arrest have been revoked." Zit. bei *Briggs*, Law of Nations, S. 308/9; vgl. auch § 3, 9.

[8] „Comme il a été établi que l'arrestation d'Anderson Ganyile a été effectuée sur le territoire du Basutoland, le Procureur général à Grahamstown a décidé de ne pas poursuivre contre Ganyile l'instruction sur les accusations ...". Zitiert in Chronique de l'Afrique du Sud, L'affaire Ganyile, S. 29.

[9] Vgl. *Moore*, Extradition, I, S. 285 ff.; vgl. § 3, 8.

[10] Vgl. 68 Rev. Gén., S. 168 ff. (1964), 70 Rev. Gén., S. 152 (1966).

[11] Vgl. Anhang, Nr. 20.

3. Restitutionspflicht und Völkerrechtswidrigkeit als solche

Die Restitutionspflicht beinhaltet damit lediglich eine mittelbare Wirkung auf die Gerichtsbarkeit; das kann sich vor allem im Rahmen eines Strafverfahrens gegen den Entführten zeigen. Mit dem Untergang der völkerrechtlichen Wiedergutmachungsansprüche — sei es durch Verzicht seitens des Berechtigten, sei es durch Rechtsuntergang infolge Verwirkung — erledigt sich die Frage der Rückgabe des Entführten; damit entfällt lediglich jene mittelbare Wirkung der Restitutionspflicht auf die Gerichtsbarkeit. Da mit dem Wegfall der völkerrechtlichen Wiedergutmachungsansprüche keinesfalls die einmal eingetretene Völkerrechtsverletzung rückwirkend beseitigt werden kann[12], stellt sich zwangsläufig die Frage, ob, unabhängig vom Recht der Wiedergutmachung, die Völkerrechtswidrigkeit an sich Einfluß auf die Gerichtsbarkeit des Staates haben kann, dem die Entführung zuzurechnen ist. Das wäre dann zu bejahen, wenn es einem Staat, etwa in Ausgestaltung des aus der allgemeinen Rechtslehre bekannten Grundsatzes „ex iniuria ius non oritur", untersagt wäre, aus einer Völkerrechtsverletzung rechtliche Vorteile zu ziehen.

§ 19. Beansprucht der Grundsatz ‚ex iniuria ius non oritur' im geltenden Völkerrecht allgemeine Geltung?

Im völkerrechtlichen Schrifttum wird in zunehmendem Maße die Frage erörtert, ob der Grundsatz „ex iniuria ius non oritur" Bestandteil des geltenden Völkerrechts ist[1]. Dieser Grundsatz besagt, daß eine Rechtsverletzung für den Täter niemals Quelle eines neuen Rechtstitels sein kann. Er stellt zweifellos ein wesentliches Postulat der materiellen Gerechtigkeit dar und findet in hoch entwickelten Rechtsordnungen regelmäßig einen umfassenden, positivrechtlichen Niederschlag. Für die Geltung des Grundsatzes im allgemeinen Völkerrecht ist insbesondere *Lauterpacht* eingetreten[2]. Lauterpacht hat zutreffend darauf hingewiesen, daß die Geltung dieses Grundsatzes gerade im gegenwärtigen Völkerrecht mit seinem Mangel an zentralen Organen, dem Fehlen eines umfassenden Rechtsschutzsystems und insbesondere der Abwesenheit direkter Mittel, das Recht durchzusetzen, besonders dringend geboten wäre. Er konnte zur Unterstützung seiner Ansicht mehrere Entscheidungen anführen, in denen der Ständige Internationale Gerichtshof den

---

[12] Vgl. § 14, 4.

[1] Vgl. *Fitzmaurice*, 92 Rec. d. C., S. 117 ff. (1957), Guggenheim, 74 Rec. d. C., S. 231 (1949), *Kelsen*, The Law of the United Nations, London, 1951, S. 113/14, derselbe im Vorwort zum Supplement to The Law of the United Nations.

[2] *Lauterpacht*, XXVII Br. Y., S. 398 (1950) und besonders in seiner Monographie „Recognition in International Law", S. 427.

Gedanken „ex iniuria ius non oritur" in seinen Entscheidungen zum Ausdruck gebracht hat[3]. In gleicher Weise hat *Bin Cheng* eine Reihe von Entscheidungen anderer internationaler Instanzen angeführt, durch die er die Geltung des Grundsatzes „nullus commodum capere potest de sua iniuria propria" — der lediglich eine andere Formulierung des gleichen Rechtsgedankens darstellt — im positiven Völkerrecht darlegen wollte[4].

Dennoch bestehen gegen eine allgemeine Übernahme des Grundsatzes ins Völkerrecht erhebliche Bedenken, die insbesondere durch die Praxis der Staaten gerechtfertigt sind. Zwar haben Staaten verschiedentlich versucht — so die Vereinigten Staaten mit der *Stimson-Doktrin*[5] —, den Grundsatz ex iniuria ius non oritur zumindest auf einem ganz bestimmten Bereich zur positiven Norm zu erheben; doch haben solche Versuche noch zu keiner weltweiten Anerkennung geführt[6]. Gerade aus der Schwäche des geltenden Völkerrechts als einer noch sehr unentwickelten Rechtsordnung ergibt sich, daß für den Bereich der internationalen Beziehungen der *„Normativen Kraft des Faktischen"* eine ungleich größere Bedeutung zukommen muß, als in den höher entwickelten innerstaatlichen Rechtsordnungen und daher der Grundsatz „ex iniuria ius non oritur" dem gegenteiligen Grundsatz „ex factis ius oritur" zu weichen hat. Aus diesem Grund ist es anerkannt, daß „selbst aus einem völkerrechtlichen Unrecht kraft des Effektivitätsprinzips eine neue Rechtsposition entstehen kann"[7]. Der Grundsatz „ex iniuria ius non oritur" ist in allgemeiner, sämtliche Unrechtshandlungen ergreifender Form kein Bestandteil des geltenden Völkerrechts; das schließt nicht aus, daß er in einzelnen Sach- und Rechtslagen dennoch zur Anwendung kommen könnte. Daher soll anschließend untersucht werden, ob eine positivrechtliche Ausgestaltung des Grundsatzes „ex iniuria ius non oritur" ersichtlich ist, die es verbietet, einen völkerrechtswidrig Entführten in dem Staat vor Gericht zu stellen, von dem seine Entführung angeordnet wurde.

---

[3] a.a.O., vgl. den *Freizonen-Fall* (St.I.G.H., A. No. 24, im Fall der Gerichtsbarkeit der *Danziger* Gerichte, St.I.G.H., B, No. 15, S. 26/27) und *Ostgrönland-Fall* (St.I.G.H., A/B, No. 53, S. 75).

[4] *Bin Cheng*, General Principles, S. 149—158.

[5] Dazu Hans *Wehberg*, W. d. V., III, S. 393 ff., Dahm, I, S. 604 f.

[6] *Dahm*, I, S. 608, besonders Anm. 20.

[7] Vgl. die Formulierung von *Seidl-Hohenveldern*, Rdz. 1231; ebenso *Kelsen*, Principles, S. 216, *Dahm*, a.a.O., *Guggenheim*, 74 Rec. d. C., S. 231/2 (1949), *Bindschedler*, Berichte der deutschen Gesellschaft für Völkerrecht, Heft 4, 1961, S. 21; bemerkenswert auch *Dahm*, I, S. 609: „Der Grundsatz ex iniuria ius non oritur ist in Wahrheit weder ein Gebot der Logik, noch ein Prinzip des geltenden Rechts. Keine Rechtsordnung, auch nicht die inländische, kann die ‚normative Kraft des Faktischen' gänzlich entbehren."

§ 20. Behandlung der Streitfrage im Schrifttum

Die Frage der Gerichtsbarkeit über einen rechtswidrig aus fremdem Territorium Entführten beschäftigt schon seit Jahrhunderten die Rechtswissenschaft. Bereits die Juristen des Mittelalters haben sich mit ihr auseinandergesetzt.

Baldus, einer der berühmtesten Juristen des Mittelalters[1], prüft eingehend einen solchen Fall, in dem ein Verbrecher, der sich nach der Tat auf fremdes Territorium geflüchtet hatte, von dort gewaltsam weggeschleppt und vor die Gerichte des Staates gebracht worden war, wo er die Tat begangen hatte. Er verneint ausdrücklich die Gerichtsbarkeit in einem so gelagerten Fall und vertritt die Ansicht, daß der Entführte, da er im fremden Territorium nicht hätte festgenommen werden dürfen, dorthin zurückgebracht werden müsse[2].

Diese Ansicht scheint von der damaligen Rechtswissenschaft allgemein anerkannt worden zu sein[3]. Wegen ihrer bemerkenswerten Prägnanz und noch heute aktuellen Argumentation verdienen die Ausführungen von *Farinacius* zum gleichen Problem besonderer Erwähnung: „Sed quid si delinquens, et bannitus a territorio, ubi commisit delictum, fuerit in alieno territorio non a iudice seu exsequutoribus illius territorii, sed ab exsequutoribus loci delicti, vel ab aliis privatis personis captus, et vi ductus ad iudicem, loci banni seu delicti, an possit ab illo iudice, tunc puniri? an vero relaxari et dimitti ad locum, ubi captus fuit? *Dic, quod debet relaxari, et poni in pristinum statum,* quasi spoliatus sua naturali libertate (iudex unius loci non potest facere realem exsequutionem in bonis condemnati sitis in alieno territorio, nisi per literas requisitorias. Ergo a fortiori non poterit facere capturam personalem). Igitur nisi ab eo iudice remittatur, puniri non potest[4]."

---

[1] Baldus de *Ubaldis*, ein Italiener, lebte von 1327—1400.

[2] „In isto puncto videtur prima facie dicendum, quod quum dictus violenter captus, licet extra territorium, est quocumque modo sub fortia judicis, ubi deliquit, ibidem veniat puniendus. Sed his non obstantibus est veritas: *quia non licuit eum capere in territorio alieno* ... forma (sc. remissionis) non servata debet captus tanquam spoliatus propria libertate in eandem libertatem restitui."

Die Stelle ist zitiert in einem Aufsatz des deutschen Rechtsgelehrten *von Bar*, IX Revue de Droit International et de Législation comparée, S. 15/16 (1877); die Ansicht von Bar's und die zitierte Stelle von Baldus finden sich im übrigen auch im Mémoire, das die französische Regierung im *Savarkar-Streitfall* dem Haager Schiedshof vorlegte (Affaire Sawarkar, Mémoire présenté par le Gouvernement de la République Française, Paris, Imprimerie Nationale, 1911).

Zum Sachverhalt des Savarkar-Falles, vgl. § 10, 3.

[3] *von Bahr* zitiert in seinem Lehrbuch des internationalen Privat- und Strafrechts weitere mittelalterliche Autoren (Jul. *Clarus* und Tib. *Decianus*), S. 327, Anm. 16.

[4] Farinacii Iuris consulti Romani Praxis et theoricae criminalis, Frankfurt, M. D. XCVII, Liber I, Titul. I, Quaestio VII, No. 40 (S. 75/76).

Unter ausdrücklicher Bezugnahme auf diese Autoren vertritt auch der berühmte deutsche Rechtsgelehrte *von Bar* in seinem Lehrbuch des Internationalen Privat- und Strafrechts die Auffassung, daß einem Staat Gerichtsbarkeit über einen völkerrechtswidrig Entführten nicht zukomme. Allerdings weist *von Bar* zu Recht darauf hin, daß es im konkreten Fall darauf ankomme, ob die Gesetze des Staates, in dessen Gebiet die abzuurteilende Person entführt wurde, die Rechtswidrigkeit der Entführung als Verfahrenshinderungsgrund normieren, „was rationellerweise der Fall sein sollte“[5]. Zur Begründung führt *von Bar* die Rechtswidrigkeit der Entführung als solche an[6]; daneben weist er auf den analogen Fall der Nichtverwertbarkeit rechtswidrig erlangter Beweismittel zu Ungunsten eines Angeklagten hin[7].

Ganz entschieden lehnt auch *E. Müller* die Gerichtsbarkeit über einen völkerrechtswidrig Entführten ab: „dafür spricht . . . die allgemeine Rechtsidee, mit der es unvereinbar erscheint, daß die verkörperte Gerechtigkeit, die Strafjustiz, in Verfolgung ihrer Aufgabe ungerechter Mittel sich bedient und Ungerechtigkeiten anerkennt[8].“

Aus dem neueren Schrifttum läßt sich allein *H. Meyer* anführen, dessen Ausführungen zwar expressis verbis nur den Fall der vertragslosen rechtswidrigen Einlieferung betreffen, a fortiori aber für den Fall der Entführung Geltung beanspruchen müssen:

„Wenn der Angeklagte daher allein infolge eines ungesetzlichen Verfahrens unter die deutsche Gerichtsgewalt gekommen ist, muß trotz des an sich gegen ihn zurecht bestehenden Haftbefehls oder Urteils die Rechtsverletzung dadurch geheilt werden, daß das Verfahren oder die Strafvollstreckung eingestellt und der Angeklagte damit in den Stand zurückversetzt wird, in welchem er vor der Rechtsverletzung war[9].“

Die gegenteilige Ansicht vertritt *Lammasch* in seinem bekannten Werk „Auslieferungspflicht und Asylrecht“; danach ist es unschädlich, wie ein Verbrecher in den Geltungsbereich der nationalen Rechtsordnung gekommen ist[10]. Die Rechtsfolgen einer Entführung beschränken

---

[5] Lehrbuch, a.a.O., S. 327.

[6] a.a.O.,: „denn illegal ist, da das Völkerrecht auch Gesetz (Recht) der einzelnen Staaten ist, auch die Verhaftung mit Verletzung fremder Territorialhoheit.“

[7] Revue de Droit Int., a.a.O., S. 15; der Hinweis und die Forderung, rechtswidrig erlangtes Belastungsmaterial nicht zu Lasten eines Angeklagten verwerten zu dürfen, muß für die damalige Zeit als geradezu avantgardistisch bezeichnet werden.

[8] E. *Müller*, Der Ausgelieferte vor dem Gerichte, Münchner Dissertation, 1887, S. 13.

[9] H. *Meyer*, Die Einlieferung, S. 200.

[10] a.a.O., S. 814/15.

sich nach Lammasch darauf, daß der Staat, der durch die Entführung verletzt wurde, sich gegen die Verletzung verwehren und Wiederherstellung des früheren Zustandes verlangen kann und der Entführte das Recht hat, die Intervention des Staates seiner Zuflucht in Anspruch zu nehmen[11]. Im Anschluß an Lammasch ist *Delius* der Ansicht, daß einem flüchtigen Verbrecher, der durch List oder Gewalt aus fremdem Territorium entführt wurde, aus diesem Umstand keine prozeßhindernde Einrede zukommen könne[12]. In einem Aufsatz zum *Argoud-Fall* vertritt *Kirchner* die Meinung, daß eine Entführung nach deutschem Recht kein Prozeßhindernis sei; daraus folgert er — ohne dies allerdings näher unter Beweis zu stellen —, daß ein erkennendes Gericht nicht gehalten sei, die Entführungsvorgänge zu erörtern[13].

Während sich die kontinentale Rechtslehre mit den angeschnittenen Rechtsfragen nur sehr beiläufig beschäftigte, hat sich die anglo-amerikanische Rechtswissenschaft seit jeher ausführlich mit den aufgeworfenen Fragen auseinandergesetzt. Noch heute aktuell ist die bahnbrechende Arbeit von *Edwin D. Dickinson: „Jurisdiction following seizure in violation of international law"*[14]. Dickinson hält erstmals die Frage der völkerrechtlichen Wiedergutmachungsansprüche und die Frage der Gerichtsbarkeit scharf auseinander. Er stellt zutreffend fest, daß allein der durch die Entführung verletzte Staat berechtigt sei, auf völkerrechtlicher Ebene Protest zu erheben und Wiedergutmachungsansprüche geltend zu machen. Unabhängig von den daraus sich ergebenden Rechten und Pflichten könne der Staat über den völkerrechtswidrig Entführten Gerichtsbarkeit einfach deshalb nicht erwerben, weil ihm von Anfang an die Kompetenz dazu gefehlt habe; wenn aber der Staat als solcher zunächst kein Recht zur Festnahme gehabt habe — argumentiert Dickinson —, so dürfe auch ein Gericht anschließend den Entführten nicht dem staatlichen Recht unterstellen[15]. Die Arbeit von Dickinson ist deshalb so verdienstvoll, weil sie zum einen die reichhaltige amerikanische Rechtsprechung zum Thema „Gerichtsbarkeit über Entführte" erstmals gründlich analysierte, zum anderen weil sie die Notwendigkeit der vertretenen Ansicht vom Standpunkt des Völkerrechts rechtspolitisch begründete. Unter der Leitung von Dickinson entstand auch der Konventionsentwurf der Harvard Law School zum Thema: „Jurisdiction with

---

[11] a.a.O.„ S. 814/15.

[12] H. *Delius*, Das Auslieferungsrecht, Hannover, 1899, S. 55.

[13] *Kirchner*, Neue Juristische Wochenschrift, 1964, S. 853 (rechte Spalte).

[14] In 28 A. J., S. 231 ff. (1934).

[15] „The court is an arm of the nation and its jurisdiction can rise no higher, by virtue of process served within the territory, than the jurisdiction of the nation which it represents. If there was no jurisdiction of the nation to make the original seizure or arrest, there should be no jurisdiction in the court to subject to the nation's law." a.a.O., S. 244.

respect to crime", dessen Artikel 16 sich mit der Frage der Gerichtsbarkeit über völkerrechtswidrig festgenommene Personen befaßte. Danach sollte eine solche Person nur mit Einwilligung des verletzten Staates vor Gericht gebracht werden[16]. Im Kommentar zu dieser Vorschrift stellen die Verfasser klar, daß es zwar allgemein anerkannt werde, daß die Folge einer völkerrechtswidrigen Entführung die Freilassung des Opfers dieser Entführung sei, daß es aber nicht überall anerkannt sei, daß der Entführte erst nach einer Einverständniserklärung des verletzten Staates vor Gericht gestellt werden dürfe[17].

In einer eingehenden neueren Untersuchung: „Jurisdiction in seizures effected in violation of international law" sprach sich *F. Morgenstern* für das Fehlen staatlicher Gerichtsbarkeit über einen völkerrechtswidrig Entführten aus[18]. Morgenstern geht davon aus, daß heute in den meisten Staaten die Regeln des Völkerrechts infolge einer generellen „adoption" oder „incorporation" als Bestandteil des innerstaatlichen Rechts unmittelbar anzuwenden sind. Daraus ergebe sich für die Gerichte die Notwendigkeit, Gerichtsbarkeit über Personen abzulehnen, die nur infolge einer Völkerrechtsverletzung in den staatlichen Hoheitsbereich gekommen sind. Wenn ein Gericht unter den genannten Umständen dennoch seine Gerichtsbarkeit bejahen würde, würde es — so argumentiert Morgenstern — jene Norm des Völkerrechts mißachten, die derartige rechtswidrige Festnahmen verbietet[19]. Den Grund für die Ablehnung der Gerichtsbarkeit über einen völkerrechtswidrig Entführten sieht Morgenstern letztlich in dem Grundsatz „ex iniuria ius non oritur"[20]. Um die Geltung dieses Grundsatzes im positiven Völkerrecht für den hier einschlägigen Sachverhalt nachzuweisen, untersucht Morgenstern drei

---

[16] Art. 16. „Apprehension in violation of international law. In exercising jurisdiction under this Convention, no State shall prosecute or punish any person who has been brought within its territory or a place subject to its authority by recourse to measure in violation of international law or international convention without first obtaining the consent of the State or States whose rights have been violated by such measures."

Jurisdiction with respect to crime, Draft convention, with comment, prepared by the research in international law of the Harvard Law School, Supplement to 29 A. J., 1935, S. 439 f., Art. 16, S. 623 ff.

[17] Eine kritische Würdigung der angeführten Ansichten und des genannten Art. 16 folgt in § 22.

[18] 29 B. Y., S. 265 ff. (1952).

[19] „It would seem to follow that municipal courts would decline to exercise jurisdiction over persons and things brought before them in violation of international law. For in exercising jurisdiction in such circumstances the court fails to give effect to the rule of international law prohibiting the seizure; it not only condones but gives effect to the violation of international law." a.a.O., S. 265.

[20] In declining jurisdiction which results directly from the original violation of international law, courts would merely uphold the maxim ex iniuria ius non oritur." a.a.O., S. 266.

Gruppen von verwandten völkerrechtswidrigen Handlungen: völkerrechtswidrige Entführungen von Personen aus dem Gebiet eines fremden Staates, völkerrechtswidrige Beschlagnahme von Schiffen innerhalb der Küstengewässer eines fremden Staates und schließlich Beschlagnahme eines Schiffes auf hoher See durch einen anderen Staat, als den Flaggenstaat. Die gründliche Untersuchung der Praxis nationaler Gerichte führt zu folgendem Ergebnis: hinsichtlich der ersten Alternative haben die Gerichte zahlreicher Staaten in Anwendung des Grundsatzes „ex iniuria ius non oritur" es abgelehnt, Gerichtsbarkeit über Personen anzunehmen, die allein infolge einer Völkerrechtsverletzung vor das erkennende Gericht gekommen waren[21]; was die zweite Gruppe betrifft, so haben kontinentale Prisengerichte in aller Regel Schiffe freigelassen, die unter Verletzung der allgemeinen Regeln des Völkergewohnheitsrechtes im Küstenmeer eines fremden Staates aufgegriffen worden waren, während britische Prisengerichte Gerichtsbarkeit nur dann ablehnten, wenn von dem verletzten Staat Freigabe des Schiffes gefordert worden war[22]; auch für den letzten Fall kommt Morgenstern zu dem Ergebnis, daß die Beispiele die Geltung des eingangs aufgestellten Grundsatzes bestätigen[23].

Die gleiche Ansicht unterstützte *Garcia-Mora* in seiner bedeutsamen Arbeit „International Law and Asylum as a Human Right"[24]. Er untersucht verschiedene Entscheidungen amerikanischer Gerichte, in denen ausgesprochen wurde, daß die Art und Weise, wie ein flüchtiger Verbrecher vor die Schranken des Gerichts gekommen sei, das Verfahren in keiner Weise berühre und bezeichnet diese Auffassung als klare Verletzung des geltenden Völkerrechts. Dies begründet er gleichfalls damit, daß alle Staaten — einschließlich der Vereinigten Staaten — im Falle einer völkerrechtswidrigen Entführung die Rückgabe des Entführten forderten. Aus dieser Restitutionspflicht ergebe sich aber nach den allgemeinen Grundsätzen des Wiedergutmachungsrechts gleichzeitig die Pflicht, solche Personen nicht vor Gericht zu stellen und abzuurteilen. Hinsichtlich der Rechtsposition des Entführten selbst erkennt *Garcia-Mora* an, daß nach den allgemeinen Regeln des Völkergewohnheitsrechts der in fremdes Territorium flüchtende Verbrecher kein eigenes Recht erwirbt, im Staate seiner Zuflucht Asyl zu erhalten; daher könne er

---

[21] a.a.O., S. 279, vgl. auch 26 Br. Y., S. 332 (1949).

[22] a.a.O., S. 280.

[23] a.a.O., S. 280; vgl. S. 281: „The principle that rights shall not be acquired as a result of an illegality would seem to embody a requirement of justice of overriding importance.
... it is the duty of court to administer the law with an eye not only to the merits of each individual case but also to higher considerations of legality."

[24] Vgl. a.a.O., S. 136 ff.; seine Auffassung verteidigt er auch in 32 Indiana Law Journal, S. 427 ff. (1957).

nicht auf Grund eines subjektiven Asylrechts seine Freilassung von den Gerichten des Entführerstaates fordern. Andererseits könne — so folgert *Garcia-Mora* — die Völkerrechtsverletzung nicht ganz ohne Einfluß auf das an die Entführung anknüpfende Strafverfahren bleiben; dem Entführten müsse ein Recht zugebilligt werden, seine Freilassung zu verlangen. Dieses Recht ergebe sich aus dem für alle Staaten geltenden Verbot, in fremdem Territorium hoheitlich tätig zu werden[25]. Die zwangsläufige Rechtsfolge der Völkerrechtsverletzung müsse daher die sein, daß das Verfahren gegen den Entführten von Anfang an null und nichtig sei und keinerlei Rechtswirkungen entfalten könne[26]. An anderer Stelle sieht er den Grund dafür auch in der fundamentalen Norm jeden Rechts „ex iniuria ius non oritur“[27].

Nachdem die Entführungen von *Eichmann* und *Argoud* die Frage der Gerichtsbarkeit über das Opfer einer völkerrechtswidrigen Entführung wieder aktuell werden ließ, haben eine Reihe von Verfassern zur Lösung des Problems auf den Grundsatz „ex iniuria ius non oritur“ verwiesen[28].

Während die oben genannten Autoren im Ergebnis einem Staat, der eine Person völkerrechtswidrig entführte, das Recht absprechen, den völkerrechtswidrig Entführten vor seine Gerichte zu stellen, sind zahlreiche Autoren der gegenteiligen Ansicht. Als deren Hauptvertreter werden *Moore, Hackworth* und *Hyde* angegeben[29]. *Moore* stellt fest, daß dem völkerrechtswidrig Entführten kein Recht zukomme, die Völkerrechtswidrigkeit der Festnahme geltend zu machen[30]. Das ergebe sich

---

[25] „It can be convincingly argued that accused should at least have a right to be released in the prosecuting state simply because his arrest was procured in violation of the sovereignty of the state of refuge and, thus, of international law. This is so because the law of nations expressly prohibits the exercise by a state of its powers within the jurisdiction of a foreign state, unless such right granted by a state.“ International Law and Asylum as Human Right, S. 138/39.

[26] ebendort.

[27] 32 Indiana Law Journal, S. 437, 446/7 (1957).

[28] Vgl. R. K. *Woetzel*, The Nuremberg Trials, S. 251, der auf ein in der amerikanischen Rechtsprechung geltendes Prinzip unter der Bezeichnung „fruit of the poisonous tree doctrine“ verweist; ebenso *de Schutter*, 1 Rev. Belge, S. 122/3 (1965). In diesem Sinne muß auch die Anmerkung von A. Ch. *Kiss* zur Entscheidung der Cour de Cassation verstanden werden: „La violation du droit est là et il est curieux de vouloir prétendre fonder une situation de droit sur l'infraction à une règle“ (11 Annuaire français de droit international, S. 937/38 (1965)).

[29] Zitiert bei *de Schutter*, a.a.O., S. 110.

[30] „But where a fugitive is brought back by kidnapping, or by other irregular means, and not under an extradition treaty, he cannot, although an extradition treaty exists between the two countries, set up in answer to the indictment the unlawful manner in which he was brought within the jurisdiction of the court.“ *Moore*, Digest, IV, S. 311.

aus der Tatsache, daß es allein der Regierung des Staates, aus dessen Gebiet eine Person entführt wurde, zustehe, Protest zu erheben und die Verletzung von völkerrechtlichen Rechten geltend zu machen. Im übrigen stützt sich Moore vor allem auf die Entscheidung des amerikanischen Supreme Court in *Ker v. Illinois*. Mittelbar beantwortet er damit auch die Frage der Gerichtsbarkeit[31]. Auch soweit *Hyde* sich mit völkerrechtlichen Festnahmen und Entführungen befaßt, beantwortet er die Frage der Gerichtsbarkeit nur mittelbar, indem er feststellt, daß Rechte aus der völkerrechtswidrigen Handlung nur dem verletzten Staat, nicht aber dem Entführten zustehen[32]. Weitere Autoren bejahen die staatliche Gerichtsbarkeit über völkerrechtswidrig Entführte, indem sie die stereotype Formel amerikanischer Gerichte wiederholen und hinzufügen, dies entspreche geltendem Völkerrecht[33].

Der Überblick über die im Schrifttum vertretenen Ansichten zeigt, daß die Frage der Gerichtsbarkeit über völkerrechtswidrig entführte Personen nicht einheitlich beantwortet wird. Eine kritische Würdigung der dargestellten Meinungen soll im Anschluß an die nachfolgende Untersuchung der Praxis nationaler Gerichte erfolgen.

§ 21. Die Praxis nationaler Gerichte

Allgemeines

Es wurde bereits festgestellt, daß der Grundsatz „ex iniuria ius non oritur“ in einer alle völkerrechtswidrigen Tatbestände erfassenden Weise nicht Bestandteil des geltenden Völkerrechts ist. Die Frage der Gerichtsbarkeit über einen völkerrechtswidrig Entführten läßt sich also mit einem bloßen Hinweis auf diesen Grundsatz nicht beantworten[1]. Fraglich ist es, ob sich hinsichtlich der Aburteilbarkeit eines völkerrechtswidrig Entführten ein allgemeiner Rechtsgrundsatz im Sinne des Art. 38 des Statuts des Internationalen Gerichtshofs gebildet hat. Daher soll anschließend die einschlägige Praxis nationaler Gerichte untersucht werden. Eine ausführliche Untersuchung der Praxis nationaler Gerichte ist auch deshalb unumgänglich, weil die beiden jüngsten Entscheidungen im *Argoud*- und *Eichmann-Fall* das Vorliegen der Gerichtsbarkeit damit bejahten, daß sie sich auf die Gerichtspraxis — insbesondere im angloamerikanischen Rechtsbereich — beriefen. Schließlich ist eine solche Darstellung deshalb geboten, weil eine Reihe von Autoren unter Beru-

---

[31] *Moore*, Digest, IV, S. 311.

[32] *Hyde*, Int. Law, II, S. 1031.

[33] So z. B. *Rogat*, The Eichmann Trial and the Rule of Law, S. 24.

[1] Vgl. § 19.

fung auf die Entscheidungen nationaler Gerichte die Frage der Gerichtsbarkeit über völkerrechtswidrig Entführte lösen zu können glaubt. Auf die Frage, inwieweit die getroffenen Entscheidungen im Einklang mit der Verfassung und den Grundsätzen der jeweiligen nationalen Rechtsordnung stehen, kann jedoch in diesem Zusammenhang nicht eingegangen werden[1].

I. Die britische Rechtsprechung

1. *Darstellung der Entscheidungen*

Die erste bedeutsame Entscheidung, in der die Wirkung einer rechtswidrigen Festnahme im Ausland auf die Gerichtsbarkeit britischer Gerichte geprüft werden mußte, wurde in der Sache *Ex parte Scott* getroffen[2]. Diese Entscheidung wird in allen nachfolgenden britischen Verfahren gegen entführte Verbrecher herangezogen und hat auch die Rechtsprechung amerikanischer Gerichte sichtbar beeinflußt. *Susannah Scott,* gegen die ein Haftbefehl wegen Meineids vorlag, wurde im Jahre 1829 von dem britischen Polizeibeamten Ruthven — der schon des öfteren mit solchen besonderen Auslandsmissionen betraut worden war — auf belgischem Territorium festgenommen und nach England gebracht, nachdem sich Scott an den britischen Botschafter in Belgien gewandt und dieser sich geweigert hatte, in der Angelegenheit tätig zu werden. Aus dem vorliegenden Sachverhalt ist nicht zu entnehmen, ob belgische Behörden in die Festnahme eingewilligt haben oder nicht[3]. Ein Protest der belgischen Behörden ist jedenfalls nicht ersichtlich. Vor dem erkennenden Gericht berief sich Scott auf die Rechtswidrigkeit der Festnahme, konnte damit aber ihre Freilassung nicht erreichen. Lord Tenterten, Chief Justice, bejahte die Gerichtsbarkeit mit der Begründung, daß es nicht Sache des Gerichts sei, Verletzungen der Rechtsordnung fremder Staaten zu untersuchen[4]. Wie sich aus den Entscheidungsgründen und besonders aus der Verweisung auf die beiden Entscheidungen in der Sache *Rex v. Marks* und *Ex parte Krans* ergibt — hier ging es jeweils

---

[1] Hinsichtlich des amerikanischen Rechts findet sich eine gründliche Untersuchung bei A. W. *Scott,* 37 Minnesota Law Review, S. 91 ff. (1952/53).

[2] *Ex parte Susannah Scott,* Entscheidung vom 19. Mai 1829, 109 E. R. 166.

[3] Vgl. *O'Higgins,* 36 Br. Y., S. 282 (1960) und *Morgenstern,* 29 Br. Y., S. 273, Anm. 2 (1952).

[4] „The question, therefore, is this, whether if a person charged with crime is found in this country, it is the duty of the Court to take care that such a party shall be amenable to justice, or whether we are to consider the circumstances under which she was brought here. I thought, and still continue to think, that we cannot inquire into them. If the act complained of were done against the law of a foreign country, that country might have vindicated its own law. If it gave her a right of action, she may sue upon it.“ Vgl. 109 E. R. 167.

nur um die Frage der Wirkung einer Verletzung innerstaatlicher Rechtsvorschriften auf die Gerichtsbarkeit des erkennenden Gerichts — hat Lord Tenterden die Rechtswidrigkeit lediglich unter dem Gesichtspunkt des innerstaatlichen Rechts, sei es des belgischen oder des britischen, betrachtet[5]. Die Frage, ob einer Verletzung von völkerrechtlichen Normen die gleiche Rechtswirkung wie einer Verletzung von innerstaatlichem Recht zuzuerkennen ist oder nicht, wurde vom Gericht nicht erörtert[6]. Die Entscheidung ist daher für die strittige Frage, ob einem Staat Gerichtsbarkeit über einen völkerrechtswidrig Entführten zusteht, von keinerlei Bedeutung; einmal deshalb, weil es ungeklärt ist, ob im konkreten Fall eine völkerrechtswidrige Entführung angenommen werden darf, zum anderen deshalb, weil das Problem der Wirkung eines völkerrechtswidrigen, dem Staat zuzurechnenden Verhaltens auf die Gerichtsbarkeit überhaupt nicht angeschnitten wurde. Von Bedeutung ist die Entscheidung lediglich insofern, als sie feststellt, daß die Verletzung innerstaatlicher Vorschriften einer Aburteilung nicht entgegensteht. Sie lehnt es für den Bereich innerstaatlicher Rechtsverletzungen ab, den Grundsatz ex iniuria ius non oritur anzuwenden.

Die Wirkung einer rechtswidrigen Festnahme wurde wieder erörtert in *Rex v. Sattler*[7]. Sattler, der in England ein Verbrechen begangen hatte und nach Hamburg geflohen war, wurde dort mit Hilfe der Hamburger Polizei von einem Detektiv festgenommen, der keinen Haftbefehl hatte; außerdem bestand zwischen Hamburg und dem Vereinigten Königreich zum damaligen Zeitpunkt kein Auslieferungsvertrag[8]. Der Fall erhielt eine besondere Problematik dadurch, daß Sattler auf der Rückreise nach England seinen Bewacher erschoß. Auch in diesem Fall lag die Rechtswidrigkeit allenfalls darin, daß der Detektiv entgegen britischem Recht eine Festnahme ohne zugrunde liegenden Haftbefehl vorgenommen hatte[9]. Das Gericht prüfte die einschlägigen Fragen lediglich unter dem Gesichtspunkt der Verletzung von britischem Recht oder den Gesetzen Hamburgs[10]. Die Staatsanwaltschaft hatte bei der Beurteilung der Festnahme darauf hingewiesen, daß eine eventuelle Rechtsverletzung nicht gegen den Angeklagten, sondern nur gegen das Land gerichtet sein könnte, von dessen Gebiet der Angeklagte weggeführt wurde[11]. Da die Kooperation der Hamburger Polizei dafür spricht, daß es sich um keine

---

[5] Vgl. *O'Higgins*, a.a.O., S. 282, *Morgenstern*, a.a.O., S. 273.

[6] Ebenso *de Schutter*, 1 Rev. Belge, S. 115/16 (1965).

[7] Rex *v. Sattler*, 169 E. R., 1111 (1858).

[8] *O'Higgins*, a.a.O., S. 284.

[9] Vgl. *O'Higgins*, a.a.O., S. 284.

[10] Vgl. 169 E. R. 1113.

[11] a.a.O.

völkerrechtswidrige Festnahme und Entführung handelte[12], kann die Entscheidung — wie *Ex parte Scott* — nicht zur Klärung der hier gestellten Frage dienen.

In *R. v. Nelson* und *Brand* hatte das Gericht wiederum lediglich über die Wirkung einer nach innerstaatlichem Recht rechtswidrigen Festnahme zu entscheiden[13]. In seiner Urteilsbegründung ging Lord Cockburn, Chief Justice, allerdings auf den Fall einer eindeutigen völkerrechtswidrigen Entführung ein und bejahte auch unter diesen Voraussetzungen — ohne jedoch weiter auf die völkerrechtliche Problematik einzugehen — die Gerichtsbarkeit. Wegen der besonders eigenwilligen, unmißverständlichen Formulierungen verdient die Entscheidung, die sich auch im *Eichmann-Urteil* zitiert findet, angeführt zu werden[14].

Zu erwähnen ist auch die Entscheidung *R. v. Walton*. Hier war der Angeklagte, der in Kanada eine Straftat begangen hatte, auf dem Gebiet der Vereinigten Staaten festgenommen und dort einem kanadischen Polizisten übergeben worden, der ihn, ohne die Vorschriften des Auslieferungsvertrages zu beachten, nach Kanada wegführte. Der Einwand des Angeklagten, infolge der rechtswidrigen Festnahme und Entführung aus amerikanischem Territorium stehe dem Gericht keine Gerichtsbarkeit zu, wurde zurückgewiesen. Das Gericht verwies auf *Ex parte Scott* und verwandte die heute in allen Entführungsfällen im anglo-amerikanischen Rechtsbereich gängigen Wendungen: „If he (erg. Angeklagter) is found in this country charged with an offence against its laws it is the duty of our courts to take care that he sould be amenable to justice" und „There were no extradition proceedings and we cannot inquire into the circumstances under which he was brought into this country[15]." Der Sachverhalt spricht auch in diesem Fall dafür, daß es sich um keine völkerrechtswidrige Entführung handeln kann.

---

[12] Ebenso *O'Higgins*, a.a.O.; vgl. auch § 4, 7b.

[13] Zit. bei *O'Higgins*, a.a.O., S. 285.

[14] „Suppose a man to commit a crime in this country ... and that before he can be apprehended he escapes into some country with which we have not got an extradition treaty, so that we could not get him delivered up to us by the authorities, and suppose that an English police officer were to pursue the malfactor, and finding him in some place where he could lay his hands upon him, and from which he could easily reach the sea, got him on board a ship and brought him before a magistrate, the magistrate could not refuse to commit him. If he were brought here for trial, it would not be a plead to the jurisdiction of the Court that he had escaped from justice, and that by some illegal means he had been brought back. It would be said, ‚Nay, you are charged with having committed a crime, and you must stand your trial. We leave it to you to settle with the party who may have done an illegal act in bringing you into this position; settle that which him." Zit. bei *O'Higgins*, a.a.O., S. 285.
Es ist verständlich, doch nicht gerechtfertigt, daß das Bezirksgericht Jerusalem im *Eichmann-Fall* diese Entscheidung heranzog (Strafakt 40/61, Nr. 41).

[15] Zit. bei *O'Higgins*, a.a.O., S. 285/86.

Eine bedeutsame neuere englische Entscheidung erging in der Sache *R. v .Officer Commanding Depot Battalion R. A. S. C. Colchester, Ex parte Elliott*[16]. Elliott, der aus der britischen Armee desertiert war, wurde 1949 von britischer Militärpolizei in Anwesenheit belgischer Polizisten in Belgien verhaftet, nach England gebracht und dort vor ein Gericht gestellt. Vor Gericht machte Elliott geltend, seine Festnahme sei rechtswidrig, da britische Behörden keine Zuständigkeit gehabt hätten, ihn auf belgischem Territorium festzunehmen; daher stehe dem Gericht auch keine Gerichtsbarkeit zu. Unter Berufung auf *Ex parte Scott* und die zuvor genannten Fälle lehnte das Gericht den Einwand gegen die Gerichtsbarkeit ab, indem es die dort gebrauchten Wendungen wiederholte; eine besondere Begründung findet sich im Urteil nicht[17]. Die Tatsache, daß zwei belgische Polizisten bei der Festnahme — wenn auch nur passiv — beteiligt waren, schließt auch hier eine völkerrechtswidrige Entführung aus[18]. Das mag auch der Grund gewesen sein, warum belgische Behörden gegen die Festnahme keinen Protest erhoben[19].

Von besonderem Interesse ist die Entscheidung eines englischen Gerichts in der Sache *R. v. Garrett*[20]. Hier handelte es sich um vier russische Staatsangehörige, die unter der Anklage standen, vor dem russischen Konsul in London falsche Angaben gemacht zu haben, um ihre Pässe zu erhalten. Die vier Russen waren mit ihren Pässen, die sie erhalten hatten, um zur Ableistung ihres Militärdienstes nach Rußland zurückzukehren, nach Norwegen gegangen und hatten sich auf einem dänischen Schiff nach den Vereinigten Staaten eingeschifft. Während sie sich bereits auf hoher See befanden, wurde ihr Schiff von der britischen Royal Navy aufgebracht und in einen britischen Hafen gebracht, um dort nach Konterbande durchsucht zu werden. Auf Grund eines besonderen Übereinkommens mit Dänemark waren die britischen Behörden zu diesem Vorgehen berechtigt. Während sich das Schiff im Hafen befand, wurden die vier Russen von der Polizei festgenommen. Weder Dänemark noch Rußland hatte gegen diese britische Maßnahme protestiert[21]. Vor Gericht brachten die Russen vor, sie seien entgegen den Regeln des allgemeinen Völkergewohnheitsrechts auf hoher See festgenommen und auf Grund dieses rechtswidrigen Verhaltens nach England gebracht worden. Demgegenüber war das Gericht der Ansicht, die Angeklagten seien ohne Verletzung völkervertraglicher oder gewohnheitsrechtlicher Regeln zu Recht in einem britischen Hafen festgenommen worden; es lehnte daher

---

[16] 1 All E. R. 373 (1949).
[17] a.a.O., S. 376.
[18] Ebenso *de Schutter*, 1 Rev. Belge, S. 115 (1965), *Ronzitti*, 48 Rivista, S. 72 (1965).
[19] Vgl. *de Schutter*, a.a.O.
[20] R. *v. Garrett*, 86 L. J. (K. B.) 894 (1917).
[21] a.a.O., S. 898.

den Antrag der Angeklagten auf Freilassung ab. Zutreffend stellte Lord Coleridge fest, daß im vorliegenden Fall das Recht keines fremden Staates verletzt wurde und daher der Grundsatz *Ex parte Scott* anzuwenden sei[22]. Bemerkenswert an dieser Entscheidung sind jedoch die Ausführungen von Lord Reading, der in den Urteilsgründen auf die Frage einging, was zu geschehen hätte, wenn die Angeklagten tatsächlich unter Verletzung völkerrechtlicher Normen festgenommen und vor Gericht gebracht worden wären. Dabei räumte er ein, daß in einem solchen Fall eine andere Beurteilung geboten sein könne[23]; außerdem deutete er an, daß bei dieser Sachlage die völkerrechtswidrige festgenommene Person unter Umständen ein Recht habe, dieses Unrecht selbst geltend zu machen[24]. Die vorliegende Entscheidung ist die einzige, in der ein englisches Gericht im Zusammenhang mit rechtswidrigen Entführungen und Festnahmen eine Unterscheidung zwischen Völkerrechtsverletzungen und Verstößen gegen nationales Recht vornahm und zumindest die Möglichkeit andeutete, daß eine Völkerrechtsverletzung von einem englischen Gericht anders zu beurteilen sei, als eine Verletzung nur nationalen Rechts. Es findet sich hier der einzige Anhaltspunkt dafür, daß ein britisches Gericht es ablehnen könnte, Gerichtsbarkeit über einen völkerrechtswidrig Entführten abzulehnen[25]. Allerdings darf die Feststellung des Gerichts nicht überbewertet werden, da es im vorliegenden Fall eine Völkerrechtsverletzung verneinte und die angeführten Stellen mehr oder weniger als obiter dictum zu werten sind[26].

2. *Ergebnis*

O'Higgins, der sich bisher am eingehendsten mit der einschlägigen britischen Gerichtspraxis beschäftigte, kommt am Ende seiner Untersuchung zu dem Ergebnis, daß ein britisches Gericht vermutlich Gerichtsbarkeit über einen Verbrecher bejahen würde, der nur infolge einer Völkerrechtsverletzung vor seine Schranken gekommen wäre; allerdings fügt er hinzu, daß keine britische Präzedenzentscheidung vorhanden ist, die zur Annahme dieser Meinung verpflichten würde[27]. Dem ist in vollem Umfang zuzustimmen. Zwar haben britische Gerichte in

[22] a.a.O.; es scheint sicher, daß Lord Coleridge annahm, im Fall Ex parte Scott habe keine Völkerrechtsverletzung vorgelegen (ebenso *O'Higgins*, a.a.O., S. 288).
[23] a.a.O., S. 898.
[24] „I do not for a moment say that no individual could ever raise such a question, and that it could only be raised through diplomatic channels or by complaints on behalf of either of the other states."
[25] Ebenso *O'Higgins*, a.a.O., S. 288.
[26] Die Entscheidung wird von *de Schutter*, 1 Rev. Belge, S. 120 wohl etwas überbewertet.
[27] *O'Higgins*, a.a.O., S. 319.

erstaunlich weitreichenden Formulierungen Gerichtsbarkeit über rechtswidrig festgenommene und entführte Personen bejaht, so daß dadurch der Anschein erweckt wird, die Frage der Gerichtsbarkeit über völkerrechtswidrig entführte Personen sei bereits durch zahlreiche Präzedenzentscheidungen eindeutig geregelt. Bei näherer Betrachtung zeigt sich jedoch, daß bisher kein Gericht über einen Angeklagten zu befinden hatte, der unter Verletzung von Normen des Völkervertrags- oder Gewohnheitsrechts entführt worden war.

II. Die amerikanische Rechtsprechung

1. Darstellung der Entscheidungen

Amerikanische Gerichte mußten sich in einer Vielzahl von Fällen mit der Frage befassen, ob über Personen, die auf mehr oder weniger illegale Weise vor Gericht gebracht worden waren, Gerichtsbarkeit bestand[28]. Die eindrucksvolle Vielzahl der Entscheidungen und die beständig gleichbleibende Wendung, mit der Gerichtsbarkeit bejaht wurde, hat die Gerichte anderer Staaten verständlicherweise beeinflußt. In der *Eichmann-Entscheidung* hat sich das Bezirksgericht Jerusalem ausdrücklich auf die amerikanische Gerichtspraxis berufen[29]. Auch im *Argoud-Fall* nahm die Cour de Sûreté auf die amerikanische Gerichtspraxis Bezug, ohne diese allerdings in irgend einer Weise näher zu untersuchen[30].

a) Entscheidungen, in denen die Gerichtsbarkeit bejaht wurde

Die älteste amerikanische Entscheidung, die sich mit der Frage der Gerichtsbarkeit befaßt, hatte über ein Schiff zu befinden, das völkerrechtswidrig innerhalb fremder Hoheitsgewässer ergriffen und in amerikanisches Gebiet verbracht worden war. *Chief Justice Marshall* begründete das Vorliegen der Gerichtsbarkeit in eindeutiger Weise und setzte damit für die nachfolgende Rechtsprechung, auch im Hinblick auf rechtswidrig Entführte, genaue Akzente: „If a merchant vessel of the United States be seized by the naval force of the United States within the territorial jurisdiction of a foreign friendly power it is an offense against that power which must be adjudicated between the two governments. This court can take no cognizance of it. *The law does not connect that trespass ... so as to annul the proceedings of that court*[31]."

---

[28] Vgl. die umfassende Zusammenstellung in 165 A. L. R., S. 947 f.
[29] Bezirksgericht Jerusalem, Strafakt 40/61, Nr. 41 ff.
[30] Vgl. *Cocatre - Zilgien*, L'Affaire Argoud, S. 67.
[31] *The Ship Richmond v. The United States*, 9 Cranch 102 ff. (1815); ähnlich auch *The Merino*, 9 Wheaton, 390 ff. (1824).

Von den frühen amerikanischen Entscheidungen, die über rechtswidrig Entführte urteilen mußten, ist *State v. Brewster* zu erwähnen[32]. Brewster war von einem unteren Gericht wegen Diebstahl und Einbruchdiebstahl angeklagt und machte geltend, daß er gegen seinen Willen von Bürgern des Staates Vermont aus Kanada entführt worden sei. Die Entscheidung des Obersten Gerichts des Bundesstaates Vermont, dem die Sache schließlich vorgelegt wurde, ist deshalb von besonderer Bedeutung, weil hier bereits die Formulierungen auftauchen, die nachfolgend vom amerikanischen Supreme Court aufgenommen und danach von anderen amerikanischen Gerichten bis heute wiederholt werden sollten[33]. Da die Entführung durch Privatpersonen ausgeführt worden war, die weder im Auftrag noch mit Wissen amerikanischer staatlicher Stellen handelten[34], kann weder eine Verletzung kanadischer Souveränitätsrechte noch eine völkerrechstwidrige Entführung vorliegen[35]. Soweit sich daher das Gericht mit der Verletzung kanadischer Souveränitätsechte und der Frage der sich daraus ergebenden Unrechtsfolgen beschäftigt, gehen diese Ausführungen fehl[36]. Eine Präzedenzentscheidung für den Fall einer völkerrechtswidrigen Entführung darf in *State v. Brewster* nicht gesehen werden.

Die noch heute für die verschiedensten Fallgruppen rechtswidriger Festnahmen und Entführungen maßgebliche Entscheidung traf der amerikanische Supreme Court im Jahre 1886 im Fall *Ker v. Illinois*[37]. Der amerikanische Staatsbürger Ker, gegen den in den Vereinigten Staaten ein Strafverfahren wegen Unterschlagung anhängig war, wurde in Peru von einem amerikanischen Detektiv ausfindig gemacht, der vom Außenministerium beauftragt war, die Auslieferung von Ker in die Wege zu leiten; zu diesem Zweck hatte er die erforderlichen Papiere

---

[32] Ausführlich bei *Moore*, Extradition, I, 294 ff.

[33] „Being retaken and brought in fact within our jurisdiction, it is not for us to inquire by what means, or in what precise manner he may have been brought within the reach of justice. It becomes then immaterial, whether the prisoner was brought out of Canada with the assent of the authorities of that country or not.“ Zit. bei *Moore*, a.a.O.

[34] Vgl. *Moore*, a.a.O.; im übrigen scheinen die kanadischen Behörden der Entführung zugestimmt zu haben, vgl. *Morgenstern*, 29 Br. Y., S. 268 (1952).

[35] Vgl. § 4, 3.

[36] „If there were anything improper in the transaction, it was not that the prisoner was entitled to protection, on his own account. The illegality, if any, consists in a violation of the sovereignty of an independent nation. If that nation complains, it is a matter which concerns the political relations of the two countries, and in that aspect, is a subject not within the constitutional powers of that court ...“; zit. bei *Moore*, a.a.O.

[37] *Ker v. Illinois*, 119 U. S. 436 ff. (1886); *Garcia - Mora* (32 Indiana Law Journal, S. 430 ff.) hat die Auswirkungen dieser Entscheidung eingehend untersucht und dabei festgestellt, daß sie heute auf Sachverhalte Anwendung findet, die erheblich außerhalb des in Ker v. Illinois festgestellten Sachverhalts liegen.

erhalten. Da zum Zeitpunkt des Vorfalls Peru von chilenischen Truppen unter General Lynch besetzt war und die peruanische Regierung sich irgendwo im Gebirge aufhielt, wandte sich der Detektiv an General Lynch, der ihm sogleich einen seiner Offiziere zur Verfügung stellte. Mit dessen Hilfe nahm der amerikanische Detektiv Ker gewaltsam fest, brachte ihn an Bord des amerikanischen Kriegsschiffes Essex, das gerade im Hafen von Callao vor Anker lag, und führte ihn in die Vereinigten Staaten zurück, wo Ker alsbald vor Gericht gestellt wurde[38]. Der Supreme Court, zu dem die Sache schließlich kam, hatte darüber zu entscheiden, ob der Angeklagte sich angesichts der Rechtswidrigkeit der Festnahme mit Recht gegen die Gerichtsbarkeit eines amerikanischen Gerichts wenden könne. Der Supreme Court, der den Einwand zurückwies, ging zunächst davon aus, daß dem Angeklagten aus dem zwischen den Vereinigten Staaten von Amerika und Peru geschlossenen Auslieferungsvertrag nicht dadurch ein subjektives Recht entstehen könne, daß er in Peru Zuflucht gesucht habe[39]. Sodann unterschied der Supreme Court den Fall Ker von dem am gleichen Tag entschiedenen Fall *United States v. Rauscher*[40]; hier hatte es das gleiche Gericht in Anwendung des Grundsatzes der Spezialität abgelehnt, Strafgerichtsbarkeit über eine Person anzunehmen, die wegen Delikten vor Gericht gestellt worden war, die nicht Gegenstand der Auslieferung an die Vereinigten Staaten gewesen waren[41]. Schließlich machte der Supreme Court darauf aufmerksam, daß sich sowohl die Regierung von Peru als auch Ker selbst gegen die rechtswidrige Entführung wenden könnten: Peru könne die Auslieferung des Entführers verlangen, da der Tatbestand der Entführung im Auslieferungsvertrag als eines der Delikte aufgeführt sei, zu dessen Strafverfolgung Auslieferung zu gewähren sei, Ker selbst aber könne gegen den Entführer ein Verfahren wegen Freiheitsberaubung einleiten[42]. Im übrigen berief sich das Gericht auf „authorities of highest respectability", darunter *Ex parte Scott, State v. Brewster* und *The Ship Richmond v. United States,* die im Falle einer solchen rechtswidrigen Entführung die Gerichtsbarkeit bejaht hätten[43]. Ohne auf die Frage näher einzugehen, ob angesichts der teilweisen militärischen Besetzung von Peru zum Zeitpunkt der Entführung von einer völkerrechtswidrigen

---

[38] Ker v. Illinois, a.a.O., S. 438/9; ausführlich bei Ch. *Fairman,* 47 A. J., S. 678—686 (1953).

[39] Ker v. Illinois, a.a.O., S. 442.

[40] *United States v. Rauscher,* 119 U. S., S. 407 (1886).

[41] Ker v. Illinois, a.a.O., S. 443.

[42] a.a.O., S. 444; das Gericht spricht im Zusammenhang mit dem Recht Perus, die Auslieferung des Entführers verlangen zu können, ausdrücklich nur von einem Fall der „unauthorized seizure within the territory ..." und mit Recht nicht von einer völkerrechtswidrigen Festnahme.

[43] a.a.O., S. 444; die genannten drei Entscheidungen wurden bereits besprochen.

Entführung noch gesprochen werden kann[44], ist jedenfalls festzuhalten, daß der Supreme Court davon ausging, daß es sich um die Handlung einer Privatperson, an der die Regierung der Vereinigten Staaten in keiner Weise Anteil hatte, gehandelt habe[45].

Als Präzedenzentscheidung kann *Ker v. Illinois* nur soweit von Bedeutung sein, als das erkennende Gericht hier über eine gegen innerstaatliche Normen verstoßende Entführung entschied. Das wurde jedoch von der amerikanischen Rechtsprechung in der Folgezeit nicht genügend berücksichtigt. Die Feststellung, daß die Gerichtsbarkeit nicht durch die Art und Weise beeinflußt wird, wie ein Angeklagter vor Gericht gebracht wird, wurde auf eine Reihe von Sachverhalten übertragen, die weit außerhalb des vom Supreme Court angenommenen Sachverhalts liegen[46].

Der Grundsatz aus *Ker v. Illinois* wurde zunächst auf eine Reihe von Fällen ausgedehnt, in denen es sich um Entführungen handelte, die sich innerhalb der Vereinigten Staaten selbst, zwischen den einzelnen Bundesstaaten, abgespielt hatten[47]. In der häufig zitierten Entscheidung *Mahon v. Justice,* in der es sich um eine Entführung zwischen Mitgliedstaaten der Union handelte, stellte der Supreme Court unter Berufung auf *Ker v. Illinois* in verallgemeinernder Form fest, daß die Gerichtsbarkeit eines Gerichts nicht durch die Art und Weise der Festnahme beeinträchtigt werde[48]. Bemerkenswert ist die Dissenting Opinion von den Richtern Bradley und Harlan, die den vorliegenden Sachverhalt von Ker v. Illinois deshalb unterscheiden wollten, weil in letzterem Fall der Staat, aus dessen Gebiet der Angeklagte entführt worden war, nämlich Peru, keinen Protest erhoben hatte, während hier der Bundesstaat, aus

---

[44] *Fairman,* a.a.O., S. 686, kommt auf Grund seiner Untersuchung zu der Feststellung: „There was no invasion of Peruvian sovereignty or other breach of international law"; damit dürfte Fairman wohl etwas zu weit gegangen sein, denn durch die militärischen Aktionen zwischen Peru und Chile wurde zumindest der zwischen Peru und den Vereinigten Staaten bestehende Auslieferungsvertrag nicht in seiner Wirksamkeit berührt (so richtig *Garcia - Mora,* 32 Indiana Law Journal, S. 430/31 Anm. 23); der Fall unterscheidet sich vom *Chandler-Fall* (vgl. § 2, III, 3), weil hier durch den Kriegszustand zwischen Deutschland und den Vereinigten Staaten auch der Auslieferungsvertrag in seiner Wirksamkeit aufgehoben worden war; vgl. auch *Ronzitti,* 48 Revista, S. 70 (1965).

[45] So *de Schutter,* 1 Rev. Belge, S. 114 (1965); dafür spricht auch, daß das Gericht nur von „unauthorized seizure" spricht und nicht von einer Völkerrechtsverletzung.

[46] Dazu *Garcia - Mora,* 32 Indiana Law Journal, S. 430 ff. (1957).

[47] Eine Zusammenfassung dieser Entscheidungen bei *Plumb,* Jr. 24 Cornell Law Quarterley, S. 340 Anm. 13 (1939).

[48] „The jurisdiction of the Court is not impaired by the manner in which the accused is brought before it." *Mahon v. Justice,* 127 U. S. 700 (1887), besonders S. 708.

dem Mahon entführt worden war, nicht nur protestiert, sondern selbst ein habeas corpus Verfahren eingeleitet hatte[49]. Ähnliche Entscheidungen ergingen in *Cook v. Hart*[50] und, neuerdings, in *Frisbie v. Collins*[51]. Daß diese Entscheidungen völlig zu Unrecht im Zusammenhang mit völkerrechtswidrigen Entführungen erwähnt werden, liegt auf der Hand[52].

Nach Ausscheiden dieser Gruppe sollen in chronologischer Reihenfolge die wesentlichsten Entscheidungen untersucht werden, die sich mit der Frage der Gerichtsbarkeit über rechtswidrig Entführte zu befassen hatten; dabei soll festgestellt werden, ob die häufig aufgestellte Behauptung zutrifft, amerikanische Gerichte würden in ständiger Rechtsprechung Gerichtsbarkeit über völkerrechtswidrig Entführte bejahen.

In *United States v. Unverzagt*[53] hatte das Bezirksgericht von Washington darüber zu entscheiden, ob der angeblich von amerikanischen Beamten aus Kanada entführte Unverzagt von einem Gericht der Vereinigten Staaten abgeurteilt werden könne. Das Gericht legte zunächst eingehend das Recht der völkerrechtlichen Unrechtsfolgen dar[54]. Im Anschluß daran stellte es fest, daß, sofern völkerrechtliche Ansprüche bestehen, diese im diplomatischen Wege geltend gemacht werden müßten[55]. Die Ausführungen des Gerichts hinsichtlich der völkerrechtlichen Wiedergutmachungsansprüche sind zweifellos richtig. Allerdings sieht das Gericht die Frage der Gerichtsbarkeit nur im Zusammenhang mit dem Restitutionsanspruch des verletzten Staates; auf die Frage, ob, unabhängig vom Restitutionsanspruch, die Völkerrechtswidrigkeit als solche Ein-

---

[49] a.a.O., S. 716/17.

[50] *Cook v. Hart*, 146 U. S. 183 (1892), besonders S. 183.

[51] *Frisbie v. Collins*, 342 U. S. 519 (1951): „This court has never departed from the rule announced in Ker v. Illinois that the power of a court to try a person for crime is not impaired by the fact that he had been brought within the court's jurisdiction by reason of forcible abduction."

[52] Das *Bezirksgericht Jerusalem*, Strafakt 40/61 erwähnt in dem Teil des Urteils, der sich mit der Frage der Gerichtsbarkeit beschäftigt, den Fall *Mahon v. Justice, Frisbie v. Collins* und weitere Entscheidungen, die sich lediglich mit Entführungen innerhalb der Vereinigten Staaten auseinandersetzen (a.a.O., Nr. 46).

[53] *United States v. Unverzagt*, 299 Fed. 1015 (1924) und Ann. Dig. 1919 bis 1924, Suppl, No. 53.

[54] „England or Canada, through its sovereignty, if unlawfully invaded, may demand reparation and surrender of the abducted party and also the parties committing the offence, and in case of refusal to comply with the demand might resort to reprisals or take any other measures it deems necessary as redress for the past and the security for the future." *United States v. Unverzagt*, 299 Fed. 1016.

[55] a.a.O., S. 1017 „... and if Canada or British Columbia desires to protest, the question undoubtedly is a political matter, which must be conducted through diplomatic channels."

fluß auf die Gerichtsbarkeit haben könnte — etwa im Sinne des Grundsatzes „ex iniuria ius non oritur" —, geht das Gericht nicht ein. Aus der Entscheidung ist nicht ersichtlich, ob es sich tatsächlich um eine völkerrechtswidrige Entführung gehandelt hat; jedenfalls scheint ein Protest gegen die Entführung nicht erhoben worden zu sein.

In *Ex parte Campbell* weist ein Bezirksgericht ebenfalls den Einwand eines aus Mexiko in die Vereinigten Staaten entführten mexikanischen Staatsangehörigen zurück[56]. Die Entscheidung ist jedoch deshalb nicht einschlägig, weil es sich um keine völkerrechtswidrige Entführung handelte. Campbell wurde gemeinschaftlich von mexikanischen und amerikanischen Beamten im Territorium von Mexiko festgenommen und auf amerikanisches Gebiet verschleppt[57].

Aus dem gleichen Grunde ist die auch im *Eichmann-Fall* erwähnte Entscheidung *Ex parte Lopez* nicht als Präzedenzfall für die Aburteilung eines völkerrechtswidrig Entführten zu werten; die Kooperation mexikanischer und amerikanischer Beamten schließt den Tatbestand einer völkerrechtswidrigen Entführung aus[58]. Die Entscheidung des Gerichts, das es ablehnte, dem Einwand der mangelnden Gerichtsbarkeit stattzugeben, kann daher nur insoweit Bedeutung erlangen, als damit erneut festgestellt wurde, daß Personen, die unter Verletzung innerstaatlicher Vorschriften entführt wurden, von amerikanischen Gerichten abgeurteilt werden.

Im *Samuel Insull-Fall* hatte sich Griechenland geweigert, den Angeklagten auf Ersuchen der Vereinigten Staaten im Rahmen des bestehenden Auslieferungsvertrages auszuliefern[59]. Nachdem die Vereinigten Staaten die Weigerung Griechenlands mit der Kündigung des Auslieferungsvertrages beantwortet hatten, war Insull dennoch in die Hände amerikanischer Behörden gelangt, so daß schließlich in *United States v. Insull* wiederum zur Frage der Wirkung einer rechtswidrigen Entführung Stellung zu nehmen war. Auch hier begnügte sich das Gericht damit, unter Berufung auf *Ex parte Scott* und *Ker v. Illinois* zu wiederholen, daß eine rechtswidrige Entführung auf die Frage der Gerichtsbarkeit keinen Einfluß haben könne[60]. Als einschlägig kann auch *United*

---

[56] *Ex parte Campbell,* 1 F. Supp. 899 (S. D. Texas, 1932).

[57] a.a.O.; vgl. dazu die Ausführungen über Zurechenbarkeit im Falle der Kooperation in § 4, 7.

[58] *Ex parte Lopez,* 6 F. Supp. 342 (S. D. Texas 1934); zum Sachverhalt vgl. § 10, 3. Das *Bezirksgericht Jerusalem* erwähnte den Fall ausdrücklich (Strafakt 40/61, Nr. 47).

[59] Ausführlich zu diesem Zwischenfall *Hyde,* 28 A. J., S. 307—312 (1934) und *Briggs,* Law of Nations, S. 913/14.

[60] *United States v. Insull,* 8 F. Supp. 310 (1934); S. 311: „one charged with crime ... cannot escape prosecution under the indictment by showing some irregularity, or even an unlawful kidnapping, by officers of the government ...".

States v. Insull nicht angesehen werden, weil eine völkerrechtswidrige Entführung nicht vorlag. Der Sachverhalt ergibt, daß Insull an Bord eines griechischen Schiffes in türkischen Hoheitsgewässern, im Bosporus, von türkischer Polizei festgenommen wurde — angeblich auf Veranlassung amerikanischer Behörden. Nachdem er zunächst in ein Gefängnis in Istanbul eingeliefert worden war, wurde er einem Beamten der Vereinigten Staaten übergeben, der ihn amerikanischen Strafverfolgungsbehörden übergab[61].

In *Chandler v. United States* wurde der Grundsatz aus *Ker v. Illinois* neuerdings wieder bekräftigt[62]. Daß in diesem Fall eine völkerrechtswidrige Entführung nicht vorliegen kann, wurde bereits dargestellt[63]. Die Entscheidung kann daher ebenfalls nicht zur Begründung einer Regel hinsichtlich der Gerichtsbarkeit über völkerrechtswidrig Entführte herangezogen werden.

Letztmalig wurde die in *Ker v. Illinois* entwickelte Regel in *United States v. Sobell* bekräftigt[64]. Hier war der in die Rosenberg-Affaire verwickelte, für die sowjetische Spionage tätige Sobell, der sich nach der Verhaftung des Ehepaares Rosenberg rechtzeitig nach Mexiko abgesetzt hatte, von mexikanischer Geheimpolizei in Mexico City festgenommen worden; er wurde unter Mißachtung der üblichen Formalitäten nach Laredo, Texas, gebracht und dort amerikanischen Behörden übergeben. Sobell wandte sich gegen die amerikanische Gerichtsbarkeit und machte geltend, daß er durch mexikanische Polizei, die im Auftrag des FBI gehandelt habe, entführt worden und allein infolge einer Verletzung des zwischen Mexiko und den Vereinigten Staaten bestehenden Auslieferungsvertrages vor die amerikanischen Gerichte gekommen sei. Das Gericht sah keine Veranlassung, von dem in *Ker v. Illinois* niedergelegten Grundsatz abzuweichen[65]. Bemerkenswert ist jedoch folgende Feststellung des Gerichts: „The rule (of international law) is that seizure of a fugitive on foreign soil in *violation of international law* will not deprive the courts of the offending State of jurisdiction over the person of the fugitive when he is brought before them[66]." Die Feststellung des Gerichts, es habe sich im vorliegenden Fall um eine völkerrechtswidrige Festnahme und Entführung gehandelt ist deshalb unrichtig, weil die

---

[61] a.a.O., S. 311/12.

[62] *Chandler v. United States* 171 F. 2 d. 921 (1949); das Gericht prüfte die Festnahme in erster Linie unter dem Gesichtspunkt einer eventuellen Verletzung des Auslieferungsvertrages und kam zu Recht zum Ergebnis, daß eine solche ausscheiden mußte.

[63] Vgl. zum Sachverhalt § 2, III, 3.

[64] *United States v. Sobell*, 244 F. 2 d. 520 (1957).

[65] a.a.O., S. 525.

[66] a.a.O., S. 523.

Tatsache der Mitarbeit der mexikanischen Polizei es ausschließt, die Entführung als solche den Vereinigten Staaten zuzurechnen[67]. Deshalb hätte Mexiko auch kein Recht gehabt, von den Vereinigten Staaten die Rückgabe des Entführten zu fordern.

b) Entscheidungen, in denen die Gerichtsbarkeit verneint wurde

Den bisher erörterten Entscheidungen muß eine zweite Gruppe gegenübergestellt werden, wo es amerikanische Gerichte abgelehnt haben, Gerichtsbarkeit über Personen anzunehmen, die nur infolge einer Verletzung völkerrechtlicher Normen in das Hoheitsgebiet der Vereinigten Staaten verbracht worden waren. Diese Entscheidungen ergaben sich im Anschluß an die Prohibition-Gesetzgebung, die viele Personen dazu verleitete, über den Seeweg Alkohol in die Vereinigten Staaten zu schmuggeln. Zwar hatten die Vereinigten Staaten sich in einer Reihe von bilateralen Verträgen mit anderen Staaten das Recht einräumen lassen, deren Schiffe auch außerhalb der Dreimeilenzone, bis zu einer Entfernung von einer Stunde Fahrt vom amerikanischen Territorium, zu untersuchen und im Falle des Vorfindens von Schmuggelgut aufzubringen[68], doch wurde diese vertraglich festgesetzte Grenze häufig überschritten. Da in diesen Fällen regelmäßig der Kapitän des Schmuggelschiffes festgenommen und vor Gericht gestellt wurde, ergab sich die Frage, ob über die festgenommene Person Gerichtsbarkeit angenommen werden darf.

In *Ford v. United States* hatte sich der Supreme Court erstmals mit einem solchen Fall zu befassen[69]. Am 12. Oktober 1924 hatte Ford, der Kapitän des unter kanadischem Register segelnden Schiffes Quadra versucht, Whisky in die Vereinigten Staaten zu schmuggeln. Nachdem die Quadra etwa 5,7 Meilen vom nächsten amerikanischen Küstenstreifen entfernt von einem Schiff der Küstenwache entdeckt und durchsucht worden war, wurde sie, da Schmuggelgut festgestellt worden war, nach San Francisco geschleppt und dort sichergestellt; gegen Kapitän Ford wurde ein Verfahren eingeleitet. Der Supreme Court, der schließlich zu entscheiden hatte, unterschied den vorliegenden Fall von *Ker v. Illinois;*

---

[67] *Garcia - Mora,* 32 Indiana Law Journal, S. 433 Anm. 40 (1957) gibt eine etwas andere Darstellung des Sachverhalts: Danach soll Sobell noch auf mexikanischem Gebiet an Agenten des FBI übergeben worden sein und von diesen auf das Gebiet der Vereinigten Staaten gebracht worden sein. Dagegen scheinen die Gerichte angenommen zu haben, Sobell sei von mexikanischen Beamten in amerikanischem Gebiet übergeben worden (vgl. *United States v. Sobell,* a.a.O., S. 522). Im Ergebnis ist bei Zugrundelegung beider Versionen sicher, daß es sich um keine völkerrechtswidrige Entführung gehandelt hat.

[68] Vgl. dazu § 3, 10.

[69] *Ford v. United States* 273 U. S. 593 (1926).

während im Ker-Fall weder die Verfassung, noch Landesrecht, noch ein Vertrag der Vereinigten Staaten verletzt worden sei, sei hier ein Vertrag der Vereinigten Staaten verletzt worden und daher eine unterschiedliche Behandlung geboten. Der Supreme Court nahm in diesem Fall zwar grundsätzlich an, daß die völkerrechtswidrige Festnahme die Gerichtsbarkeit der Vereinigten Staaten in Frage stelle, ließ den Einwand aber dann nicht mehr zu, da der Angeklagte damit präkludiert sei[70].

In *United States v. Schouweiler* lehnte das erkennende Bezirksgericht die Gerichtsbarkeit ab[71]. Hier hatten die Angeklagten von Mexiko aus versucht mit der Hakadate, einem unter panamesischem Register segelnden Schiff, Alkohol in die Vereinigten Staaten zu schmuggeln. Sie wurden jedoch bereits 4,5 Meilen von der mexikanischen Küste und 66 Meilen vom nächsten Punkt der Vereinigten Staaten entfernt von einem Schiff der amerikanischen Küstenwache aufgebracht und in den amerikanischen Hafen von San Pedro abgeschleppt. Das Gericht stellte fest, daß die Aufbringung unter dem mit Panama geschlossenen Vertrag vom 19. Januar 1926 nicht zu rechtfertigen sei und führte zur Frage der Gerichtsbarkeit aus: „As jurisdiction cannot be justified, except by showing that acts of restraint committed by the government were within the extended privileges allowed by that treaty it follows necessarily that the plea to the jurisdiction must be held good[72]."

In noch unmißverständlicherer Weise bringt die Entscheidung in *United States v. Ferris* zum Ausdruck, daß aus einer völkerrechtswidrigen Festnahme Gerichtsbarkeit nicht hergeleitet werden könne[73]. In diesem Fall waren die Angeklagten, Ferris und andere Besatzungsmitglieder, mit ihrem ebenfalls unter dem Register von Panama segelnden Schiff sogar 270 Meilen von amerikanischem Territorium entfernt aufgebracht und in das Gebiet der Vereinigten Staaten geschleppt worden. Die nachfolgend zitierte Feststellung zur Frage der Wirkung einer solchen Völkerrechtsverletzung steht in merkwürdigem Gegensatz zu den im Anschluß an *Ker v. Illinois* gebrauchten Wendungen. In *United States v. Ferris* heißt es:

„As the instant seizure was outside the limit, it was sheer agression ... contrary to the treaty, not to be sanctioned by any court, and *cannot be the basis of any proceedings adverse to defendants*[74]." Auf das Vorbrin-

---

[70] a.a.O., S. 605. „... such a plea was not filed. The effect of the failure to file it was to waive the question of the jurisdiction."

[71] *United States v. Schouweiler* 19 F. 2 d. 387 (District Court, N. D. California, 1927); der Vorfall spielte sich am 26. Oktober 1926 ab.

[72] a.a.O., S. 388.

[73] *United States v. Ferris*, 19 F. 2 d. 925 (District Court, N. D. California, 1927).

[74] a.a.O., S. 926.

gen der Anklage, amerikanische Gerichte würden in ständiger Rechtsprechung nicht untersuchen, wie eine Person vor Gericht gekommen sei, führte das Gericht aus, daß sich der vorliegende Fall von allen im Anschluß an *Ker v. Illinois* gefällten Entscheidungen dadurch unterscheide, daß die Angeklagten Ferris u. a. infolge der Verletzung eines völkerrechtlichen Vertrages vor Gericht gekommen seien[75].

Schließlich hatte sich der amerikanische Supreme Court nochmals in *Cook v. United States* mit der Frage auseinanderzusetzen[76]. Allerdings handelte es sich hier nicht, wie in den vorangegangenen Fällen, um die Frage der Gerichtsbarkeit über den völkerrechtswidrig Festgenommenen und Entführten, sondern lediglich um die Frage der Gerichtsbarkeit über das aufgebrachte Schiff. Da die Frage in beiden Fällen prinzipiell gleich zu beantworten ist, darf diese bedeutsame Entscheidung nicht unerörtert bleiben. Am 1. November 1930 war das britische Motorschiff *Mazel Tov,* dessen maximale Geschwindigkeit 10 Meilen pro Stunde betrug, 11,5 Meilen vom nächsten Punkt des amerikanischen Territoriums entfernt aufgebracht und in den Hafen von Providence geschleppt worden, da sich Schmuggelgut an Bord befand. In dem mit Großbritannien geschlossenen Vertrag hatte Großbritannien der Ausdehnung der Hoheitsgewalt der Vereinigten Staaten auf britische Schiffe bis zu einer Entfernung zugestimmt, die ein Schiff in einer Stunde vom amerikanischen Territorium weg zurücklegen konnte. Wie die Ermittlungen ergaben, fehlte der amerikanischen Regierung die Zuständigkeit, an dem festgestellten Ort das britische Schiff aufzubringen. Aus der Unzuständigkeit zur Aufbringung folgerte der Supreme Court die Unzuständigkeit zu einem gerichtlichen Verfahren[77]. Außerdem unterschied der Supreme Court die vorliegende Entscheidung von dem zuvor erwähnten Fall *The Ship Richmond*[78], wo es um die Frage der Gerichtsbarkeit über ein völkerrechtswidrig in fremdem Hoheitsgebiet aufgebrachtes Schiff gegangen war und die Völkerrechtsverletzung als

---

[75] Das Gericht verwies hier auf die Entscheidung *United States v. Rauscher* (119 U. S., S. 407), wo der Supreme Court bestimmt hatte, daß über einen Ausgelieferten nur insoweit Gerichtsbarkeit anzunehmen sei, als die dem Ausgelieferten zur Last gelegten Delikte im Auslieferungsverfahren geltend gemacht worden seien; wenn schon über einen Angeklagten Gerichtsbarkeit abgelehnt werden müsse, der auf legale Weise vor Gericht gekommen sei, dessen Aburteilung aber der Auslieferungsvertrag verbiete, so müsse — folgert das Gericht — das erst recht gelten, wenn der Angeklagte nur infolge einer Vertragsverletzung vor Gericht gekommen sei (a.a.O., S. 926).

[76] *Cook v. United States,* 288 U. S., 102 (1933).

[77] „Lacking the power to seize, our government, lacked power, because of the Treaty, to subject the vessel to our laws. To hold that adjudication may follow a wrongful seizure would go far to nullify the purpose and effect of the Treaty." 288 U. S. (121).

[78] Vgl. zuvor Anm. 31.

unbeachtlich angesehen wurde. Der Grund liegt demnach darin, daß im Fall *Cook v. United States* Völkervertragsrecht verletzt wurde, während im Fall *The Ship Richmond* lediglich allgemeines Völkergewohnheitsrecht mißachtet wurde[79].

2. *Ergebnis*

Auch amerikanische Gerichte haben in einer Vielzahl von Entscheidungen derart allgemeine und weitreichende Formulierungen gebraucht, daß der Eindruck entstehen könnte, für die amerikanische Rechtsprechung sei die Frage der Gerichtsbarkeit über völkerrechtswidrig entführte Personen längst eindeutig und in positivem Sinn entschieden. Die genaue Untersuchung der einschlägigen Entscheidungen zeigt jedoch, daß — angefangen von der berühmten „Präzedenzentscheidung" *Ker v. Illinois* bis zu *Chandler v. United States* und *United States v. Sobell* — die jeweils ermittelten Sachverhalte nicht als völkerrechtswidrige Entführungen im Sinne des allgemeinen Völkergewohnheitsrechts qualifiziert werden können. Lediglich im Fall *United States v. Unverzagt* liegt die Annahme einer völkerrechtswidrigen Entführung nahe. Doch ist auch hier der Sachverhalt nicht hinreichend geklärt; das mag auch der Grund dafür gewesen sein, daß Kanada von einem Protest und der Forderung, den Entführten zurückzuerhalten, absah[80]. Wie *O'Higgins* für die britischen Gerichte feststellte[81], so besteht auch hier die Vermutung, daß amerikanische Gerichte in entsprechender Anwendung der in *The Ship Richmond* niedergelegten Regel[82] Gerichtsbarkeit über einen Verbrecher auch dann bejahen würden, wenn dieser nur infolge einer Verletzung des allgemeinen Völkergewohnheitsrechts in die Hoheitsgewalt amerikanischer Behörden gelangt wäre. Bislang besteht jedoch keine echte Präzedenzentscheidung. Die in zahlreichen Entscheidungen enthaltene Wendung, einem amerikanischen Gericht stehe auch über einen völkerrechtswidrig Entführten Gerichtsbarkeit zu, verliert deshalb an rechtlicher Bedeutung, weil es sich bei den zu Grunde liegenden Sachverhalten nicht um völkerrechtswidrige Entführungen handelte. Außerdem stehen dagegen jene Entscheidungen, wie *Ford v. United States, Cook v. United States* u. a., in denen zutreffend völkerrechtswidrige — allerdings völkervertragswidrige — Festnahmen und Entführungen

---

[79] „... the seizures did not violate any treaty, but were *merely violations of the law of nations,* because made within the territory of another sovereign" (288 U. S. S. 122; Hervorhebung vom Verfasser).

[80] Vgl. Anm. 53.

[81] Vgl. oben I, 2.

[82] Vgl. oben II, 1a, Anm. 31. Die Entscheidung läßt sich nicht direkt anwenden, weil es sich nur um die Aufbringung eines Schiffes gehandelt hatte, die unter Verletzung von Völkergewohnheitsrecht erfolgt war.

festgestellt wurden und infolge dieser Völkerrechtswidrigkeit die Gerichtsbarkeit der Vereinigten Staaten abgelehnt wurde. Die unterschiedliche Beurteilung von Entführungen, je nachdem, ob sie unter Verletzung von Völkervertrags- oder Völkergewohnheitsrecht durchgeführt wurden, ist jedenfalls vom Standpunkt des geltenden Völkerrechts nicht gerechtfertigt. Sie ist auch nach amerikanischem Recht nicht zu rechtfertigen, da nach allgemeiner anglo-amerikanischer Rechtstradition Völkerrecht Teil des *„law of the land"* ist[83]. Dieser Grundsatz wurde vom amerikanischen Supreme Court in der gleichfalls berühmten Entscheidung in *The Pequete Habana* ausdrücklich anerkannt[84].

Auf diese verfassungsrechtlichen Fragen kann im Rahmen der Arbeit nicht näher eingegangen werden[85]. Entscheidend für die vorliegende Untersuchung ist die Feststellung, daß die amerikanische Rechtspraxis einen allgemeinen Grundsatz nicht kennt, wonach alle Personen, die unter Verletzung völkerrechtlicher Normen in das Hoheitsgebiet der Vereinigten Staaten gelangt sind, automatisch und in vollem Umfang der amerikanischen Gerichtsbarkeit unterliegen. Zumindest für den Bereich der unter Verletzung von Völkervertragsrecht in das Gebiet der Vereinigten Staaten verschleppten und entführten Personen haben es amerikanische Gerichte in Ausgestaltung des Grundsatzes „ex iniuria ius non oritur" regelmäßig abgelehnt, Gerichtsbarkeit auszuüben.

III. Weitere Entscheidungen

1. *Die französische Rechtsprechung*

Französische Gerichte haben sich in mehreren Entscheidungen mit der Frage der Gerichtsbarkeit über völkerrechtswidrig Entführte oder anderweitig auf illegale Weise auf französisches Territorium gebrachte Personen auseinandergesetzt[86]. Zu erwähnen ist zunächst die Entscheidung der Cour d'Appel de Douiai in der Sache *Nollet*[87]. Nollet war am

---

[83] Vgl. dazu *Dickinson*, 28 A. J., S. 236 Anm. 16 und S. 244 (1934), *Morgenstern*, 29 Br. Y., S. 279 (1952).

[84] „International law is part of our law, and must be ascertained and administered by the courts of justice of appropriate jurisdiction, as often as questions of right depending upon it are duly presented for their determination." *The Paquete Habana*, 175 U. S. 677, 700 (1900).

[85] *Morgenstern*, a.a.O., S. 278/79 sieht den Grund für die unterschiedliche Beurteilung darin, daß die amerikanische Verfassung Verträge ausdrücklich als „supreme law of the land" deklariert, während für die Regeln des allgemeinen Völkergewohnheitsrechts eine solche ausdrückliche Regelung nicht vorhanden ist.

[86] Eine Besprechung der französischen Praxis findet sich bei *Cocatre - Zilgien*, L'Affaire Argoud, S. 44 ff.; vgl. auch die Gegenüberstellung der einschlägigen Entscheidungen in 92 Journal du Droit International, S. 106 (1965).

[87] Vgl. *Clunet*, Journal de Droit International, S. 1188/89 (1891).

4. Februar 1891 in Roubaix, nahe der französisch-belgischen Grenze, wegen Schmuggels verhaftet worden, konnte sich jedoch am folgenden Tag befreien und auf belgisches Gebiet entkommen. Die französischen Polizeibeamten, die Nollet zu bewachen hatten, verfolgten ihn auf belgisches Gebiet, nahmen ihn dort fest und übergaben ihn, nachdem sie festgestellt hatten, daß sie sich auf belgischem Territorium befanden, den dortigen Polizeibehörden. Die belgischen Behörden vernahmen Nollet und übergaben ihn dann, in der Meinung, er sei Franzose, wiederum den französischen Grenzbehörden. Nachdem die belgische Regierung von dem Vorfall Kenntnis erlangt hatte und zudem bekannt geworden war, daß Nollet tatsächlich belgischer Staatsangehöriger war, protestierte sie am 1. April gegen die Verletzung ihrer Gebietshoheit, forderte die Bestrafung der schuldigen französischen Polizeibeamten und verlangte die Freilassung von Nollet. Gegen Nollet war inzwischen ein Strafverfahren eingeleitet worden; doch ordnete das erkennende Gericht am 15. April 1891 die sofortige Freilassung an[88]. Die Entscheidung beruht allein auf der Überlegung, daß sich Nollet nicht auf französischem Territorium befinden würde, wenn französische Polizeibeamten ihn nicht unter Verletzung von Normen des allgemeinen Völkergewohnheitsrechts auf belgischem Territorium verhaftet hätten. Sie läßt sich nur damit erklären, daß das Gericht unter Zugrundelegung des Grundsatzes „ex iniuria ius non oritur" aus der völkerrechtswidrigen Handlung französischer Staatsorgane keine weiteren Rechte ableiten wollte. Bemerkenswert ist diese Entscheidung deshalb, weil im vorliegenden Fall Frankreich im Rahmen der völkerrechtlichen Wiedergutmachung keine Pflicht gehabt hätte, Nollet an Belgien zurückzugeben. Die französischen Beamten haben zwar durch die Festnahme auf belgischem Gebiet eine Völkerrechtsverletzung begangen, diese zum Teil jedoch sogleich dadurch wieder gutgemacht, daß sie den Festgenommenen den zuständigen belgischen Behörden übergeben haben. Wenn Nollet anschließend wieder den französischen Stellen übergeben wurde, so geschah dies ohne Zwang oder betrügerische Machenschaften seitens französischer Behörden. Deshalb wurde Nollet nicht völkerrechtswidrig nach Frankreich entführt; eine Pflicht zur Wiedergutmachung durch Naturalrestitution konnte nicht bestehen. Aus der Verletzung der belgi-

---

[88] „Attendu que l'arrestation de Nollet a eu lieu dans des conditions irrégulières, que cet inculpé s'étant évadé et ayant réussi à gagner la Belgique n'aurait pas comparu devant les premiers juges en état de détention préventive si les agents de l'autorité ... n'avaient pas franchi la frontière devant laquelle ils auraient dû s'arrêter et n'avaient pas réussi à s'emparer du fugitif qui devait se croire en sûreté sur le territoire belge; *‚Attendu qu'il y a lieu de considérer comme non avenue l'arrestation effectuée dans ces circonstances anormales et de mettre Nollet en liberté;* Par ces motifs, la Cour ordonne que Nollet sera immédiatement mis en liberté. *Clunet*, a.a.O., S. 1888.

schen Gebietshoheit bestanden jedoch völkerrechtliche Wiedergutmachungsansprüche Belgiens; die belgische Regierung konnte zu Recht Bestrafung der schuldigen Beamten verlangen[89]. Die belgische Regierung war sich ihrer Rechtsposition klar und verlangte die Rückgabe von Nollet nicht auf Grund eines Rechtes im Rahmen der Wiedergutmachung, sondern lediglich als Akt der *Billigkeit*[90]. Die Entscheidung gewinnt deshalb besonders an Bedeutung, weil nicht das Bestehen einer Rückgabepflicht, sondern allein die Tatsache einer Völkerrechtsverletzung im Rahmen des Verfahrens, das zur Verurteilung des Angeklagten führen sollte, als genügend angesehen wurde, Gerichtsbarkeit abzulehnen.

Wenn im Verfahren gegen *Argoud* dieser Präzedenzfall vom Generalstaatsanwalt deshalb abgelehnt wurde, weil im *Nollet-Fall* der infolge einer Völkerrechtsverletzung nach Frankreich gebrachte Angeklagte die belgische Staatsangehörigkeit gehabt hatte, Argoud jedoch französischer Staatsbürger war, so kann dieser Argumentation unter keinem Gesichtspunkt beigetreten werden. Wenn der Grundsatz „ex iniuria ius non oritur“ im Falle eines Belgiers gilt, ist schwer einzusehen, warum er zugunsten eines Franzosen nicht gleichfalls Anwendung finden sollte[91].

Gleichfalls erwähnenswert und im *Argoud-Fall* von der Staatsanwaltschaft zu Unrecht der Verteidigung entgegengehalten[92] ist die Entscheidung vom 20. Juli 1917 (Troisième Conseil de guerre de Paris) im Fall *Wecsler*. Wecsler, ein rumänischer Staatsangehöriger, der von der Schweiz aus für das Deutsche Reich Spionage gegen Frankreich betrieben hatte, war von französischen Agenten dort ausfindig gemacht und veranlaßt worden, nach Frankreich zurückzukehren. Hier stellten ihm die französischen Agenten einen Hinterhalt und verhafteten ihn. Wecsler wandte sich gegen die Gerichtsbarkeit des Conseil de Guerre mit dem Einwand, er sei durch betrügerische Machenschaften nach Frankreich gelockt worden und befände sich nur infolge einer Rechtswidrigkeit in den Händen der französischen Justiz. Das Gericht wies den Einwand zu-

---

89 Besprechungen des Falles finden sich bei *Robin*, 18 Rev. Gén., S. 344 ff. (1911), Travers, 13 Revue de Droit International Privé, S. 630 (1917) und *Cocatre - Zilgien*, a.a.O., S. 47.

90 *L'équité exigerait*, en outre, que le nommé Nollet fût remis en liberté, le gouvernement de la République ne pouvant pas approuver plus que celui du Roi le procédé en vertu duquel cet individu est tombé entre les mains de la justice français.“ (Aus dem Schreiben der belgischen Regierung, zit. bei Robin, a.a.O., S. 344).

91 Ebenso *Cocatre - Zilgien*, a.a.O., S. 47.

92 Vgl. *Cocatre - Zilgien*, a.a.O., S. 50, der allerdings auf andere im Urteil enthaltenen Erwägungen abstellt, als den Passus, der vom Verfasser nachfolgend zitiert wird; die Entscheidung kann jedenfalls nur zugunsten der Verteidigung, die sich gegen die französische Gerichtsbarkeit wandte, herangezogen werden.

rück. Ein Passus aus den Urteilsgründen verdient jedoch besondere Beachtung:

„Que dès lors, au point de vue de la compétence des tribunaux français, peu importe dans quelles conditions Wecsler a été amené sur notre territoire *du moment où iln' a été l'objet de notre part d'aucune contrainte en pays étranger*[93]." Nachdem die Beteiligung der französischen Agenten nicht restlos geklärt werden konnte und der Angeklagte, der sich freiwillig nach Frankreich begeben hatte, sich dort mehrere Tage lang völlig frei bewegen konnte, ehe er in einen Hinterhalt geriet, ging das Gericht zutreffend davon aus, daß es sich um keine völkerrechtswidrige Handlung französischer Agenten im Ausland handelte, die als Entführung angesprochen werden könnte. Der Fall unterscheidet sich dadurch von der Festnahme im *Colunje* und *Cesare Rossi-Fall*[94], weil dort zwischen der psychischen Beeinflussung zum Verlassen des Gebiets des bisherigen Aufenthaltsstaates und der Festnahme eine unmittelbare zeitliche und örtliche Beziehung bestand, die im Wecsler-Fall völlig fehlte. Aus dem zitierten Passus der Entscheidung ist jedoch klar zu entnehmen, daß, nach Ansicht des Gerichts, der Fall anders hätte entschieden werden müssen, wenn der Angeklagte infolge einer, dem französischen Staat zuzurechnenden — allein in diesem Sinne kann die Wendung „de notre part" ausgelegt werden —, in fremdem Hoheitsgebiet vorgenommenen Zwangshandlung nach Frankreich gebracht worden wäre; mit anderen Worten, im Falle einer völkerrechtswidrigen Entführung hätte das Gericht den Entführten wohl nicht abgeurteilt. Diese Äußerung entspricht in vollem Umfang der beinahe gleichzeitig erfolgenden Ausführung eines englischen Gerichts im Fall *Garrett*[95].

Die bedeutsamste französische Entscheidung traf das Tribunal Correctionnal d'Avesnes am 22. Juli 1933 in der Sache *Jolis*[96]. Im Schrifttum wird die Jolis-Entscheidung regelmäßig für die Begründung der Ansicht angeführt, daß einem Staat über einen völkerrechtswidrig Entführten keine Gerichtsbarkeit zustehen könne[97]. Das *Bezirksgericht Jerusalem* stellte in seinem Urteil gegen *Eichmann* fest, daß die eingehende Untersuchung der Praxis nationaler Gerichte ergeben habe, daß in diesem einzigen Fall die Gerichtsbarkeit deshalb abgelehnt worden sei, weil der Angeklagte infolge einer völkerrechtswidrigen Entführung vor Gericht

[93] Der Sachverhalt und die zit. Stelle findet sich bei *Travers*, a.a.O., S. 551 ff.

[94] Vgl. dazu § 3, I 4.

[95] Vgl. oben Anm. 20.

[96] Abgedruckt bei *Clunet*, Journal du Droit International, 1935, S. 899 und Sirey, 1934, II, S. 105; vgl. auch Ann. Dig. 1933—34, No. 77.

[97] Vgl. *Ronzitti*, 48 Rivista, S. 73 (1965), *de Schutter*, 1 Rev. Belge, S. 119 (1965), *Garcia - Mora*, 32 Indiana Law Journal, S. 447 (1957) u. a. m.

gebracht worden sei[98]. Der Entscheidung lag folgender Sachverhalt zugrunde: Pierre Jolis, ein belgischer Staatsangehöriger, hatte ein Café in dem an der belgischen Grenze liegenden französischen Ort Louvroil besucht. Nachdem er das Café verlassen hatte, entdeckte der Besitzer, daß 2200 Franken verschwunden waren. Da sein Verdacht sofort auf Jolis gefallen war, erbat er sich die Hilfe zweier Landpolizisten, nahm ein Auto und fuhr damit über die Grenze zu der nahe gelegenen belgischen Stadt Mons, wo er Jolis vermutete. Als Jolis dort ein Lokal verließ, wurde er mit Hilfe eines belgischen Polizisten festgenommen, in das Auto gezerrt, in dem auch die beiden französischen Landpolizisten Platz nahmen, und über die Grenze nach Frankreich zurückgebracht; die belgischen Grenzbeamten hatten die lebhaften Proteste von Jolis nicht weiter beachtet. Nach Bekanntwerden des Vorfalls protestierte die belgische Regierung gegen die Völkerrechtsverletzung und forderte die Rückgabe des Entführten; gleichzeitig erließ die belgische Staatsanwaltschaft Haftbefehle gegen die beiden französischen Beamten, die an der Entführung beteiligt waren. Hinzuzufügen ist, daß Jolis sowohl in Frankreich als auch in Belgien schon verschiedentlich vorbestraft war und zum Zeitpunkt des Vorfalls von mehreren Staatsanwaltschaften in Belgien gesucht wurde. Das mit der Sache befaßte Gericht ordnete die sofortige Freilassung von Jolis an[99]. Jolis wurde daraufhin von zwei französischen Beamten an die belgische Grenze gebracht und den zuständigen Stellen übergeben. Die Entscheidung bringt unmißverständlich den Gedanken zum Ausdruck, daß aus einer völkerrechtswidrigen Handlung Rechte eines Staates — also auch das Recht eines Staates, Personen vor Gericht zu stellen und abzuurteilen — nicht hergeleitet werden können. Zu bemerken ist auch hier, daß wegen der Mitarbeit des belgischen Polizisten eine völkerrechtliche Pflicht zur Rückgabe des Entführten nicht bestand[100]. Die Entscheidung wird von *Rousseau* in einer Anmerkung voll gebilligt[101].

2. *Sonstige Gerichtsentscheidungen*

Im Schrifttum werden noch weitere Entscheidungen nationaler Gerichte zum Beweis dafür angegeben, daß die Völkerrechtswidrigkeit einer Entführung die Gerichtsbarkeit über den Entführten nicht beeinflußt. Dazu gehören die beiden Entscheidungen des belgischen Kassa-

---

[98] *Bezirksgericht Jerusalem* Strafakt 40/61, Nr. 48.

[99] „Un procès verbal d'arrestation dressé par des agents français en pays étranger ne peut avoir aucun effet légal et est atteint d'une *nullité substantielle absolue*, laquelle, étant d'ordre public, doit être relevée d' *Office* par le juge.“ (Clunet, a.a.O., S. 899, Hervorhebung vom Verf.).

[100] Vgl. § 4, 7 und § 10, 3.

[101] *Rousseau*, Sirey, 1934, II, S. 105/106.

tionsgerichtshofes in der Sache *Hermann* und in der Sache *Müller*. Hermann war nach Beendigung des ersten Weltkrieges durch die Alliierten aus dem besetzten Gebiet Deutschlands entführt und in Belgien vor ein Gericht gestellt worden. Aus den näheren Umständen ergibt sich, daß eine völkerrechtswidrige Entführung nicht angenommen werden konnte und das Gericht den Einwand gegen die Gerichtsbarkeit zurückweisen durfte, ohne damit zu der Frage Stellung nehmen zu müssen, wie sich eine tatsächlich völkerrechtswidrige Festnahme und Entführung auf die Gerichtsbarkeit des belgischen Staates ausüben würde[102]. In dem 1949 entschiedenen Fall *Auditeur Général près la Cour Militaire c. Müller* et Consorts[103] handelte es sich um ein Verfahren gegen Angehörige der ehemaligen deutschen Wehrmacht wegen Überschreitung der allgemeinen Gesetze des Kriegsrechts, vor allem um die rechtswidrige Erschießung von Geiseln. Da es sich bei der Festnahme um keine völkerrechtswidrige Entführung handelte — der Vorfall kann mit dem *Chandler-Fall* verglichen werden[104] —, brauchte das Gericht, das den Einwand der Angeklagten, die Rechtswidrigkeit der Festnahme stehe der Aburteilung entgegen, zurückwies, nicht auf die hier interessierende Frage einzugehen, welche Wirkung eine Völkerrechtsverletzung auf belgische Gerichtsbarkeit schlechthin haben könnte.

Im *Eichmann-Verfahren* hat das Bezirksgericht Jerusalem darauf hingewiesen, daß auch Gerichte in Mandatspalästina in ständiger Rechtsprechung entschieden hätten, daß die Umstände der Inhaftnahme und Überführung eines Angeklagten in den Staatsbereich im Strafverfahren unbeachtlich seien. Es verwies dabei auf *Afouneh v. Attorney General of Palestine*[105]. Hier hatte es sich um einen aus Palästina nach Syrien geflohenen Mörder gehandelt, der am 20. Oktober 1941 von einem britischen Offizier in Damaskus festgenommen und am 23. Oktober an der Grenze nach Palästina den dort zuständigen Stellen formlos übergeben worden war. Da jedoch Syrien zu diesem Zeitpunkt bereits von den alliierten Truppen besetzt war, scheidet auch hier eine völkerrechts-

---

[102] *In re Hermann*, Cour de Cassation, 10 août 1920, Pasicrisie Belge, 1921, I, S. 84/85: „La circonstance alléguée par le demandeur, qu'il aurait été arrêté par les Puissances alliées en territoire allemand occupé, postérieurement à la mise en vigeur du traité, est indifférente au point de vue de la détermination de la compétence." (Es handelte sich um einen Fall nach Art. 228 des Friedensvertrages von Versailles).

[103] Cour de Cassation, 4 juillet 1949, Pasicrisie Belge, 1949, I. S. 506 ff.; S. 507: „La circonstance qu'un prévenu a été irrégulierement mis en état de détention par l'autorité belge est sans influence sur l'attribution de compétence aux juridictions militaires . . ."

[104] So *de Schutter*, 1 Rev. Belge, S. 117 (1965); zum Chandler-Fall vgl. § 2, III, 3.

[105] *Bezirksgericht Jerusalem*, Strafakt 40/61, Nr. 41; die Entscheidung *Afouneh v. Attorney General of Palestine* ist abgedruckt in Ann. Dig. 1941 bis 1942, No. 97, S. 327 ff.

widrige Entführung aus. Das Oberste Gericht von Palästina hatte unter Berufung auf Ex parte Scott und Ker v. Illinois den Einwand des Angeklagten gegen die Gerichtsbarkeit zurückgewiesen[106]. Es ist leicht ersichtlich, daß in dem geschilderten Fall eine Präzedenzentscheidung für den *Eichmann-Fall* nicht gesehen werden kann.

In den vorausgehenden Ausführungen wurde versucht, alle wesentlichen Entscheidungen darzustellen, auf die im völkerrechtlichen Schrifttum und von nationalen Gerichten im Zusammenhang mit der Frage hingewiesen wurde, ob ein völkerrechtswidrig Entführter vom Entführerstaat abgeurteilt werden dürfe. Das Ergebnis dieser Untersuchung ermöglicht es, zu den im vorausgehenden Kapitel dargestellten Meinungen im Schrifttum Stellung zu nehmen.

§ 22. Kritik

1. Zu den Entscheidungen nationaler Gerichte

Die Untersuchung der nationalen Gerichtsentscheidungen hat gezeigt, daß die häufig aufgestellte Behauptung nicht zutrifft, Gerichte in den meisten zivilisierten Staaten würden die Völkerrechtswidrigkeit einer Festnahme und Entführung im Strafverfahren gegen das Opfer der Festnahme und Entführung nicht berücksichtigen. Von den Entscheidungen, die sich mit der Aburteilung von Entführten befaßten, muß ein Teil für die hier erörterte Frage bereits deshalb ausscheiden, weil bei näherer Betrachtung überhaupt kein internationaler Einschlag ersichtlich ist; so in all den Fällen, in denen es sich um Entführungen innerhalb einzelner Bundesstaaten der Vereinigten Staaten handelte. Daß solche Entscheidungen nicht einfach analog auf Sachverhalte mit internationalem Einschlag übertragen werden dürfen, liegt auf der Hand. Eine zweite Gruppe von Entscheidungen, bei denen es sich zwar um Entführungen aus dem Hoheitsgebiet eines Staates in das Territorium eines anderen Staates handelte, kann gleichfalls nicht verwertet werden, weil die Gerichte die völkerrechtlichen Zurechnungsnormen verkannt haben; so wurden vielfach Souveränitätsverletzungen und völkerrechtswidrige Entführungen angenommen, obwohl die Entführungshandlung nicht als völkerrechtliches Delikt zugerechnet werden konnte, weil der Entführte entweder ohne Wissen und Unterstützung staatlicher Stellen des jetzigen Aufenthaltsstaates oder aber mit Wissen und Unterstützung staatlicher Stellen des früheren Aufenthaltsstaates entführt worden war. Die in den zitierten Entscheidungen aufgestellten „völkerrechtlichen Grundsätze" leiden daher an derart schwerwiegenden Mängeln, daß sie im

[106] a.a.O., S. 327 ff.

Fall einer tatsächlich völkerrechtswidrigen Entführung nicht verwertet werden dürfen.

Allerdings bestätigen alle diese Entscheidungen den Grundsatz „male captus, bene detentus"; das jedoch nur insofern, als Verstöße gegen innerstaatliche Rechtsordnungen für unbeachtlich zu gelten haben. Gleichzeitig wird der Grundsatz „ex iniuria ius non oritur" für den innerstaatlichen Bereich und für innerstaatliche Rechtsverstöße in Abrede gestellt. Demgegenüber darf nicht übersehen werden, daß Gerichte in verschiedenen Staaten die Geltung des Grundsatzes „ex iniuria ius non oritur" für den Fall einer völkerrechtswidrigen Festnahme und Entführung zum Teil als obiter dictum, zum Teil in entscheidungserheblicher Weise unterstrichen haben. Von besonderer Bedeutung sind hier die amerikanischen Entscheidungen, die bei Festnahmen und Entführungen entgegen Regeln des Völkervertragsrechts Gerichtsbarkeit über den völkerrechtswidrig festgenommenen Angeklagten glatt abgelehnt haben. In zahlreichen Entscheidungen, in denen amerikanische Gerichte irrig Völkerrechtsverletzungen angenommen hatten, wurde der Einwand gegen die Gerichtsbarkeit regelmäßig mit der Begründung zurückgewiesen, daß Rechte und Pflichten aus der Völkerrechtsverletzung nur den aktiv und passiv beteiligten Staaten zukämen, der völkerrechtswidrig Festgenommene und Entführte selbst jedoch nicht berechtigt sei, eigene Rechte hieraus geltend zu machen. Dieser Argumentation haben sich die Gerichte in *Ford v. United States, United States v. Ferris* und *Cook v. United States* nicht angeschlossen. Diese Entscheidungen haben übereinstimmend nicht darauf abgestellt, wem im völkerrechtlichen Bereich die Wiedergutmachungsansprüche zur Verfügung stehen; sie haben sich vielmehr darauf beschränkt, festzustellen, und zwar *von Amts wegen,* daß den Vereinigten Staaten durch die entsprechenden völkerrechtlichen Vertragsnormen die Befugnis genommen wurde, bestimmte Hoheitsakte vorzunehmen. Aus der Unzuständigkeit der Vereinigten Staaten zur Festnahme der vor Gericht stehenden Personen folgerten sie auf die Unzuständigkeit der Vereinigten Staaten — und damit auch des erkennenden Gerichts —, Gerichtsbarkeit auszuüben. Diese bemerkenswerte Folgerung kann nur damit erklärt werden, daß die Gerichte in Anbetracht des Artikels 6 der Verfassung der Vereinigten Staaten von Amerika, der bestimmt, daß die im Namen der Vereinigten Staaten abgeschlossenen Verträge oberstes Gesetz des Landes sind, sich für verpflichtet erachteten, von Amts wegen den völkerrechtlichen Normen im innerstaatlichen Bereich die verfassungsrechtlich gerantierte Wirksamkeit zu verschaffen; dabei konnte es nicht darauf ankommen, welche Rechtsposition den entführten Personen selbst im völkerrechtlichen Bereich zugekommen wäre. Auch die beiden erwähnten französischen Entscheidungen, bei denen es sich nicht einmal um völkerrechtswidrige, dem französischen Staat zurechenbare Entführungen im Sinne der eingangs gegebenen Definition gehandelt hatte, sind deshalb von besonderer Bedeutung, weil sie gleichfalls, ohne auf die völkerrechtlichen Folgenbeseitigungsansprüche abzustellen, den Gedanken zum Ausdruck brachten, daß aus einem völkerrechtlichen Unrecht für den Rechtsbrecher keine Rechte entstehen dürfen.

Als das im Rahmen einer völkerrechtlichen Abhandlung wesentliche Ergebnis kann aus der vorangehenden Untersuchung die Feststellung entnommen werden, daß zwar keine Entscheidung dagegen spricht, einem Staat Gerichtsbarkeit über einen von ihm völkerrechtswidrig Entführten abzusprechen; aber die wenigen Entscheidungen, die — in Anwendung des Grundsatzes „ex iniuria ius non oritur" — Gerichtsbarkeit über völkerrechtswidrig Entführte oder Festgenommene ablehnten, rechtfertigen es noch nicht, bereits von einem „von den Kulturvölkern übereinstimmend anerkannten allgemeinen Rechtsgrundsatz" im Sinne des Artikels 38 des Status des Internationalen Gerichtshofs zu sprechen.

Trotz dieser Feststellung bedarf sowohl das *Eichmann-Urteil* als auch die Entscheidung im *Argoud-Fall* einer kurzen Kritik. Das *Bezirksgericht Jerusalem* hat sich in ausführlichen Erörterungen mit der Frage der Gerichtsbarkeit auseinandergesetzt. Dabei stellte es zunächst fest: „Es ist in der Rechtsprechung anerkannt, daß eine Person, die vor einem Gericht wegen strafbarer Handlungen gegen die Staatsgesetze angeklagt ist, nicht berechtigt ist, die Zuständigkeit des Gerichts wegen der Unrechtmäßigkeit ihrer Inhaftnahme oder der Unrechtmäßigkeit der zu ihrer Überführung in das Hoheitsgebiet angewandten Mittel zu widersprechen; die Gerichte in England, in den Vereinigten Staaten und in Mandatspalästina haben in ständiger Rechtsprechung entschieden, daß die Umstände der Inhaftnahme und die Art der Überführung des Angeklagten in den Staatsbereich im Strafverfahren unwesentlich sind ...[1]." Im Anschluß daran zitierte es eine Reihe der in der vorangegangenen Untersuchung gleichfalls erwähnten Entscheidungen und ging daran, die Bedeutung der besprochenen Rechtsprechung vom Standpunkt des Völkerrechts zu würdigen. Da dem Gericht die hervorragende Untersuchung von *O'Higgins* und das dort festgestellte Ergebnis bekannt war[2], nahm es davon Abstand, die britische Rechtsprechung näher heranzuziehen und erklärte: „Die amerikanische Rechtsprechung in dieser Angelegenheit ist eindeutiger[3]." Nach Ansicht des Bezirksgerichts legt die Rechtsprechung der Vereinigten Staaten ausdrücklich fest, daß es unerheblich ist, ob die Wege, auf denen ein Angeklagter in das Hoheitsgebiet über-

---

[1] *Bezirksgericht Jerusalem*, Strafakt 40/61, Nr. 41.

[2] Vgl. a.a.O., Nr. 43; zur Untersuchung von *O'Higgins* vgl. zuvor Anm. 27.

[3] a.a.O., Nr. 44.

führt werde, im Sinn des staatlichen Rechts oder des Völkerrechts unrechtmäßig waren; das Prinzip sei dasselbe: amerikanische Gerichte ließen sich nicht auf die Prüfung der Frage ein, da sie für das Verfahren gegen den entführten Angeklagten unerheblich sei[4].

Wie die eben durchgeführte Untersuchung der amerikanischen Rechtsprechung ergeben hat, rechtfertigt sich, soweit es sich um völkergewohnheitsrechtswidrige Entführungen und Festnahmen handelt, keine andere Beurteilung als die von *O'Higgins* hinsichtlich der britischen Rechtsprechung vorgenommene: die Vermutung spricht dafür, daß ein amerikanisches Gericht über einen völkergewohnheitsrechtswidrig Entführten Gerichtsbarkeit annimmt, ein eindeutiger Präzedenzfall besteht jedoch gleichfalls nicht. Es ist daher unrichtig, die amerikanische Rechtsprechung in dieser Hinsicht eindeutiger zu nennen. Eindeutiger, allerdings nicht in dem vom Bezirksgericht verstandenen Sinn, ist die amerikanische Rechtsprechung insofern, als sie es in ständiger Rechtsprechung ablehnt, Gerichtsbarkeit über Personen anzunehmen, die infolge einer Verletzung völkervertraglicher Normen festgenommen und in das Hoheitsgebiet der Vereinigten Staaten entführt wurden[5]. Diese Rechtsprechung, die auch im Schrifttum zumeist übersehen wird, scheint dem Gericht nicht bekannt gewesen zu sein, da es ausdrücklich als einzige, gegen die Ansicht des Gerichts sprechende Entscheidung die Sache *Jolis* anführt[6]. Im übrigen brachte das Gericht die Frage der Gerichtsbarkeit im Anschluß an *State v. Brewster, Ker v. Illinois* u. a. m. in unmittelbare Verbindung mit dem Recht der völkerrechtlichen Unrechtsfolgen:

„Es gibt keine andere Schlußfolgerung, als daß die Frage der Völkerrechtsverletzung durch die Überführung des Angeklagten in den Machtbereich des Staates dem internationalen Gebiet angehört, d. h. dem Gebiet der Beziehungen zwischen den beiden betroffenen Staaten und daß sie auch auf diesem Gebiet ihre Lösung finden muß[7].

Erwägungen, wie sie amerikanische Gerichte in *Ford v. United States, United States v. Ferris* und *Cook v. United States* und französische Gerichte im *Nollet-Fall* und in *Re Jolis* anstellten, finden sich im Urteil des Bezirksgerichts nicht. Damit hielt sich das Gericht streng an die Grundsätze des traditionellen Völkerrechts; ein Vorwurf kann ihm daraus nicht gemacht werden. Allerdings waren — nach Ansicht des Verfassers — die eingehenden, im Ergebnis aber unzutreffenden Erörterungen zur Praxis anderer nationaler Gerichte insofern überflüssig, als es des posi-

---

[4] a.a.O., Nr. 44.

[5] Vgl. § 21, II b (Text zu Anm. 68 ff.).

[6] Bezirksgericht Jerusalem, a.a.O., Nr. 48.

[7] a.a.O., Nr. 50.

tiven Nachweises einer Regel, die einem Staat Gerichtsbarkeit über einen völkerrechtswidrig Entführten zuerkennt, nicht bedurft hätte. Ausreichend aber auch erforderlich wäre es gewesen, hätte das Gericht auf die Gebietshoheit des Staates Israel hingewiesen und den leichter zu erbringenden Nachweis erbracht, daß keine Ausnahmeregel besteht, die die Gerichtsbarkeit im konkreten Fall einschränken könnte[8].

Die *Cour de Sûreté* hat im *Argoud-Fall* die Frage der Gerichtsbarkeit unter ausdrücklicher Bezugnahme auf die anglo-amerikanische Rechtsprechung und die Entscheidung im *Eichmann-Fall* positiv beantwortet. Von einer Untersuchung der zitierten anglo-amerikanischen Rechtsprechung, vor allem der Feststellung, ob dieser Rechtsprechung überhaupt völkerrechtswidrige Entführungen zugrunde liegen, hat es völlig abgesehen. Gleichfalls fehlt eine gebotene Auseinandersetzung mit den französischen Präzedenzentscheidungen in den Fällen Nollet und Jolis. Da zum Zeitpunkt der Entscheidung der Cour de Sûreté der völkerrechtliche Restitutionsanspruch der Bundesrepublik Deutschland noch bestand, Frankreich also verpflichtet war, Argoud an die Bundesrepublik zurückzugeben, wäre angesichts der Tatsache, daß auch die französische Verfassung von 1958 ein umfassendes Bekenntnis zum Völkerrecht enthält[9], das Gericht verpflichtet gewesen zu prüfen, inwieweit diese Verfassungsbestimmung völkerrechtliche Verpflichtungen ins innerstaatliche Leben transformiert. Daß sich die völkerrechtliche Pflicht zur Rückgabe eines Entführten nicht an eine bestimmte Behörde, sondern an den Staat als solchen richtet, liegt auf der Hand. Im Falle des Vorliegens einer Verfassungsnorm, welche rechtsprechende und rechtsetzende Gewalt einerseits und die Exekutive andererseits gleichzeitig bindet, völkerrechtliche Normen zu befolgen, ist es wohl nicht mehr zulässig, daß ein Gericht das Bestehen einer völkerrechtlichen Rückgabepflicht völlig ignoriert und darauf verweist, daß die Exekutive im Anschluß an das Strafverfahren dieser völkerrechtlichen Verpflichtung nachkommen könne[10]. Soweit das Schweigen der Cour de Sûreté zu dem angedeuteten Problem einer Kritik unterzogen wurde, ist diese durchaus berechtigt[11].

2. *Zu den Auffassungen im Schrifttum*

Wie sich aus den bisherigen Ausführungen ergibt, unterliegen jene Autoren, die unter Berufung auf die Entscheidungen anglo-amerikani-

---

[8] Vgl. dazu § 16.

[9] Vgl. die Präambel zur Verfassung: „*La République française, fidèle à ses traditions, se conforme aux règles du droit international.*“

[10] Vgl. dazu § 16.

[11] Vgl. *Ronzitti*, 48 Rivista, S. 79, *Doehring*, 25 ZaöRV, 221/2. Vgl. auch A. Ch. *Kiss*, 11 Annuaire français de droit international, S. 937 (1965), in seiner Anmerkung zur Entscheidung der Cour de Cassation.

scher Gerichte die Behauptung aufstellen, nach geltendem Völkerrecht sei die Gerichtsbarkeit über völkerrechtswidrig Entführte gegeben — mag ihnen im Ergebnis auch zuzustimmen sein —, einem doppelten Irrtum. Zum einen hat jene anglo-amerikanische Rechtsprechung zwar recht häufig von völkerrechtswidrigen Festnahmen und Entführungen gesprochen, dies aber nur infolge Verkennung der völkerrechtlichen Zurechnungsnormen, so daß die „einschlägigen" Entscheidungen daher fast ausnahmslos auf falschen Voraussetzungen beruhen. Zum anderen aber liegt in dem Versuch, die Gerichtsbarkeit über einen völkerrechtswidrig Entführten mit Hilfe dieser Rechtsprechung begründen zu wollen, eine Verkennung des Prinzips der territorialen Souveränität der Staaten; da nach allgemein anerkannten Grundsätzen des Völkerrechts die völkerrechtliche Vermutung immer zugunsten der sich aus diesem Prinzip ergebenden Rechte spricht, muß auch die Gerichtsbarkeit der Staaten über alle innerhalb des Hoheitsbereiches befindlichen Personen von dieser Vermutung ergriffen werden. Das Vorliegen der Gerichtsbarkeit eines Staates über eine innerhalb des Hoheitsgebiets befindliche Person bedarf grundsätzlich keiner Begründung; einer solchen bedürfte nur die Ausnahme, d. h. eine Immunität von der staatlichen Gerichtsbarkeit des Aufenthaltsstaates. Daher könnte die Ansicht jener Autoren, die sich gegen eine Gerichtsbarkeit des Entführerstaates über den Entführten aussprechen, nur dann als zutreffend bezeichnet werden, wenn eine solche Ausnahmeregel dem geltenden Völkerrecht entnommen werden könnte. Der Nachweis des Bestehens einer solchen Regel konnte bislang von keinem Verfasser geführt werden. Ein allgemeiner Hinweis auf den Grundsatz „ex iniuria ius non oritur", wie er von manchen Autoren vorgenommen wird, genügt dazu jedenfalls nicht; ebenso kann der Hinweis auf die Entscheidung *Jolis* und *Colunje* nicht ausreichen[12]. Im Schrifttum wird vielfach auch die Tatsache nicht gebührend beachtet, daß die Frage der Gerichtsbarkeit sich unter Umständen verschieden beurteilen kann, je nachdem, ob der völkerrechtliche Rückgabeanspruch besteht oder nicht. Sofern der völkerrechtliche Rückgabeanspruch des verletzten Staates nicht mehr besteht, ist es berechtigt, mit dem Hinweis auf das Fehlen eines allgemein verpflichtenden völkerrechtlichen Grundsatzes „ex iniuria ius non oritur" den Einwand gegen die Gerichtsbarkeit des Entführerstaates vom Standpunkt des Völkerrechts zurückzuweisen. Dagegen ist es nicht zulässig, mit dem gleichen Argument ein Gerichtsverfahren gegen den Entführten in jedem Fall dann für unbedenklich zu halten, wenn die völkerrechtliche Restitutionspflicht des Entführerstaates noch besteht. Zwar wendet sich auch in diesem Fall keine völkerrechtliche Regel gegen die Gerichtsbarkeit des Entführerstaates als solche oder gegen die Gerichtsbarkeit des erkennenden Ge-

[12] Vgl. § 3, I 4 und § 21, III 1.

richts; doch könnte sich kraft eines allgemeinen innerstaatlichen Rechtsbefehls, der die Befolgung völkerrechtlicher Pflichten vorschreibt, für ein Gericht die Rechtspflicht ergeben, den Entführten nicht abzuurteilen, sondern freizulassen, um damit der völkerrechtlichen Wiedergutmachungspflicht nachzukommen[13]. Dies wird im Schrifttum vielfach verkannt. Deshalb kann es in diesem Fall auch nicht darauf ankommen, ob dem Entführten selbst aus der völkerrechtlichen Restitutionspflicht des Entführerstaates ein eigenes Recht erwachsen kann oder nicht. Entscheidend ist hier allein, ob sich das innerstaatliche Gebot, Völkerrechtsnormen zu befolgen, unmittelbar an die Gerichte wendet oder nicht. Wenn ja, dann haben diese ex officio tätig zu werden; eines eigenen Anspruches des entführten vor Gericht stehenden Individuums bedarf es dann nicht mehr. Daher bedarf insbesondere die Ansicht von *Moore, Hackworth* und *Hyde*[14] einer Berichtigung. Vor allem müßte berücksichtigt werden, daß amerikanische Gerichte es mehrfach abgelehnt haben, völkerrechtswidrig Festgenommene abzuurteilen, ohne dabei die Tatsache, daß auf völkerrechtlicher Ebene dem Individuum ein Recht aus der Völkerrechtsverletzung nicht zusteht, zu Lasten des Individuums auch im innerstaatlichen Bereich heranzuziehen[15].

Schließlich muß noch festgestellt werden, daß auch der viel zitierte *Artikel 16 des Entwurfes der Harvard Law School*[16] nicht geeignet ist, den bestehenden Rechtszustand hinsichtlich der Frage der Gerichtsbarkeit über einen völkerrechtswidrig Entführten wesentlich — vor allem zugunsten des Angeklagten — zu ändern. Die Vorschrift fordert, daß kein Staat berechtigt sein soll, Gerichtsbarkeit über einen völkerrechtswidrig Festgenommenen oder Entführten auszuüben, ohne zuvor das Einverständnis des verletzten Staates hierzu erhalten zu haben. Damit wird die Frage der Gerichtsbarkeit wiederum nur der Dispositionsbefugnis der betroffenen Staaten unterstellt. Bereits nach geltendem Recht gibt ein Staat, der ausdrücklich auf seinen Anspruch auf Rückgabe eines völkerrechtswidrig Entführten verzichtet, damit stillschweigend sein Einverständnis dazu, daß der Entführte von den Gerichten des Entführerstaates abgeurteilt werden kann[17]. Sofern ein zur Rückgabe berechtigter Staat einen solchen ausdrücklichen Verzicht nicht abgibt, die Rückgabe des Entführten aber auch nicht fordert, kann das Völkerrecht unter bestimmten Voraussetzungen an dieses Verhalten die Vermutung des Rechtsuntergangs knüpfen. Damit muß zwangsläufig

[13] Vgl. im übrigen § 18, 2; auf den sich im Rahmen dieses Problems ergebenden Fragenkomplex kann jedoch hier nicht näher eingegangen werden.

[14] *Moore*, Digest, IV, S. 311, *Hackworth*, Digest, IV, S. 224, *Hyde*, Int. Law, II, S. 1032.

[15] Vgl. § 21, II b.

[16] Vgl. dazu § 20, Text zu Anm. 16.

[17] Zur Wirkung des Verzichts vgl. 14, 2 und 4.

auch die Vermutung der Einwilligung zu einem Gerichtsverfahren verbunden sein. Es wäre wenig sinnvoll, würde die Völkerrechtsordnung die Verwirkung lediglich auf den Anspruch auf Rückgabe des Entführten beziehen[18]. Als Anwendungsbereich für die Vorschrift des Artikels 16 bliebe somit nur der Fall, daß ein zur Rückgabe verpflichteter Staat sich ausdrücklich weigert, seinen völkerrechtlichen Verpflichtungen nachzukommen; mit anderen Worten, durch die vorgeschlagene Regelung würde nur eine verpflichtende Völkerrechtsregel durch eine andere ersetzt. Eine auch für das Opfer einer Entführung bedeutsame Änderung des bestehenden Rechtszustandes könnte nur dadurch erreicht werden, daß sich Staaten einerseits im Rahmen von Auslieferungsverträgen verpflichten, Personen nicht vor Gericht zu stellen, die unter Umgehung der Regeln dieser Verträge ins Land gebracht wurden und andererseits in ihre innerstaatliche Verfahrensordnung eine Vorschrift aufnehmen, die es den Opfern illegaler Festnahmen oder Entführungen erlaubt, diesen Umstand als Verfahrenshindernis geltend zu machen[19].

§ 23. Ergebnis der Untersuchung zur Frage der Gerichtsbarkeit

Die vorangehende Untersuchung zeigt, daß im Augenblick die dem allgemeinen Völkergewohnheitsrecht zu entnehmende Vermutung zugunsten der staatlichen Gerichtsbarkeit über alle innerhalb des Territoriums befindlichen Personen nicht dahingehend eingeschränkt werden kann, daß völkerrechtswidrig entführte Personen von der staatlichen Gerichtsbarkeit des Aufenthaltsstaates schlechthin auszunehmen wären. Das ergibt sich zum einen aus dem Fehlen eines sämtliche völkerrechtliche Unrechtshandlungen erfassenden Grundsatzes „ex iniuria ius non oritur". Sodann regelt das Recht der völkerrechtlichen Folgenbeseitung im Falle einer Entführung unmittelbar allein die Wiedergutmachung, sei es durch Naturalrestitution, sei es durch eine von den Parteien besonders vereinbarte Form. Das Recht der völkerrechtlichen Unrechtsfolgen nimmt dem Entführerstaat nicht eo ipso die Gerichtsbarkeit über den Entführten. Schließlich läßt sich auch noch kein von den Kulturvölkern übereinstimmend anerkannter Rechtsgrundsatz des Inhalts nachweisen, daß in foro domestico von den Kulturvölkern Gerichtsbarkeit über einen völkerrechtswidrig Entführten regelmäßig abgelehnt würde.

Aus diesem Grunde ist *Fawcett* in vollem Umfang zuzustimmen, wenn er anläßlich des *Eichmann-Falles* feststellte:

„Where, as Argentina did, the State from which the offender was taken suspends or waives its claims for his return, the State having

[18] Zur Verwirkung vgl. § 14, 3 und 4.

[19] Ebenso *O'Higgins*, a.a.O., S. 119.

custody over him is left free to exercise whatever jurisdiction it may have over him in respect of offences committed against its law or iure gentium[1]." Zum gleichen Ergebnis gelangt auch *L. C. Green*, der in einer Anmerkung zum *Eichmann-Fall* zutreffend feststellt, daß zum gegenwärtigen Zeitpunkt keine völkerrechtliche Norm ersichtlich sei, die Israel daran hätte hindern können, Gerichtsbarkeit über Eichmann anzunehmen[2]. Wenn dagegen *de Schutter* sowohl im *Eichmann-* als auch im *Argoud-Fall* dem jeweils erkennenden Gericht Gerichtsbarkeit über den völkerrechtswidrig Entführten abspricht, so kann ein solches Ergebnis, so sehr es vom rechtspolitischen Standpunkt im Prinzip begrüßenswert erscheinen mag, aus dem geltenden Völkerrecht nicht nachgewiesen werden[3].

Das genannte Ergebnis entspricht auch allein der Struktur des geltenden Völkerrechts; eine andere Lösung wäre zum gegenwärtigen Zeitpunkt geradezu systemwidrig. Solange das geltende Völkerrecht, dem Grundsatz der Mediatisierung des Einzelmenschen folgend, das einem Individuum zugefügte Unrecht als solches des Staates seiner Zugehörigkeit ansieht und dementsprechend im Falle einer völkerrechtswidrigen Entführung aus diesem Rechtsbruch allein Rechte und Pflichten der beteiligten Staaten entstehen läßt, bedarf es zur Lösung der zwischenstaatlichen Unrechtstatbestände keiner anderen Unrechtsfolgen, als der allgemein anerkannten. Der durch eine völkerrechtswidrige Entführung in seinen Rechten verletzte Staat hat es in der Hand dadurch, daß er auf seinem Recht auf Wiedergutmachung in Form der Naturalrestitution besteht, zu verhindern, daß der Rechtsbrecher aus seiner Unrechtshandlung Vorteile zieht und einen völkerrechtswidrig Entführten vor seine Gerichte stellt. Ist der verletzte Staat dagegen bereit, auf seinen Wiedergutmachungsanspruch in Form der Naturalrestitution zu verzichten, bringt er damit gleichzeitig zum Ausdruck, daß er nichts dagegen einzuwenden hat, daß der Entführerstaat den Entführten durch seine Gerichte aburteilen läßt. Deshalb kennt die Staatenpraxis außerhalb des Rechtes der völkerrechtlichen Unrechtsfolgen keine Pflicht des Rechtsbrechers, den völkerrechtswidrig Entführten nicht vor Gericht zu stellen. Auch ist die Staatenpraxis bislang nicht bereit, dem Entführten selbst ein Recht zu geben, die Einhaltung der dem Rechtsbrecher obliegenden völkerrechtlichen Pflichten selbst wirkungsvoll geltend zu machen. Aus diesem Grunde besteht nach allgemeinem Völkergewohnheitsrecht bislang keine allgemeine, objektive, völkerrechtliche Instanz, die das Opfer einer völkerrechtswidrigen Entführung anrufen könnte.

---

[1] *Fawcett*, 38 Br. Y., S. 200 (1962).

[2] L. C. *Green*, 23 Mod. Law Rev., S. 513 (1960), ebenso *Baade*, Duke Law Journal, 1961, S. 408.

[3] *De Schutter*, 1 Rev. Belge, S. 124 (1965).

Anhang

Nr. 1. Bereits bei einer der frühesten völkerrechtswidrigen Entführungen, im Fall Dr. *Story,* zeigte sich die ganze Problematik dieser Art von Rechtsverletzungen. Dr. John Story, der erste königliche Professor für Civil Law an der Universität Oxford, war einer der erbittertsten Verfolger der religiösen Andersgläubigen unter der Herrschaft der Königin Mary. Nachdem Königin Elizabeth an die Macht gekommen war, wurde er festgenommen, konnte aber mit Hilfe des spanischen Botschafters in London nach Flandern entkommen, wo er um Asyl ersuchte. Hier stellte er sich in den Dienst von Herzog Alba und wurde damit beauftragt, alle Schiffe, die Antwerpen anliefen, nach englischen Waren und vor allem nach ketzerischen Büchern zu durchsuchen. In der Meinung, Dr. Story sei an einem Komplott gegen Königin Elizabeth beteiligt, beauftragte der damalige Schatzkanzler Cecil einige seiner Agenten, Dr. Story aus Antwerpen zu entführen. Diese lockten Dr. Story mit der Mitteilung, auf einem bestimmten Schiff im Hafen von Antwerpen befänden sich ketzerische Bücher, auf ein von Agenten Cecil's besetztes Schiff, nahmen ihn dort fest und brachten ihn nach England. Obwohl der spanische Botschafter die Freilassung von Dr. Story forderte und die Bestrafung der Entführer verlangte, wurde Dr. Story vor ein Gericht gestellt. Er selbst wandte sich gegen die Gerichtsbarkeit englischer Gerichte; allerdings machte er nicht die Völkerrechtswidrigkeit seiner Entführung, sondern die Tatsache geltend, daß er inzwischen spanischer Staatsbürger geworden war. Weder die Intervention des spanischen Botschafters noch sein Einwand konnten ihn jedoch davor retten, daß er zu Tode verurteilt und hingerichtet wurde[1].

Nr. 2. Ein ähnliches Schicksal widerfuhr dem Herzog von *Enghien,* einem Prinzen aus dem Hause der Bourbonen. Der Herzog von Enghien war mit Ausbruch der französischen Revolution zusammen mit den anderen Prinzen und Mitgliedern der königlichen Familie ins Ausland geflüchtet und hatte seit Ausbruch des ersten Koalitionskrieges in einem von emigrierten Royalisten gebildeten Heere auf Seiten der Österreicher und Preußen gegen die französischen Revolutionsheere gekämpft. Als sich nach dem Frieden von Lunéville das Heer der französischen Royalisten auflösen mußte, bereitete der Herzog von Deutschland aus die Rückkehr nach Frankreich vor. Seit dem Frühjahr 1804 befand er sich in Ettenheim, im Großherzogtum Baden, unmittelbar an der französischen Rheingrenze. Auf Veranlassung von Talleyrand und Fouché ließ Bonaparte am 15. März 1804 den Herzog entführen. In einer militärisch bis ins Einzelne vorbereiteten Aktion schickte Bonaparte 300 Dragoner bei Nacht und Nebel über den Rhein auf das Territorium des Großherzogtums Baden und ließ den Prinzen mit seinen Begleitern entführen und vor ein Militärgericht stellen. Obwohl die Entführung und Völkerrechtsverletzung in Europa beträchtliches Aufsehen erregte und eine Reihe

---

[1] Zit. bei *O'Higgins,* 36 Br. Y., S. 281 (1960). Der Vorfall ereignete sich im Jahre 1569.

europäischer Mächte zu intervenieren versuchten, wurde der Prinz wenige Tage später im Schloß von Vincennes hingerichtet[2].

Nr. 3. Im Jahre 1841 hatte eine Gruppe britischer Soldaten unter dem Kommando ihrer Offiziere amerikanisches Gebiet im Bundesstaat Vermont betreten, waren gewaltsam in ein Haus eingedrungen und hatten einen gewissen *Grogan* festgenommen und nach Kanada geschleppt, wo er von einem Militärgericht abgeurteilt wurde. Noch bevor ein offizieller Protest gegen die Verletzung der Gebietshoheit durch die amerikanische Regierung erfolgte, hatte die britische Regierung den kanadischen Gouverneur angewiesen, den Entführten freizulassen. Grogan wurde daraufhin von einem kanadischen Sheriff wieder nach Vermont zurückgebracht. Gleichzeitig wurde der amerikanischen Regierung mitgeteilt, daß der Vorfall untersucht werde, um die Schuldigen zu bestrafen[3].

Nr. 4. Im Jahre 1863 wurde ein gewisser *Tyler*, der aus der amerikanischen Armee desertiert war, von amerikanischen Truppen in kanadisches Gebiet hinein verfolgt, festgenommen und auf das Gebiet der Vereinigten Staaten entführt. Auf einen Protest der britischen Behörden wurde der Offizier, der die Verfolgung geleitet hatte, entlassen; außerdem drückte die amerikanische Regierung der britischen Regierung ihr Bedauern über den Vorfall aus[4].

Nr. 5. Im Jahre 1863 hatten kanadische Beamte zwei gesuchte Verbrecher, *Wilson* und *McElvery*, aus dem amerikanischen Bundesstaat Michigan entführt und nach Kanada geschleppt. Die amerikanische Regierung protestierte gegen den Vorfall, bestand jedoch nicht auf der Rücklieferung der beiden Verbrecher, sondern war einverstanden, daß diese vor einem kanadischen Gericht abgeurteilt wurden. Dagegen teilte der kanadische Generalgouverneur der amerikanischen Regierung mit, daß die beteiligten Beamten disziplinarisch bestraft worden waren[5].

Nr. 6. Zu einer diplomatischen Auseinandersetzung zwischen Deutschland und Frankreich kam es im *Mangold-Fall.* Emil Mangold, ein deutscher Staatsangehöriger, wurde am 15. Januar 1884 auf französischem Gebiet von deutschen Polizeibeamten festgenommen und nach Deutschland entführt. Am 20. März 1884 brachte der französische Außenminister die Haltung der französischen Regierung zum Ausdruck: „Nous ne saurions dans ces conditions nous dispenser d'intervenir afin que le détenu soit ramené en France et que les auteurs de l'infraction reçoivent la punition qu'ils méritent." Die deutsche Regierung erkannte die Völkerrechtswidrigkeit der Festnahme an. Die französische Regierung ihrerseits brachte klar zum Ausdruck, daß allein die Rückgabe des Entführten das geschehene Unrecht wiedergutmachen könne und stellte fest:

„ni la nationalité allemande de Emil Mangold, ni la condamnation postérieure encouru par lui ne sauraient couvrir l'illégalité."

---

[2] Ausführliche Darstellung des Vorfalles bei *Paul Bernard*, Traité Théorique et Pratique de l'Extradition, Paris, 1883, I, S. 419 f.; vgl. die Monographie von *Henri Welschinger*, Le Duc d'Enghien, Paris, 1888, besonders S. 264 ff.

[3] *Moore*, Extradition, I, S. 282/3.

[4] *Moore*, Digest, II, S. 370.

[5] *Moore*, Digest, IV, S. 329.

Der französische Botschafter in Berlin wurde beauftragt, die Angelegenheit auch im Hinblick auf die künftige Einhaltung des Völkerrechts zu verfolgen: „... à sauvegarder pour l'avenir l'application des principes qui nous autoriseraient à maintenir notre réclamation, et à demander que Mangold fût replacé sous la juridiction française ..."

Jedoch gab die französische Regierung schließlich zu verstehen, daß sie nicht unbedingt auf einer Rückgabe des Entführten bestehe[6].

Nr. 7. Als im Jahre 1860 der englische Staatsangehörige Patrick *Lawler*, der auf Gibraltar inhaftiert war, aus dem Gefängnis entkommen und auf spanisches Gebiet geflüchtet war, wurde er von einem britischen Gefängnisbeamten zurückgeschleppt. Die Law Officers brachten in ihrem Gutachten die Rechtslage wie folgt zum Ausdruck: „A plain breach of international law having occurred we deem it to be the duty of the State, into whose territory the individual, thus wrongfully deported, was conveyed, to restore the aggrieved State, upon its request, to that effect, as far as possible, to its original position[7]."

Nr. 8. Im *Schroff-Fall* hatten zwei badische Polizeibeamte am 15. Oktober 1884 den deutschen Staatsangehörigen Schroff, der unter dem Verdacht der „Kolportage" sozialistischer Schriften in Konstanz verhaftet worden war, jedoch wieder entkommen konnte, auf Schweizer Gebiet verfolgt, festgenommen und nach Deutschland zurückgebracht. Auf den Protest der Schweizer Regierung erkannte die Regierung von Baden die Entführung als völkerrechtswidrig an; gleichzeitig veranlaßte sie die sofortige Freilassung des Entführten und die Bestrafung der schuldigen Beamten. „Après nous avoir exprimé son profond regret au sujet de l'incident, le gouvernement grandducal ajoute qu'il a pris les mesures nécessaires pour empêcher le renouvellement de faits de cette nature[8]."

Nr. 9. Zu einer völkerrechtswidrigen Entführung zwischen der Schweiz und Italien kam es im *Riva-Fall*. Riva, ein italienischer Tagelöhner, der auf Schweizer Gebiet in einem Weinberg arbeitete, wurde am 19. Juli 1886 von zwei italienischen Zollbeamten, die in Schweizer Gebiet eingedrungen waren, festgenommen, nach Italien geschleppt und dort inhaftiert. Obwohl er sofort aus unbekannten Gründen freigelassen wurde, forderte die Schweiz strenge Bestrafung der beiden Zollbeamten[9].

Nr. 10. Am 3. März 1887 wurde ein mexikanischer Leutnant, der im amerikanischen Teil der Stadt *Nogales*, Arizona, einen Polizeibeamten angegriffen hatte, von diesem festgenommen; auf dem Weg zum Gefängnis wurde der Festgenommene von anderen mexikanischen Soldaten, die über die Grenze gekommen waren, befreit und mit nach Mexiko genommen. Als die Angelegenheit in Washington bekannt wurde, forderte die amerikanische Regierung von der mexikanischen Regierung die sofortige Rückgabe des Entführten; daneben verlangte sie entweder Bestrafung der Soldaten, die den Ge-

---

[6] *Kiss*, Répertoire, I, No. 40, S. 22/23.
[7] Vgl. *Mc Nair*, Int. Law Opinions, I, S. 78/79.
[8] Vgl. *Clunet*, Questions de Droit, S. 7/8.
[9] Vgl. *Clunet*, a.a.O., S. 8/9.

fangenen befreit hatten, oder deren Auslieferung an die Vereinigten Staaten. Dabei brachte der amerikanische Außenminister klar zum Ausdruck, daß die Tatsache, daß der Entführte die mexikanische Staatsbürgerschaft habe, ohne Einfluß auf die Abwicklung der Angelegenheit sei: „whether the rescued person was or was not a Mexican, nothing could satisfy the Government of the United States except the delivery to its authorities of the prisoner who was forcibly taken from Arizona officials." Als die mexikanische Regierung die amerikanische Regierung ersuchte, sie möge nicht auf der Rückgabe des Entführten bestehen, kam diese dem Ersuchen nur unter der Bedingung nach, daß Mexiko den Rechtsanspruch auf Rückgabe in aller Form anerkenne. Nachdem Mexiko das Recht der Vereinigten Staaten auf Wiederherstellung des status quo anerkannt hatte, wurden der Entführte und seine Befreier in Mexiko vor Gericht gestellt und zum Tode verurteilt[10].

Nr. 11. Von besonderer geschichtlicher Bedeutung ist der *Schnaebelé* Zwischenfall, der in der Krieg-in-Sicht Psychose der 90er Jahre des vergangenen Jahrhunderts beinahe zu einer kriegerischen Auseinandersetzung zwischen Deutschland und Frankreich geführt hätte. Am 20. April 1887 war der französische Polizeikommissar Schnaebelé von einem deutschen Polizeibeamten eingeladen worden, mit ihm gewisse Probleme des Grenzdienstes zu besprechen. Als er zwischen Pagny sur Moselle und Novéant die deutsch-französische Grenze überschritten hatte und sich einige Schritte auf deutschem Gebiet befand, stürzten sich deutsche Polizeibeamte, die in einem Gebüsch verborgen gewesen waren, auf ihn, gaben an, einen Haftbefehl auszuführen und versuchten, ihn festzunehmen. Nach der französischen Version des Falles gelang es Schnaebelé, seine Angreifer zunächst abzuschütteln und auf französisches Territorium, das nur wenige Meter entfernt war, zurückzulaufen; dort wurde er jedoch von den deutschen Beamten, die ihn dorthin verfolgten, überwältigt, auf deutsches Gebiet geschleppt und nach Metz gebracht, wo er inhaftiert wurde. Demgegenüber behauptete die Regierung in Berlin, Schnaebelé sei auf deutschem Gebiet festgenommen worden. Der Fall rief in ganz Frankreich ungeheure Empörung hervor. Der damalige Kriegsminister General *Boulanger* erwog bereits, Deutschland ein Ultimatum zu stellen, was unter den damaligen Umständen einer Kriegserklärung gleichgekommen wäre. *Bismarck* blieb zwar bei der Version, Schnaebelé sei auf deutschem Gebiet festgenommen worden, gab aber in seiner Note vom 28. April 1887 an den französischen Botschafter in Berlin dennoch zu, daß es sich um eine völkerrechtswidrige Festnahme gehandelt habe, da die Einladung zu einer Dienstbesprechung als die Gewährung eines sicheren Geleites anzusehen sei und die Verletzung dieses Geleits einen völkerrechtswidrigen Akt darstelle, der die Freilassung des Verhafteten erfordere. Nach 10 Tagen Haft wurde Schnaebelé freigelassen[11].

Nr. 12. Obwohl bereits ein Auslieferungsverfahren eingeleitet war und die amerikanische Regierung grundsätzlich zur Auslieferung bereit war, wurde im Jahre 1891 der spanische Verbrecher Rufino *Rueda* von spanischen Agen-

[10] Vgl. *Moore*, Extradition, I, S. 288—290.

[11] Vgl. dazu insbesondere die Schrift von *Clunet*, Questions le Droit, die sich eingehend mit allen damit zusammenhängenden Rechtsfragen beschäftigt, zum Sachverhalt besonders, S. 1, 20, 21. Interessant auch die Ausführung von *Triepel*, Völkerrecht und Landesrecht, S. 311—313.

ten aus den Vereinigten Staaten nach Kuba entführt. Auf den Protest der Vereinigten Staaten erfolgte die sofortige Rückgabe des Entführten[12].

Nr. 13. Im Jahre 1911 wurden zwei flüchtige Verbrecher, *Converse* und E. M. *Blatt,* von mexikanischen Staatsangehörigen auf amerikanischem Gebiet festgenommen und über den Rio Grande nach Mexiko geschleppt, wo bereits eine Abteilung mexikanischer Soldaten auf die Rückkehr der Entführer wartete. Da die Entführungsaktion offensichtlich vom befehlenden Offizier geleitet wurde, sahen die Vereinigten Staaten in der Aktion eine Völkerrechtsverletzung und verlangten von Mexiko die Rückgabe der Entführten; diese wurden schließlich freigelassen[13].

Nr. 14. Zu einem weiteren Zwischenfall zwischen Mexiko und den Vereinigten Staaten kam es im Jahre 1914 im *Cantú-Fall.* Cantú, ein mexikanischer Staatsangehöriger, der sich auf amerikanischem Gebiet befand, wurde von mexikanischen Beamten auf die internationale Brücke zwischen Laredo, Texas, und Nuevo Laredo, Mexiko, gelockt und dort, obwohl er sich noch auf der amerikanischen Seite der Brücke befand, von mexikanischen Beamten festgenommen und nach Mexiko gebracht. Auf den Protest der Vereinigten Staaten wurde Cantú sofort freigelassen und nach Laredo zurückgebracht[14].

Nr. 15. Im März 1915 wurde der panamesische Staatsangehörige Ricardo *Bermudez* von amerikanischen Behörden der Kanalzone in Las Sabanas, Panama, verhaftet und in die Zone geschleppt. Auf den Protest Panamas wurde Bermudez schließlich nach langen Verhandlungen zwischen den beteiligten Regierungen unter der Bedingung freigelassen, daß er von den panamesischen Behörden wegen eventuell begangener Vergehen oder Verbrechen strafrechtlich verfolgt werde[15].

Nr. 16. Erhebliches Aufsehen in der ganzen Welt erregte im Jahre 1935 die Entführung von Jacob *Salomon* aus der Schweiz nach Deutschland. Der ehemalige deutsche Staatsangehörige Jacob Salomon, der von der Schweiz aus eine wirksame journalistische Tätigkeit gegen den Nationalsozialismus betrieb, war von einem deutschen Gestapo-Agenten, Dr. Wesemann, nach Basel gelockt worden. Nachdem Jacob Salomon in ein Auto eingestiegen war, in dem außer Dr. Wesemann zwei weitere deutsche Agenten Platz genommen hatten, bog der Fahrer des Wagens plötzlich von der verabredeten Route ab, fuhr zur deutsch-schweizerischen Grenze und raste bei Klein-Hünningen, die Zeichen der Schweizer Grenzbeamten mißachtend, über die Grenze auf deutsches Gebiet. Die deutschen Grenzschranken waren zur fraglichen Zeit (8.50 Uhr abends) entgegen den sonstigen Gewohnheiten geöffnet, so daß das Fahrzeug hier ungehindert passieren konnte. Etwa 200 m hinter der Grenze hielt das Auto an und Jacob Salomon wurde von zwei deutschen Beamten, die dort gewartet hatten, festgenommen. Die Schweiz protestierte in aller Schärfe gegen diese völkerrechtswidrige Entführung. Obzwar die beteiligten Regierungen übereingekommen waren, die Angelegenheit durch ein Schiedsgericht entscheiden zu lassen, gab die deutsche Regierung, nachdem sie das

---

[12] *Moore,* Digest, IV, S. 330.
[13] *Hackworth,* II, S. 309/10.
[14] *Hackworth,* II, S. 310/11.
[15] *Hackworth,* II, S. 311 ff.

Schweizer Memoire gelesen hatte, Jacob Salomon an die Schweiz zurück und bestrafte die an der Entführung beteiligten Beamten disziplinarisch. Dr. Wesemann, der inzwischen wieder in die Schweiz zurückgebracht war, wurde von dem zuständigen Gericht in Basel abgeurteilt. Der Fall erregte deshalb großes Aufsehen, weil hier in besonders eklatanter Weise die Tätigkeit nationalsozialistischer Agenten im Ausland bekannt wurde[16].

Nr. 17. Zu einer völkerrechtswidrigen Entführung kam es im Jahre 1960 an der bayerisch-österreichischen Grenze in Oberau bei Berchtesgaden. Als der Hauptwachmeister *Brandner* von der bayerischen Grenzpolizei Oberau erfahren hatte, daß ein in Deutschland polizeilich gesuchter Autodieb den deutschen Strafverfolgungsbehörden entkommen war und sich im nahen Groß-Gmain in Österreich befand, veranlaßte er sechs junge deutsche Urlauber, den Autodieb aus Österreich zu entführen. Die jugendlichen Urlauber nahmen am 28. Juni 1960 den polizeilich gesuchten Jürgen *Kreher* auf österreichischem Gebiet fest, fesselten ihn mit einem ihnen von Brandner mitgegebenen Strick, nahmen ihn in ihr Auto und fuhren über die Grenze nach Bayern, ohne auf die Haltezeichen der österreichischen Grenzbeamten zu achten. Die österreichische Regierung protestierte, als sie den Vorfall erfuhr, gegen dieses rechtswidrige Vorgehen.

Im Rahmen eines diplomatischen Notenwechsels aus Anlaß dieses Vorfalls entschuldigte sich die Bundesregierung in aller Form für das Vorgehen des Hauptwachtmeisters Brandner. Brandner selbst wurde bei einer späteren Reise nach Österreich verhaftet und von einem Gericht in Salzburg wegen Beihilfe zum Menschenraub zu sechs Monaten schwerem Kerker verurteilt. Von dem Landgericht Traunstein wurde er am 8. 1. 1962 wegen eines Vergehens der Freiheitsberaubung im Amt verurteilt. Sein Verhalten wurde außerdem durch eine Dienststrafverfügung geahndet[17].

Nr. 18. Die Entführung des ehemaligen SS-Obersturmbannführers Adolf *Eichmann* durch israelische Agenten aus Argentinien im Mai 1960 erregte weltweites Aufsehen, führte zu einer erheblichen Belastung der diplomatischen Beziehungen zwischen Israel und Argentinien und löste eine zweitägige Debatte vor dem Sicherheitsrat der Vereinten Nationen aus.

Adolf Eichmann, der zur Zeit der nationalsozialistischen Herrschaft mit Massendeportationen von Juden betraut war, wurde seit Ende des zweiten Weltkrieges von israelischen Stellen gesucht. Ihm war es gelungen, nach Südamerika zu entkommen, wo er seit 1950 unter falschem Namen lebte. Im Frühjahr des Jahres 1960 schließlich erfuhr der israelische Geheimdienst, daß Eichmann unter falschem Namen in einem Vorort von Buenos Aires lebte. Nach sorgfältiger Vorbereitung wurde er am 11. Mai abends, als er von seiner Arbeit zurückkam, überfallen, in der Nähe von Buenos Aires gefangen gehalten und mit dem israelischen Sonderflugzeug, das die israelische Delegation zur Unabhängigkeitsfeier am 19. Mai nach Argentinien gebracht hatte, am 20. Mai abends aus argentinischem Territorium nach Israel entführt, wo er am 22. Mai eintraf und von den Strafverfolgungsbehörden festgenommen

---

[16] Eine Darstellung des Sachverhalts findet sich in Frank *Arnau*, Das Auge des Gesetzes, Bd. 298 Deutscher Taschenbuchverlag, 1965. Eine Würdigung des Falles in völkerrechtlicher Sicht. L. *Preuss,* 29 A. J., S. 502 (1935) und 30 A. J., S. 123 f. (1936).

[17] Vgl. I. *von Münch,* Delikt, S. 63, 176/7.

wurde. Am 23. Mai 1960 teilte der israelische Ministerpräsident David Ben Gurion in einer eigens einberufenen Sitzung dem Knesseth mit, daß es dem israelischen Geheimdienst vor kurzem gelungen sei, Adolf Eichmann, einen der größten Kriegsverbrecher des nationalsozialistischen Regimes aufzuspüren und daß er sich bereits in den Händen der israelischen Behörden befinde und vor Gericht gestellt werde. Am 1. Juni bat der argentinische Außenminister Diogenes Taboada den israelischen Botschafter in Buenos Aires, Arieh Levavi, ihm die näheren Umstände der Ergreifung Eichmanns mitzuteilen und wies auf die inzwischen in der Presse erschienenen Meldungen hin, wonach Eichmann aus Argentinien entführt worden sei; gleichzeitig machte er den israelischen Botschafter darauf aufmerksam, daß, falls Normen des Völkerrechts verletzt worden seien, seine Regierung entsprechende Maßnahmen ergreifen werde. In einer Verbalnote vom 3. Juni teilte die israelische Botschaft dem argentinischen Außenministerium das Ergebnis der Untersuchungen mit. Danach hätten jüdische Freiwillige, darunter einige israelische Staatsangehörige, seit dem Ende des zweiten Weltkrieges nach Eichmann gesucht, diesen schließlich in Argentinien ausfindig gemacht und sich mit ihm in Verbindung gesetzt.

Nachdem sie ihn gefragt hätten, ob er bereit sei, nach Israel zu gehen und sich dort vor einem Gericht zu verantworten, habe er sich eine Bedenkzeit von 24 Stunden ausbedungen; nach Ablauf der 24 Stunden habe er sich bereit erklärt, nach Israel zu gehen und sein Einverständnis schriftlich niedergelegt. Erst danach sei er mit seinem vollen Einverständnis von der Freiwilligengruppe nach Israel gebracht und dem Geheimdienst übergeben worden. Die israelische Regierung selbst sei erst am 23. Mai von dem Vorfall benachrichtigt worden. Zum Schluß der genannten Verbalnote drückte die israelische Regierung für den Fall, daß die Freiwilligengruppe argentinische Gesetze verletzt habe oder in die inneren Angelegenheiten der argentinischen Republik eingegriffen habe, ihr Bedauern aus. In einem persönlichen Schreiben an den argentinischen Staatspräsidenten Frondizi bat der israelische Ministerpräsident Ben Gurion am 7. Juni um Verständnis für diese außerordentliche Situation und machte bereits darauf aufmerksam, daß es der israelischen Regierung unmöglich sei, Eichmann an Argentinien zurückzugeben. Am 8. Juni übermittelte das argentinische Außenministerium der israelischen Botschaft in Buenos Aires die Antwortnote, in der in aller Form gegen das israelische Vorgehen Protest erhoben, die Rückgabe Eichmanns an Argentinien gefordert und für die Durchführung der argentinischen Forderung eine Frist von einer Woche gesetzt wurde. Argentinien kündigte für den Fall, daß Israel der argentinischen Forderung nicht nachkommen sollte an, daß es dann die Angelegenheit vor den Sicherheitsrat der Vereinten Nationen bringen werde.

Nachdem die von Argentinien festgesetzte Frist ergebnislos abgelaufen war, übermittelte die argentinische Regierung am 15. Juni durch ihren Vertreter bei den Vereinten Nationen an den Präsidenten des Sicherheitsrates eine Note, in der die beschleunigte Einberufung des Sicherheitsrates zur Behandlung der „Verletzung der Souveränitätsrechte der Republik Argentinien durch die heimliche und ungesetzliche Beförderung von A. Eichmann von argentinischem Gebiet in das Gebiet des Staates Israel“ gefordert wurde. In einem Memorandum der argentinischen Regierung wurden die Art. 34 und 35 der Satzung der Vereinten Nationen angerufen und die Anrufung des Rates mit dem Zusammenbruch der diplomatischen Schritte begründet. Auf Grund der argentinischen Beschwerde setzte sich der Sicherheitsrat in einer zweitägigen Debatte mit der Entführung von Eichmann auseinander und faßte am

23. Juni mit 8 Stimmen, bei Stimmenthaltung der Sowjetunion und Polens und Nichtbeteiligung Argentiniens, folgende Resolution:

„The Security Council.

Having examined the complaint that the transfer of Adolf Eichmann to the territory of Israel constitutes a violation of the sovereignty of the Argentine Republic,

Considering that the violation of the sovereignty of a Member State is incompatible with the Charter of the United Nations,

Having regard to the fact that reciprocal respect for and the mutual protection of the sovereign rights of States are essential condition for their harmonious coexistence,

Noting that the repetition of acts such as that giving rise to this situation would involve a breach of the principles upon which international order is founded, creating an atmosphere of insecurity and distrusts incompatible with the preservation of peace,

Mindful of the universal condemnation of the persecution of the Jews under the Nazis and of the concern of people in all countries that Eichmann should be brought to appropriate justice for the crime of which he is accused,

Noting at the same time that this resolution should in no way be interpreted as condoning the odious crimes of which Eichmann is accused,

1. Declares that acts such as that under consideration, which affect the sovereignty of a Member State and therefore cause international friction, may if repeated, endanger international peace and security;

2. Requests the Government of Israel to make appropriate reparation in accordance with the Charter of the United Nations and the rules of international law;

3. Expresses the hope that the traditionally friendly relations between Argentine and Israel will be advanced."

Der Zwischenfall fand dann sein diplomatisches Ende am 3. August durch eine gemeinsame Erklärung der beiden beteiligten Regierungen, die den Vorfall für erledigt erklärten: „Les Gouvernements de l'Argentine et d'Israel, désireux de mettre en exécution la résolution du Conseil de Sécurité en date du 23 juin 1960, en ce qu'elle exprime l'espoir que les relations traditionnelles d'amitié entre les deux Etats puissent être rétablies, décident de considérer comme clos l'incident causé par l'activité de citoyens israéliens, qui a porté atteinte aux droits fondamentaux de l'Etat d'Argentine." Nachdem die diplomatische Auseinandersetzung um die Entführung beigelegt worden war, wurde das Strafverfahren gegen Eichmann vor dem Bezirksgericht in Jerusalem eingeleitet. Der Prozeß selbst begann am 11. April 1961 und endete dort am 15. Dezember mit dem Ausspruch des Todesurteils. Die Berufung vor dem Obersten Gerichtshof Israels hatte keinen Erfolg. Ein Gnadengesuch wurde vom israelischen Ministerpräsidenten abgelehnt[18].

---

[18] Zum Sachverhalt vgl. 30 Archiv der Gegenwart 1960, 8414 A, 8448 D, 8462 A, 8474 A, 8556 D, 31 A. d. G. 1961, 9025 D, 9281 E, 9549 A; der Sicherheitsrat befaßte sich mit der Entführung Eichmanns in seiner Sitzung vom 22. und 23. Juni (865—868. Sitzung, vgl. Un. Nat. S/PV 865, 866, 867, 868); die einschlägigen Dokumente wurden vom Sicherheitsrat veröffentlicht; Doc. S/4334, S/4336, S/4338, S/4341, S/4342. Von den unzähligen rechtlichen Ab-

Nr. 19. Eine weitere völkerrechtswidrige Entführung in neuester Zeit im Fall Anderson *Ganyile* veranlaßte die Internationale Juristenkommission in der Sache tätig zu werden und eine umfassende Darstellung aller einschlägigen Fragen herauszugeben. Anderson Ganyile, Angehöriger des südafrikanischen Stammes der Pondo, Staatsangehöriger der südafrikanischen Republik, war bereits im Jahre 1960 aus offensichtlich politischen Gründen gezwungen worden, die Universität von Fort Hare, an der er studierte, zu verlassen. Nachdem er mehrmals festgenommen worden war, wurde er schließlich in ein Lager deportiert, konnte aber aus diesem entkommen und flüchtete sich nach Britisch Basutoland, wo er etwa 700 Meter von der Grenze der südafrikanischen Republik entfernt ein kleines Haus bezog. Nach seiner Flucht im Dezember 1960 nach Basutoland hatte er die dortigen Behörden von seiner Anwesenheit informiert und um eine Aufenthaltsgenehmigung ersucht. In der Nacht vom 26. August 1961 wurde er und seine zwei Begleiter in seinem Haus von sechs südafrikanischen Polizeibeamten überfallen und über die Grenze nach Südafrika verschleppt. Im Rahmen eines von Ganyile betriebenen habeas corpus Verfahrens wurde in zweiter Instanz seine vorläufige Freilassung gegen eine Sicherheitsleistung angeordnet, so daß er am 11. Januar 1962 das Gefängnis verlassen konnte. Nachdem um die gleiche Zeit die britische Regierung in der Angelegenheit bei der südafrikanischen Regierung vorstellig wurde und mit Nachdruck gegen die Völkerrechtsverletzung protestierte, erklärte der südafrikanische Justizminister am 18. Januar 1962 schließlich, daß die Strafverfolgung gegen Ganyile eingestellt und es diesem freigestellt worden sei, nach Britisch Basutoland zurückzukehren. Außerdem drückte die südafrikanische Regierung in aller Form ihr Bedauern über den Vorfall aus[19].

Nr. 20. Am 25. Februar 1963 gegen 23 Uhr wurde der ehemalige Oberst der französischen Armee Antoine *Argoud* in der Halle des Hotels „Eden-Wolff" in München von zwei unbekannten Männern angehalten, aus der Halle geleitet und in ein vor dem Hoteleingang stehendes Auto gebracht. Er wurde am folgenden Tage in Paris gefesselt in einem Lieferwagen gefunden und von der Polizei verhaftet.

Unmittelbar nach Bekanntwerden der Entführung Argouds in Paris durch Pressemeldungen hat der Oberstaatsanwalt bei dem Landgericht München I

---

handlungen sind insbesondere zu erwähnen: M. H. *Cardozo*, When extradition fails, is abduction the solution, 55 A. J. S. 127 ff. (1961); J. E. S. *Fawcett*, The Eichmann Case, 38 Br. Y. S. 181 ff. (1962), H. W. *Baade*, The Eichmann Trial, Duke Law Journal, 1961, S. 400 ff., *Aroneanu*, L'arrestation d'Eichmann et le droit international, 16 Revue de défense nationale, S. 1444 ff., (1960); L. C. *Green*, The Eichmann Case, 23 Mod. Law Rev. S. 507 ff. (1960), ders. Legal issues of the Eichmann Trial, 37 Tulane Law Rev. S. 641 ff. (1962/63), D. *Lasok*, The Eichmann Trial, 11 Int. Comp. Law Quarterly, S. 355 ff. (1962), P. P. *Papadatos*, Le Procès Eichmann, Genève, 1964, Yosal *Rogat*, The Eichmann Trial and the Rule of Law, Sta Barbara, 1961, Robert *Servatius*, Verteidigung Adolf Eichmann, Bad Kreuznach, 1961, Helen *Silving*, In re Eichmann: A dilemma of law and morality, 55 A. J. S. 307 ff. (1961), R. K. *Woetzel*, The Nuremberg Trials in International Law with a Postlude on the Eichmann Case, London, 1962. Urteil und Sitzungsprotokolle wurden in deutscher Sprache veröffentlicht *(Bezirksgericht Jerusalem, Strafakt 40/61)*.

[19] Vgl. die Darstellung in dem Bericht der Internationalen Juristenkommission: Chronique de l'Afrique du Sud L'Affaire Ganyile, Genève, 1962. Vgl. auch The Contemporary Practice of the United Kingdom in the Field of International Law, ed. by Lauterpacht, 1962, I, S. 10.

die Einleitung der polizeilichen Ermittlungen veranlaßt. Die Ermittlungen der Polizei führten dazu, daß der Ermittlungsrichter beim Landgericht München I am 11. März 1963 gegen fünf Personen wegen des dringenden Verdachts „gemeinschaftlich mit anderen handelnd vorsätzlich einen Menschen des Gebrauchs der persönlichen Freiheit beraubt zu haben" (§ 239 StGB) Haftbefehl erlassen hat.

Das Polizeipräsidium München bat bereits im Februar 1963 unter Einschaltung des französischen Verbindungsoffiziers in München die Pariser Polizei, zur Aufklärung des Sachverhalts an die zuständigen französischen Polizeidienststellen näher bezeichnete Fragen zu richten. Der Oberstaatsanwalt bei dem Landgericht München I richtete am 8. März 1963 an die Staatsanwaltschaft in Paris ein Rechtshilfeersuchen und ergänzte dasselbe mit Schreiben vom 21. März 1963. Die Rechtshilfeersuchen sind dem französischen Außenministerium von der deutschen Botschaft in Paris mit Noten vom 29. März und vom 29. April zugeleitet worden.

Am 15. März 1963 legte die Münchner Polizei dem Oberstaatsanwalt bei dem Landgericht München I ihren Ermittlungsbericht vor. Darin wird dargelegt:

„Zusammenfassend kann gesagt und belegt werden, daß es sich bei den dringend Tatverdächtigen um Offiziere der französischen Armee und Angehörige eines offiziellen französischen Dienstes handelt."

Der Deutsche Bundestag hat sich vom März 1963 an in einer Reihe von Sitzungen mit der Angelegenheit befaßt. Die Bundesregierung selbst hat gegenüber der französischen Regierung die folgenden Schritte unternommen:

1. Im Mai 1963 hat die deutsche Botschaft in Paris die Erledigung der Rechtshilfeersuchen mündlich und schriftlich angemahnt.
2. Am 19. Juli 1963 hat die deutsche Botschaft im französischen Außenministerium an die Erledigung der Rechtshilfeersuchen erinnert, nachdem sie vorher in dieser Angelegenheit mehrmals mündlich und schriftlich vorstellig geworden war.
3. Am 26. Juli 1963 wurde der französische Gesandte in Bonn gebeten, sich um die Erledigung der Rechtshilfeersuchen zu bemühen.
4. Im September 1963 erinnerte die deutsche Botschaft nochmals im französischen Außenministerium an die Erledigung des Rechtshilfeersuchens.
5. Im November 1963 bat Staatssekretär Prof. Dr. Carstens den französischen Botschafter in Bonn um möglichst umgehende Erledigung der Angelegenheit.
6. Ende November und Anfang Dezember 1963 wurden eine Anzahl von Gesprächen zwischen Mitgliedern des Auswärtigen Amtes und des französischen Außenministeriums in dieser Angelegenheit geführt.
7. Am 12. Dezember 1963 schließlich trug Staatssekretär Prof. Dr. Carstens dem französischen Botschafter in Bonn den deutschen Rechtsstandpunkt sowie ein Rücküberstellungsbegehren vor und überreichte dazu eine formulierte Erklärung.
8. Am 26. 12. 1963 begann der Prozeß gegen Argoud vor dem französischen Staatsgerichtshof. Das Gericht wollte sich vergewissern, ob die Bundesrepublik ein Rückstellungsbegehren gestellt hatte und wandte sich deshalb an das französische Außenministerium. Nachdem dem Gericht ein

Schreiben des französischen Außenministeriums an das französische Justizministerium mit dem Inhalt vorgelegt worden war, daß es keine Note mit einem deutschen Rückstellungsbegehren gebe, überreichte die deutsche Botschaft in Paris im französischen Außenministerium am 30. Dezember 1963 eine Note gleichen Inhalts wie die formulierte Erklärung vom 12. Dezember 1963.

9. Nach der Antwort der französischen Regierung antwortete die Bundesregierung mit einer Note vom 7. Januar 1964.

10. Nachdem die französische Regierung in einer Note vom 30. Januar 1964 dem deutschen Anspruch auf Wiedergutmachung nicht stattgab und feststellte, daß sie niemals einen Befehl erteilt habe, jemanden im Hoheitsgebiet der Bundesrepublik zu verhaften, im übrigen aber auf das deutsche Verlangen nach Konsultation nicht einging, teilte Staatssekretär Prof. Dr. Carstens dem französischen Botschafter am 31. Dezember 1964 mit, die Note befriedige in keiner Weise.

11. Bundeskanzler Prof. Dr. Erhard hat mit dem französischen Staatspräsidenten de Gaulle am 14./15. Februar 1964 in Paris den Fall Argoud erörtert; Bundesminister Dr. Gerhard Schröder sprach in dieser Angelegenheit mit dem französischen Außenminister Couve de Murville.

12. Daraufhin richtete der französische Staatspräsident an Bundeskanzler Prof. Dr. Erhard zum Fall Argoud ein Schreiben vom 19. Februar 1964. Der Bundeskanzler beantwortete diesen Brief am 8. April 1964. Es wurde vereinbart, daß damit die Angelegenheit ein Ende finden sollte; außerdem wurde vereinbart, den Briefwechsel geheim zu halten.
Der Ausschuß für Auswärtige Angelegenheiten, dem der Briefwechsel in geheimer Sitzung bekannt gegeben wurde, ersuchte daraufhin die Bundesregierung, bei der französischen Regierung auf eine Offenmachung des Briefwechsels hinzuwirken. Obzwar die Bundesregierung eine Offenmachung befürwortete, hat die französische Regierung dem bemerkenswerterweise nicht zugestimmt.

Nach diplomatischer Erledigung des Vorfalls stellte auch die Staatsanwaltschaft beim Landgericht München I am 29. Juni 1964 das Verfahren gemäß § 205 StPO vorläufig ein, indem es feststellte, daß die der Tat verdächtigen fünf französischen Staatsangehörigen, die bereits in den polizeilichen Ermittlungen bezeichnet worden waren, sich offenbar im Ausland aufhielten und ein Verfahren in der Bundesrepublik nicht durchgeführt werden könne, zumal wegen des politischen Hintergrundes der Tat eine Auslieferung ausscheide.

Nachdem im Anschluß an die Debatte im Bundestag vom 6. November 1963 der Antrag der SPD betreffend die Rückführung von Argoud an den Ausschuß für Auswärtige Angelegenheiten überwiesen worden war, faßte dieser in seiner Sitzung vom 13. Mai 1965 folgenden Beschluß:

1. Der Ausschuß hat nach Einsicht der staatsanwaltschaftlichen Akten und nach den von der Bundesregierung gegebenen Auskünften von den Bemühungen der Bundesregierung in der Sache der völkerrechtswidrigen Entführung Argouds Kenntnis genommen;

2. Unbeschadet der von der Bundesregierung für ihr zögerndes Vorgehen gegebenen Begründung bedauert der Ausschuß, daß die Bundesregierung gegenüber der französischen Regierung erst am 12. Dezember 1963 die Forderung auf Rücküberstellung von Argoud erhoben

hat, obwohl sie bereits vorher hätte erkennen können, daß die französische Seite die deutschen Ersuchen auf Rechtshilfe nicht beantworten würde;

3. Der Ausschuß bedauert außerdem, daß die völkerrechtlich gebotene Lösung — nämlich die Rücküberstellung des Entführten an die Bundesrepublik Deutschland — an der Haltung der französischen Regierung gescheitert ist.

Der Bericht des Ausschusses für Auswärtige Angelegenheiten wurde vom Deutschen Bundestag einstimmig angenommen. Am 26. Dezember 1963 begann in Paris vor der Cour de Sûreté de l'Etat das Verfahren gegen Argoud. Nachdem die Verteidigung sich dagegen wandte, daß angesichts der völkerrechtswidrigen Entführung von Argoud das Gericht rechtmäßig Gerichtsbarkeit annehmen könnte, hatte das Gericht zunächst in einem Inzident-Verfahren über diese Frage zu entscheiden. Dabei war von ausschlaggebender Bedeutung die Feststellung, ob die Bundesrepublik bei der französischen Regierung einen Rücküberstellungsantrag gestellt hatte. Das Gericht bejahte die Gerichtsbarkeit, nachdem es vorgetragen hatte, daß die Bundesrepublik ein solches Gesuch nicht gestellt hatte. Zum Beweis dafür diente ein — angesichts der eindeutigen Forderung des deutschen Staatssekretärs Prof. Dr. Carstens vom 12. Dezember 1963 — bemerkenswertes Schreiben des französischen Außenministers Couve de Murville vom 26. Dezember 1963: ‚En réponse à votre demande, j'ai l'honneur de vous indiquer que mon département n'a reçu aucune note du Gouvernement de la République Fédérale d'Allemagne demandant la remise aux autorités allemandes de l'excolonel Argoud.'

Der Gerichtshof verurteilte Argoud, nachdem er seine Gerichtsbarkeit bejahte, am 30. Dezember zu lebenslangem Zuchthaus. Der Kassationsgerichtshof bestätigte das Urteil in seiner Entscheidung vom 4. Juni 1964[20].

Nr. 21. Am 23. Juli 1963 hatte sich der schwarze Arzt aus Johannesburg Dr. Kenneth *Abraham*, südafrikanischer Staatsangehöriger, in das britische Protektorat Betchuanaland geflüchtet und hatte dort eine befristete Aufenthaltsgenehmigung erhalten. Noch am selben Tage wurde er 160 km von der südafrikanischen Grenze entfernt von zwei bewaffneten Weißen, die von zwei südafrikanischen Polizeibeamten angeführt waren, festgenommen und

---

[20] Die Darstellung des Sachverhalts folgt im wesentlichen dem Bericht des Ausschusses für Auswärtige Angelegenheiten, Deutscher Bundestag, 4. Wahlperiode, Drucks. IV/3450. Eine eingehende Behandlung der Angelegenheit findet sich in *L'Affaire Argoud*, Editions du Fuseau, Paris 1964; in dem dort abgedruckten Brief Argouds an den deutschen Bundeskanzler ist eine detaillierte Schilderung der Entführung gegeben. Vgl. auch Le Monde vom 29./30. Dez. 1963; Rechtliche Würdigung des Argoud-Falles: *Cocatre - Zilgien*, L'affaire Argoud, Paris, 1965, *Doehring*, Asylrecht und Auslieferungsrecht Restitutionsanspruch im Fall Argoud, in 25 ZaöRV S. 209 ff. (1965); J. *Robert*, L'affaire Argoud, 80 Revue du Droit Public et de la Science Politique, S. 1255 ff. (1964); *Kirchner*, Der Fall Argoud und das Auslieferungsrecht, NJW 1964, S. 853 ff.; Bartolomé *De Schutter*, The case of A. Argoud, 1 Rev. Belge S. 88 ff. (1965), vgl. auch die Anmerkung zur Entscheidung des Kassationsgerichtshofs in 92 Journal du Droit Int. 93 ff. (1965); Maurice *Garcon*, Du Respect du Droit des Gens, Le Monde, 26./27. 7. 1964; Natalino *Ronzitti*, La cattura di un individuo all'estero; in margine al caso Arguod, 48 Rivista, S. 64 ff. (1965). Zur Entscheidung der Cour de Cassation auch A. Ch. *Kiss* in 11 Annuaire français de droit international, S. 935—938 (1965).

in die südafrikanische Republik entführt, wo er am 20. August vor dem Tribunal von Capetown wegen Sabotage angeklagt wurde. Nachdem der Vorfall der britischen Regierung mitgeteilt worden war, gab diese unmißverständlich zu erkennen, daß sie das Verhalten als Völkerrechtsverletzung betrachte. Am 19. August ließ sie über den britischen Botschafter der südafrikanischen Regierung mitteilen, daß sich die britische Regierung in diesem Fall mit einer einfachen Entschuldigungserklärung nicht zufrieden geben würde und die einzig zulässig und völkerrechtlich gebotene Lösung die sofortige Freilassung von Dr. Abraham sei. Daraufhin kündigte der südafrikanische Justizminister Vorster am 30. August an, daß Dr. Abraham freigelassen und von südafrikanischer Polizei an die Grenze nach Betschuanaland zurückgeführt werde[21].

Nr. 22. Die Entführung des französischen Staatsangehörigen *Argoud* aus Deutschland scheint die Organisatoren im Fall der Entführung von Dennis *Higgs* inspiriert zu haben. Der britische Staatsangehörige Dennis Higgs, ehemaliger Professor für Mathematik an der Universität von Witwaterstrand, ein bekannter Gegner der Apartheidpolitik der südafrikanischen Regierung, wurde in der Nacht vom 29. auf den 30. August 1964 gefesselt und mit verbundenen Augen in einem Wagen gefunden, der im Johannesburger Park ‚Zoo Lake' abgestellt worden war. Prof. Higgs war am Tag zuvor von Unbekannten in seinem Haus in Lusaka, Nord-Rhodesien, festgenommen und 1600 km nach Johannesburg entführt worden. Der Premierminister von Rhodesien forderte in einem Protestschreiben die britische Regierung, die zu dieser Zeit noch verantwortlich war, auf, bei der südafrikanischen Regierung zu intervenieren und die Freilassung von Dennis Higgs zu fordern. Obwohl die südafrikanische Regierung jede Beteiligung abstritt, wurde Dennis Higgs daraufhin nach Nord-Rhodesien zurückgebracht[22].

Nr. 23. Erhebliches Aufsehen erregte auch der Entführungsversuch an dem israelischen Staatsangehörigen Mordechai *Louk*. Am 17. November 1964 gegen 16 Uhr erschienen die beiden ersten Sekretäre der Botschaft der Vereinigten Arabischen Republik auf dem internationalen Flugplatz von Rom um eine Kiste aufzugeben, die angeblich diplomatische Korrespondenz enthielt und an das ägyptische Außenministerium in Kairo adressiert war. Als ein Zollbeamter im Innern der Kiste Stöhnen zu vernehmen glaubte und sich mit der Erklärung der Diplomaten, die Sendung enthalte auch einige Musikinstrumente, nicht zufrieden gab und die Angelegenheit überprüfen wollte, ergriffen die Diplomaten mit ihrer Kiste eiligst die Flucht.

Nachdem es den Zollbeamten gelungen war, die beiden Diplomaten zu stellen, wurde die Kiste geöffnet. Sie enthielt einen auf einen Zahnarztstuhl gebundenen jungen Mann, der betäubt war und erst nach längerer Behandlung sprechen konnte. Er erklärte, daß er von einem der Sekretäre in einem Café an der Via Veneto entführt und dann betäubt worden war. Die italienische Regierung protestierte energisch gegen diese Verletzung der Territorialhoheit und der diplomatischen Vorrechte und forderte die beiden Diplomaten auf, binnen 24 Stunden Italien zu verlassen. Schließlich wurde in der gleichen Angelegenheit wenige Tage später auch der dritte Sekretär gezwungen, das Land zu verlassen[23].

---

[21] 69 Rev. Gén. S. 102 (1965).

[22] 69 Rev. Gén. S. 105/6 (1965).

[23] 69 Rev. Gén. S. 470 ff. (1965).

Nr. 24. Am 7. März 1965 gegen 1 Uhr früh nahmen drei Kriminalbeamte der Mailänder Polizei den mehrfach wegen Schmuggels vorbestraften italienischen Staatsangehörigen Bruno Guiseppe *Mantovani* fest, als er ein Lokal in Lugano verließ. Nachdem sie ihn gefesselt hatten, entführten sie ihn in ihrem Auto in die italienische Enklave von Campione. Die Tessiner Polizei, die von Augenzeugen benachrichtigt worden war, wurde sofort bei den italienischen Behörden vorstellig. Mantovani wurde noch am gleichen Tag in die Schweiz zurückgebracht.

Am 9. März gab das Ministerium für Justiz und Polizei (Département fédéral de justice et police) folgendes Communiqué heraus: „... deux hauts fonctionnaires de police italiens ont présenté des excuses officielles pour la violation de la souveraineté territoriale suisse commise par leurs subordonnés et ont donné l'assurance que tout serait mis en oeuvre pour éviter le renouvellement de pareil incident, des mesures à l'encontre des fonctionnaires fautifs — qui ont agi à l'insu de leurs supérieurs — étant réservées[24]."

Nr. 25. Im September 1963 entführten Schweizer Polizisten den in der Schweiz wegen zahlreichen Vergehen gesuchten Arnold *Nobel* aus französischem Territorium. Arnold Nobel, der mehrmals auf spektakuläre Weise aus dem Gefängnis von Zürich ausgebrochen war, wurde von der Schweizer Polizei gesucht; zu diesem Zweck wurde dessen Familie ständig von der Polizei beschattet. Als am 14. September 1963 die Mutter von Nobel über die französische Grenze zum Bahnhof von Mulhouse fuhr, wurde sie dorthin von Schweizer Polizisten verfolgt. Nachdem dort, wie von den Polizisten erwartet, Nobel seine Mutter traf, nahmen die Schweizer Beamten ihn fest und führten ihn in ihrem Auto über die fränzösische Grenze nach Basel.

Erstaunlicherweise erhob die französische Regierung keinen diplomatischen Protest. Das mag zum Teil darauf zurückzuführen sein, daß gerade zu dieser Zeit der *Argoud-Fall* die deutsch-französischen Beziehungen erheblich belastete; andererseits ist es nicht völlig geklärt, inwieweit französische Stellen sich an der Aktion beteiligt hatten[25].

Nr. 26. Am 29. Oktober 1965 verschwand der 46jährige marokkanische Exilpolitiker und Oppositionsführer Mehdi *Ben Barka* unter mysteriösen Umständen aus Paris. *Ben Barka* galt als einer der Hauptwidersacher König *Hassans II von Marokko;* er war bereits zweimal in Abwesenheit zu Tode verurteilt worden. Auch waren in den letzten Jahren mehrere Anschläge auf sein Leben unternommen worden.

Unmittelbar nach Bekanntwerden des Vorfalls brachten französische Stellen den marokkanischen Innenminister *Oufkir* in Zusammenhang mit der Entführung. Der französische Außenminister Couve *de Murville* entsandte auf Anweisung des französischen Staatspräsidenten einen engen Mitarbeiter nach Marokko, der König *Hassan II* davon verständigen sollte, daß Frankreich entschlossen sei, die Angelegenheit rücksichtslos aufzuklären. Nachdem der französische Untersuchungsrichter Zollinger, der mit der Aufklärung der ‚Affaire' beauftragt worden war, einen internationalen Haftbefehl gegen den marokkanischen Innenminister *Oufkir* und seine zwei höchsten Mitarbeiter wegen angeblicher Mittäterschaft an der Entführung erlassen hatte, ver-

---

[24] 69 Rev. Gén. S. 834/5 (1965).

[25] 68 Rev. Gén. S. 202/3 (1964) und 69 Rev. Gén. S. 820 (1965).

schärfte sich die Krise zwischen Frankreich und Marokko. Mitte Januar 1966 wurde der französische Botschafter in Rabat, Robert Gillet, von der französischen Regierung zurückberufen; die marokkanische Regierung hat daraufhin gleichfalls ihren Botschafter in Paris, Prinz Moulay Ali, zurückberufen.

Bereits die ersten Nachforschungen des Untersuchungsrichters Zollinger ließen jedoch die internationale Seite der ‚Affaire' in den Hintergrund treten. Nachdem festgestellt worden war, daß die Entführung durch mehrere der Öffentlichkeit nicht bekannt gegebene Geheimdienste ausgeführt worden war, entwickelte sich der Vorfall zu einem innerfranzösischen Polizeiskandal. Zwei französische Polizeibeamte, der 49jährige Leiter der Abteilung Rauschgiftbekämpfung in der Polizeipräfektur, Louis *Souchon*, und sein 33 Jahre alter Mitarbeiter, Roger Voitot, gaben zu, *Ben Barka* am 29. Oktober 1965 in Paris aufgefordert zu haben, den Wagen des Entführungskommandos zu besteigen. Gleichzeitig wurde festgestellt, daß Angehörige des französischen Geheimdienstes (S.D.E.C.E.) maßgeblich an der Aktion beteiligt waren. Die Beteiligung des französischen Geheimdienstes führt dazu, daß das Kabinett eine erhebliche Umorganisation des Geheimdienstes vornahm; der bisherige Leiter, General Jacquiert, wurde durch General Gibaud abgelöst und der gesamte Geheimdienst der Kontrolle des Armeeministeriums unterstellt (bisher unterstand er direkt Ministerpräsident Pompidou).

Nach den aufsehenerregenden Ermittlungen des Untersuchungsrichters Zollinger, die allerdings das Verbleiben von *Ben Barka* nicht klären konnten, begann am 5. September 1966 vor dem Pariser Geschworenengericht der von ganz Frankreich mit Spannung erwartete Prozeß wegen der Entführung des marokkanischen Oppositionspolitikers Mehdi *Ben Barka*. Angeklagt waren unter anderen der leitende Angestellte des Flughafens Orly und Agent der französischen Geheimpolizei (S.D.E.C.E.) Antoine *Lopez* und die beiden französischen Polizeioffiziere Louis *Souchon* und Roger *Voitot*. Dieser Prozeß wurde am 18. Oktober nach den Plädoyers, unmittelbar vor der Urteilsfällung, unterbrochen, da sich der Chef der marokkanischen Sicherheitsbehörde, Ben Sassem *Dlimi*, gegen den in Abwesenheit verhandelt und geurteilt werden sollte, an diesem Tag dem Gericht in Paris stellte und nach seiner Verhaftung Rekurs gegen die Verhaftung und Verhandlung einlegte. Nach Rückweisung der Einsprüche durch die Strafkammer des Kassationsgerichtshofs in Paris am 1. Dezember 1966 konnte der Prozeß weitergeführt werden. Am 5. Juni fällte der Pariser Gerichtshof für das Département Seine nach 74 Verhandlungstagen, der Anhörung mehrerer hundert Zeugen, auf Grund von rund 5000 Dokumenten und in zwei Verfahren die Urteile im Ben Barka Prozeß.

Das erste Verfahren vor dem Geschworenengericht endete mit dem Freispruch für *Dlimi, El Mahi,* Roger *Voitot,* Marcel *Le Roy* genannt *Finville* und Philippe *Bernier,* während Antoine *Lopez* zu 8 und Louis *Souchon* zu 6 Jahren Zuchthaus verurteilt wurden. Die Verurteilungen erfolgten, weil den Angeklagten aktive Teilnahme an der Entführung *Ben Barkas* nachgewiesen werden konnte. Das Gericht konnte feststellen, daß *Ben Barka* am 29. Oktober 1965 auf dem Boulevard Saint Germain von den zwei Polizisten *Souchon* und *Voitot* unter dem Vorwand, zu einer Unterredung mit einer hochgestellten Persönlichkeit gebracht zu werden, aufgefordert wurde, in einen Polizeiwagen einzusteigen, in dem der Agent des französischen Geheimdienstes *Lopez* saß. Daneben konnte das Gericht lediglich noch ermitteln, daß *Ben Barka* anschließend in die Villa des Marokkaners *Boucheseiche* in Fontenaille-Vicomte verbracht und von dort in das Haus von *Lopez* verschleppt wurde.

Ob *Ben Barka* dort getötet oder von dort nach Marokko gebracht wurde, konnte nicht geklärt werden. Ungeklärt blieb auch das Ausmaß, in dem *Lopez* den Chefbeamten der Geheimpolizei, Marcel *Le Roy*, über die geplante Aktion informiert hatte, nachdem der französische Geheimdienst bei seinen Aussagen äußerste Zurückhaltung übte und sich auf Geheimnisschutz im Interesse der nationalen Verteidigung berief.

In einem zweiten Verfahren wurden die nicht vor Gericht erschienenen Angeklagten Mohammed *Oufkir*, Innenminister Marokkos, Larbi *Chtouki*, Chef der marokkanischen Geheimpolizei sowie die vier französischen Gangster Georges *Boucheseiche*, Jean *Palisse*, André *Dubail* und Julien *Le Ny* in absentiam zu lebenslänglichem Zuchthaus verurteilt. Da nach französischem Recht in absentiam Verurteilte im Falle ihrer Verhaftung einem neuen Prozeß unterworfen werden müssen, besteht durchaus die Möglichkeit, daß der Fall *Ben Barka* erneut vor Gericht kommt; nach den bisherigen Erfahrungen mit den vor Gericht vernommenen Zeugen muß allerdings die Hoffnung, das Schicksal von Ben Barka noch klären zu können, als äußerst gering bezeichnet werden[26].

Nr. 27. Beträchtliches Aufsehen in der Öffentlichkeit erregte das im Juli 1967 aufgedeckte Verschwinden von mindestens 17 südkoreanischen Staatsangehörigen aus der Bundesrepublik. Der Vorfall, der die diplomatischen Beziehungen zur Republik Korea merklich trübte, hat zu mehreren Anfragen im Deutschen Bundestag geführt. Bundesaußenminister *Brandt* hat in einer schriftlichen Antwort vom 11. August 1967 wie folgt Stellung genommen:

„Es trifft zu, daß in der Zeit vom 18. bis 29. Juni 1967 ohne Wissen deutscher Stellen im ganzen insgesamt siebzehn koreanische Staatsangehörige, darunter Studenten, Wissenschaftler, eine Krankenschwester und ein Arzt durch Angehörige des koreanischen Sicherheitsdienstes zur Ausreise nach Korea veranlaßt worden sind.

Auf den energischen Protest der Bundesregierung hin hat die Regierung der Republik Korea sich für diesen Vorfall in aller Form entschuldigt und versichert, daß sich derartiges in Zukunft nicht wiederholen werde und, unserer Forderung entsprechend, drei Angehörige ihrer Botschaft in Bonn abberufen.

Was die Rückkehr der siebzehn Koreaner nach Deutschland angeht, so steht das Auswärtige Amt hierüber in eingehenden Verhandlungen mit der koreanischen Botschaft. Bekanntlich ist die Rückkehr von sechs Personen bereits zugesagt, vier sind mittlerweile eingetroffen. Unsere Bemühungen zielen darauf ab, bald zu einer befriedigenden Regelung der Gesamtfrage zu kommen.

Gegenwärtig ist weder die sofortige Zurückberufung des deutschen Botschafters in Seoul noch die sofortige Einstellung von Hilfsmaßnahmen für Korea, insbesondere die Einstellung von Leistungen im Rahmen der Entwicklungshilfe, beabsichtigt. Neue Vorhaben werden allerdings vorläufig nicht in Angriff genommen.“

---

[26] Zum ganzen Vorfall vgl. die Dokumentation in 36 Archiv der Gegenwart, 12244 B, 12344 A, 12345 A, 12416 C, 12780 B, 12811 C, 12856 A (1966/67). Die „Affaire“ Ben Barka beschäftigte ab November 1965 die gesamte französische Presse, die fast täglich Berichte über den Gang der Ermittlungen brachte.

Inzwischen hat die Bundesanwaltschaft beim Bundesgerichtshof die Ermittlungen aufgenommen. Die Ermittlungen sind noch nicht abgeschlossen. Der Bundesinnenminister wird dem Parlament demnächst einen zusammenfassenden Bericht vorlegen[27].

---

[27] Vgl. Deutscher Bundestag, 5. Wahlperiode, Drucksache V/2026, V/2059, Deutscher Bundestag, 5. Wahlperiode, 135. Sitzung, Drucksache V/2268, Deutscher Bundestag, 5. Wahlperiode, Drucksache V/2072, S. 5, S. 24—26.

Literaturverzeichnis

Abendroth, W.: Asylrecht, Strupp-Schlochauer, Wörterbuch des Völkerrrechts, Bd. I, S. 89—93.

Accioly, H.: Principes généraux de la responsabilité internationale, 96 Rec. d. C., S. 353—436 (1959).

— Das Asylrecht, 9 Archiv des Völkerrechts, S. 289—293 (1961/62).

Affaire Argoud: Collection Les Chemins Du Réel, Paris, Edition du Fuseau, 1964.

Ago, R.: Le délit international, 68 Rec. d. C., S. 417—484 (1939). Zit.: Ago, Délit.

— Das Verschulden im völkerrechtlichen Unrecht, 20 Z. ö. R., S. 449 ff. (1940). Zit.: Ago, Verschulden.

Akademie der Wissenschaften der UdSSR: Völkerrecht, Hamburg 1960.

Anzilotti, D.: La responsabilité internationale des Etats à raison des dommages soufferts par des étrangers, 13 Rev. gén., S. 5—29 und 285—309 (1906).

— Opere, I, Corso di diritto internazionale, Padova 1955. Zit.: Anzilotti, Corso.

— Opere, II, Bd. 1, Scritti di diritto internazionale pubblico, Padova 1956. S. 1—147: Teoria generale della responsibilità dello Stato nel diritto internazionale. Zit.: Anzilotti, Teoria.

— Opere, II, Bd. 2, Scritti di diritto internazionale pubblico, Padova 1957. S. 207—219: Estradizione in transito e diritto d'asilo.

Aroneanu, E.: L'arrestation d'Eichmann et le droit international, 16 Revue de défense nationale, S. 1444—1456 (1960).

Baade, H. W.: The Eichmann Trial: Some Legal Aspects, Duke Law Journal, S. 400—420 (1961).

Balladore-Pallieri, G.: Diritto internazionale pubblico, Milano 1962. Zit.: Balladore-Pallieri, Dir. Int.

von Bar, L.: Lehrbuch des internationalen Privat- und Strafrechts, Stuttgart 1892.

— La personne extradée peut — elle être poursuivie à raison d'un fait punissable non prévue lors de l'extradition? 9 Revue de Droit International, S. 5—17 (1877).

Barth, W.: Das völkerrechtliche Delikt, Marburg 1932.

Basdevant, J.: Règles générales du droit de la paix, 58 Rec. d. C., S. 475—691 (1936).

Benjamin, F.: Haftung der Staaten aus dem Verschulden seiner Organe nach Völkerrecht, Breslau 1908.

Berber, F.: Lehrbuch des Völkerrechts, Bd. I—III, München 1960—1964. Zit.: Berber, I, II, III.

Berezowski, C.: Les sujets non-souverains du droit international, 65 Rec. d. C., S. 5—84 (1938).

Bezirksgericht Jerusalem Strafakt 40/61 (Urteil und Sitzungsprotokolle in dem Strafverfahren gegen Adolf Eichmann).

Bishop, W. W.: International Law, Cases and Materials, New York 1953. Zit.: Bishop, Int. Law.

Bissonnette, P. A.: La satisfaction comme mode de réparation en droit international, Genève 1952. Zit.: Bissonnette, Satisfaction.

Blühdorn, R.: Einführung in das angewandte Völkerrecht, Wien 1934.

Bolesta-Koziebrodzki, L.: Le droit d'asile, Leyde 1962.

Borchard, E. M.: Theoretical Aspects of the International Responsibility of States, 1 ZaöRV, S. 223—250 (1929).

— The Diplomatic Protection of Citizens Abroad, New York, 1915. Zit.: Borchard, Dipl. Protection.

Bourquin, M.: Règles générales du droit de la paix, 35 Rec. d. C., S. 5—229 (1931).

Brierly, J. L.: The Theory of Implied State Complicity in International Law, 9 Br. Y., S. 42—49 (1928).

— Le fondement du caractère obligatoire du droit international, 23 Rec. d. C., S. 467—549 (1928).

— The Law of Nations, Oxford 1963.

Briggs, H. W.: The Law of Nations, Cases, Documents and Notes, London 1953. Zit.: Briggs, Law of Nations.

Brownlie, I.: The individual before tribunals exercising international jurisdiction, 11 Int. Comp. L. Q., S. 701—720 (1962).

Burckhardt, W.: Die völkerrechtliche Verantwortung der Staaten, Bern 1924. Zit.: Burckhardt, Verantwortlichkeit.

— Schweizerisches Bundesrecht, I, Frauenfeld 1930.

Buxbaum, H.: Das völkerrechtliche Delikt, Erlangen 1915.

Bernard, P.: Traité théorique et pratique de l'extradition, Bd. I und II, Paris 1883.

Cardozo, M. H.: When extradition fails, is abduction the solution, 55 A. J., S. 127—135 (1961).

Carlebach, A.: Le problème de la faute et sa place dans la norme du droit international, Paris 1962.

Caicedo Castilla, J.: El derecho de asilo, lo Revista española, S. 446—464 (1957).

Castillo, J. G.: El acto ilícito internacional, 3 Revista española, S. 121—144 (1950).

Cavaglieri, A.: Règles générales du droit de la paix, 26 Rec. d. C., S. 315—583 (1929).

— Lo stato di necessità nel diritto internazionale, Roma 1917.

Cavaré, L.: Le droit international public positif, Bd. I und II, Paris 1961 bis 1962. Zit.: Cavaré, Droit Int.

— Les sanctions dans le cadre de l'O.N.U., 80 Rec. d. C., S. 195—289 (1952).

Cheng, Bin.: General Principles of Law as applied by International Courts and Tribunals, London 1953. Zit.: Bin Cheng, Gen. Princ.

Chronique de l'Afrique du Sud: L'affaire Ganyile, Commission Internationale de Juristes, Genève 1962.

Clunet, E.: Questions de droit relatives à l'incident franco-allemand de Pagny (Affaire Schnaebelé) Paris 1887.

Cocatre-Zilgien, A.: L'affaire Argoud, Paris 1965.

Cohn, G.: La théorie de la responsabilité internationale, 68 Rec. d. C., S. 209 bis 324 (1939).

Dahm, G.: Völkerrecht, Bd. I—III, Stuttgart 1958—1961. Zit.: Dahm, I, II, III.

Decroq, A.: La livraison des délinquants en dehors du droit commun de l'extradition, 53 Revue critique de droit international privé, S. 411—440 (1964).

Delius, H.: Das Auslieferungsrecht, Hannover 1899.

Dickinson, E. D.: Jurisdiction following seizure or arrest in violation of international law, 28 A. J., S. 231—245 (1934).

Doehring, K.: Die Pflicht des Staates zur Gewährung diplomatischen Schutzes, Köln und Berlin 1959.

— Die allgemeinen Regeln des völkerrechtlichen Fremdenrechts und das deutsche Verfassungsrecht, Köln und Berlin 1963.

— Restitutionsanspruch, Asylrecht und Auslieferungspflicht im Fall Argoud, 25 ZaöRV, S. 209—222 (1965).

— Asylrecht und Staatschutz, 26 ZaöRV, S. 33—56 (1966).

Domke, L.: Individualansprüche für völkerrechtliche Deliktshaftung, Schweizer Juristenzeitung, S. 2—6 (1962).

Donnedieu de Vabres, H.: Les principes modernes du droit pénal international, Paris 1928.

Drost, P. N.: Human Rights as Legal Rights, Leiden 1951.

Dunn, F. S.: The Protection of Nationals, Baltimore 1932.

Eagleton, C.: L'organisation internationale et le droit de la responsibilité, 76 Rec. d. C., S. 321—425 (1950).

— The Responsibility of States, New York 1928.

Eustathiades, C. Th.: Les sujets du droit international et la responsabilité internationale, 84 Rec. d. C., S. 401—625 (1953).

Evans, A. E.: Acquisition of custody over international fugitive offender — alternations to extradition: a survey of United States practice, 40 Br. Y., S. 77—104 (1964).

Fairman, Ch.: Ker v. Illinois revisted, 47 A. J., S. 678—686 (1953).

Fauchille, P.: Traité de droit international public, Bd. I, 1, Paris 1922.

Fawcett, J. E. S.: The Eichmann Case, 38 Br. Y., S. 181—215 (1962).

Fenwick, Ch. G.: International Law, New York 1948.

Fitzmaurice, G.: The General Principles of International Law, 92 Rec. d. C., S. 1—223 (1957).

Freeman, A. V.: The International Responsibility of States for Denial of Justice, London—New York—Toronto 1938. Zit.: Freeman, Responsibility.

— Responsibility of States for Unlawful Acts of their Armed Forces, 88 Rec. d. C., S. 267—415 (1955).

Le Fur, L.: Règles générales du droit de la paix, 54 Rec. d. C., S. 5—307 (1935).

Furgler, K.: Grundprobleme der völkerrechtlichen Verantwortlichkeit der Staaten unter besonderer Berücksichtigung der Haager Kodifikationskonferenz sowie der Praxis der Vereinigten Staaten und der Schweiz, Zürich 1948. Zit.: Furgler, Grundprobleme.

García-Amador, F. V.: State Responsibility, Some New Problems, 94 Rec. d. C., S. 369—491 (1958).

— State Responsibility in the Light of New Trends of International Law, 49 A. J., S. 339—346 (1955).

Garcia-Mora, M. R.: International Law and Asylum as a Human Right, Washington 1956.

— International Responsibility for Hostile Acts of Private Individuals against Foreign States, The Hague 1962.

— Criminal Jurisdiction of a Court over Fugitives Brought from a Foreign Country by Force or Fraud: A Comparative Study, 32 Indiana Law Journal, S. 427—449 (1957).

Geck, W. K.: Der Anspruch des Staatsbürgers auf Schutz gegenüber dem Ausland nach deutschem Recht, 17 ZaöRV, S. 476—545 (1956/57).

— Hoheitsakte auf fremdem Staatsgebiet, Strupp-Schlochauer, Wörterbuch des Völkerrechts, Bd. I, S. 795/96.

Giraud, E.: La théorie de la légitime défense, 49 Rec. d. C., S. 691—865 (1934).

Green, L. C.: Recent Practice in the Law of Extradition, 6 Current Legal Problems, S. 274—296 (1953).

— The Eichmann Case, 23 Modern Law Review, S. 507—515 (1960).

— Legal Issues of the Eichmann Trial, 37 Tulane Law Review, S. 641 ff. (1962/63).

Guggenheim, P.: Lehrbuch des Völkerrechts, Bd. I und II, Basel, 1948—1951.

— Traité de droit international public, Bd. I und II, Genève 1953—1954. Zit.: Guggenheim, Traité.

— La validité et la nullité des actes juridiques internationaux, 74 Rec. d. C., S. 193—268 (1949).

Hackworth, G. H.: Digest of International Law, Bd. I—VIII, Washington 1940 bis 1944. Zit.: Hackworth, Digest.

Hambro, E.: Auslieferungspflicht und Asylrecht, 73 Zeitschrift für die gesamte Strafrechtswissenschaft. Mitteilungsblatt der Fachgruppe Strafrecht, S. 657—668 (1961).

von Hamel, M. J.-A.: Les principes du droit d'extradition et leur application dans l'affaire Savarkar, 13 Revue de Droit Internationale, S. 370—403 (1911).

Harvard Law School: Jurisdiction with respect to crime. Draft Convention with comment. 29 A. J., S. 439—651 (1935, supplement).

Hatscheck, J.: Das Völkerrecht als System rechtlich bedeutsamer Staatsakte, Leipzig 1923.

Heffter, A. W.: Das Europäische Völkerrecht, Berlin 1888.

Heilborn, P.: System des Völkerrechts, Berlin 1896.

— Deliktsschuld und Erfolgshaftung im Völkerrecht, 7 Z. ö. R., S. 1—10 (1927/28).

Hyde, Ch. Ch.: International Law, chiefly as interpreted and applied by the United States, Bd. I—III, Boston 1942. Zit.: Hyde, Int. Law.

Hoffmann. G.: Strafrechtliche Verantwortung im Völkerrecht, Frankfurt/ Main und Berlin, 1962.

Jescheck, H. H.: Die Verantwortlichkeit der Staatsorgane nach Völkerstrafrecht, Bonn 1952.

Jess, A.: Politische Handlungen Privater gegen das Ausland und das Völkerrecht, Breslau 1923. Zit.: Jess, Polit. Handlungen.

Jessup, Ph. C.: Responsibility of States for Injuries to Individuals, 46 Columbia Law Review, S. 904 f. (1946).

— A Modern Law of Nations, New York 1950.

Kaufmann, E.: Règles générales du droit de la paix, 54 Rec. d. C., S. 313—615 (1935).

Katzarov, K.: Hat der Bürger ein Recht auf diplomatischen Schutz, 8 Österr. ZöR, S. 434—448 (1957).

Kelsen, H.: Unrecht und Unrechtsfolge im Völkerrecht, 12 Z. ö. R., S. 481—608 (1932). Zit.: Kelsen, Unrecht.

— Principles of International Law, New York 1956. Zit.: Kelsen, Principles.

— General Theory of Law and State, Cambridge 1949. Zit.: Kelsen, General Theory.

Kimminich, O.: Der internationale Rechtsstatus des Flüchtlings, Köln—Berlin—Bonn—München 1962.

— Anmerkung zu Artikel 16 Grundgesetz in Kommentar zum Bonner Grundgesetz (Bonner Kommentar), Hamburg, Stand Juni 1966.

— Zur Theorie der immanenten Schranken des Asylrechts, 20 Juristenzeitung, S. 739—745 (1965).

Kirchner, C.: Der Fall Argoud und das Auslieferungsrecht, Neue Juristische Wochenschrift, 1964, S. 853/854.

Kiss, Ch.-A.: Répertoire de la pratique française en matière de droit international public, Bd. I—IV, Paris 1962—1965. Zit.: Kiss, Répertoire.

Kitschenberg, H.: Das diplomatische Asyl unter besonderer Berücksichtigung des Asylstreits zwischen Kolumbien und Peru, Köln 1965. Zit.: Kitschenberg, Das diplomatische Asyl.

Klein, F.: Sanktion, Strupp-Schlochauer, Wörterbuch des Völkerrechts, Bd. III, S. 158—162.

Korowicz, M. St.: Introduction to International Law, The Hague 1959.

Kuhn, M.: Verschuldens- oder Verursachungshaftung der Staaten im allgemeinen Völkerrecht, Frankfurt/Main 1961. Zit.: Kuhn, Verschuldenshaftung.

Lais, R.: Die Rechtsfolgen völkerrechtlicher Delikte, Berlin 1932.

Lammasch, H.: Auslieferungspflicht und Asylrecht, Leipzig 1887.

Lange, R.: Grundfragen des Auslieferungs- und Asylrechts, Karlsruhe 1953.

Lapradelle, A. de et *Politis*, N.: Recueil des arbitrages internationaux, Paris 1905. Zit.: Lapr.-Pol.

Lasok, D.: The Eichmann Trial, 11 Int. Comp. L. Q., S. 355—374 (1962).

Lauterpacht, H.: Règles générales du droit de la paix, 62 Rec. d. C., S. 99 bis 419 (1937).

— Recognition in International Law, Cambridge 1948.

— International Law and Human Rights, London 1950.

Lévy, D.: La responsabilité pour omission et la responsabilité pour risque en droit international public, 65 Rev. Gén., S. 744—766 (1961).

von Liszt, F.: Das Völkerrecht, Berlin 1918.

Marchand, D.: Entführungen auf fremdem Staatsgebiet, 7 Journal der Internationalen Juristenkommission, S. 270—298 (1966).

McGibbon, I. L.: Some Observations on the Part of Protest in International Law, 30 Br. Y., S. 293—319 (1953).

— The Scope of Acquiescence in International Law, 31 Br. Y., S. 143—186 (1954).

— Customary International Law and Acquiescence, 33 Br. Y., S. 115—145 (1957).

McNair, Lord: International Law Opinions, Bd. I—III, Cambridge 1956. Zit.: McNair, Law Opinions.

Meron, Th.: International Responsibility of States for Unauthorized Acts of their Officials, 33 Br. Y., S. 85—114 (1957).

Meyer, H.: Die Einlieferung, Bonn 1953.

Meyer-Lindenberg, H.: Die Menschenrechte im Völkerrecht, Berichte der deutschen Gesellschaft für Völkerrecht, Heft 4, S. 84—122 (1961).

Moore, J. B.: A Treatise on Extradition and Interstate Rendition, Bd. I, Boston 1891.

— A Digest of International Law, Bd. I—VIII, Washington 1906. Zit.: Moore, Digest.

Moreno Quintana, L. M.: Derecho de asilo, Buenos Aires 1952.

Morgenstern, F.: Extraterritorial Asylum, 25 Br. Y., S. 236—261 (1948).

— Asylum for War Criminals, Quislings and Traitors, 25 Br. Y., S. 382 bis 386 (1948).

Morgenstern, F.: The Right of Asylum, 26 Br. Y., S. 327—357 (1949).

— Jurisdiction in Seizures Effected in Violation of International Law, 29 Br. Y., S. 265—282 (1952).

Mosler, H.: L'application du droit international public par les tribunaux nationaux, 91 Rec. d. C., S. 619—710 (1957).

— Die Erweiterung des Kreises der Völkerrechtssubjekte, Berichte der deutschen Gesellschaft für Völkerrecht, Heft 4, S. 39—79 (1957).

Mountague Bernard, M. A.: A Historical Account of the Neutrality of Great Britain During the American Civil War, London 1870.

von Münch, I.: Das völkerrechtliche Delikt in der modernen Entwicklung der Völkerrechtsgemeinschaft, Frankfurt/Main 1963. Zit.: I. v. Münch, Delikt.

O'Higgins, P.: Unlawful Seizure and Irregular Extradition, 36 Br. Y., S. 279 bis 320 (1960).

Oppenheim, L. — *Lauterpacht,* H.: International Law, Bd. I, London—New York—Toronto 1955. Zit.: Opp.-Lauterpacht.

Papadatos, P. A.: Le procès Eichmann, Genève 1964.

Parry, C.: Some Considerations upon the Protection of Individuals in International Law, 90 Rec. d. C., S. 657—824 (1956).

Perret, R.-L.: De la faute et du devoir en droit international, Zürich 1962.

Personnaz, J.: La réparation du préjudice en droit international public, Paris 1939. Zit.: Personnaz, Réparation.

Pinto, R.: La prescription en droit international, 87 Rec. d. C., S. 390—452 (1955).

Plumb, W. T. jr.: Illegal Enforcement of the Law, 24 Cornell Law Quarterly, S. 337—393 (1939).

Podestá Costa, L. A.: Manual de derecho internacional público, Buenos Aires 1947.

Politis, N.: Le problème des limitations de la souveraineté et la théorie de l'abus des droits dans les rapports internationaux, 6 Rec. d. C., S. 5—116 (1925).

Quadri, R.: Diritto internazionale pubblico, Palermo 1960.

Reale, E.: Le droit d'asile, 63 Rec. d. C., S. 473—599 (1938).

Reitzer, L.: La réparation comme conséquence de l'acte illicite en droit international, Paris 1938. Zit.: Reitzer, Réparation.

Reutter, P.: Principes de droit international public, 103 Rec. d. C., S. 425—655 (1961).

Rivier, A.: Principes de droit des gens, Bd. I, Paris 1896.

Robin, R.: Un différend franco-anglais (affaire Savarkar), 18 Rev. Gén., S. 303—352 (1911).

Rogat, Y.: The Eichmann Trial and the Rule of Law, Center for the Study of Democratic Institutions, Santa Barbara, California 1961.

Ronning, C. N.: Diplomatic Asylum, The Hague 1965.

Ronzitti, N.: La cattura di un individuo all'estero: in margine al caso Argoud, 48 Rivista, S. 64—79 (1965).

Ross, A.: A Textbook of International Law, London—New York—Toronto 1947. Zit.: Ross, Textbook.

Roth, A. H.: Das völkerrechtliche Delikt vor und in den Verhandlungen auf der Haager Kodifikationskonferenz von 1930, Leipzig 1932. Zit.: Roth, Delikt.

— The Minimum Standard of International Law Applied to Aliens, Leiden 1949.

Roulet, J. D.: Le caractère artificiel de la théorie de l'abus de droit en droit international public, Neuchâtel 1958.

Rousseau, Ch.: Droit International Public, Paris 1953.

— Droit International Public Approfondi, Paris 1961. Zit.: Rousseau, Droit Int. Appr.

Salvioli, G.: Les règles générales de la paix, 46 Rec. d. C., S. 5—163 (1933).

Sauer, E.: Grundlehre des Völkerrechts, Berlin 1955. Zit.: Sauer, Grundlehre.

Sauer, W.: System des Völkerrechts, Bonn 1952. Zit.: Sauer, System.

Sarkar, L.: The Proper Law of Crime in International Law, 11 Int. Comp. L. Q., S. 446—470 (1962).

Schick, W.: Der Abschiebungs- und Übernahmeverkehr, 27 Monatsschrift der Vereinigung Deutscher Auslandsbeamten, S. 370—380 (1964).

Schüle, A.: Völkerrechtliches Delikt, Strupp-Schlochauer, Wörterbuch des Völkerrechts, Bd. I, S. 326—339.

— Rechtsmißbrauch, Strupp-Schlochauer, Wörterbuch des Völkerrechts, Bd. III, S. 69—71.

Scelle, G.: Précis de droit des gens, Paris 1932. Zit.: Scelle, Précis.

Schoen, P.: Die völkerrechtliche Haftung der Staaten aus unerlaubten Handlungen, Breslau 1917. Zit.: Schoen, Haftung.

Schroeder, E.: Die Grenzen der staatlichen Verantwortlichkeit für Handlungen von Staatsorganen im völkerrechtlichen Verkehr, Zürich 1939.

de Schutter, B.: Competence of National Judiciary Power in Case the Accused Has Been Unlawfully Brought within the National Frontiers, the Case of A. Argoud, 1 Rev. Belge, S. 88—124 (1965).

Schwarzenberger, G.: International Law, as Applied by International Courts and Tribunals, Bd. I, 1, London 1957. Zit.: Schwarzenberger, Int. Law.

— The fundamental Principles of International Law, 87 Rec. d. C., S. 195 bis 384 (1955).

Scott, A. W. jr.: Criminal Jurisdiction of a State over a Defendant Based upon Presence Secured by Force or Fraud, 37 Minnesota Law Review, S. 91—107 (1953).

Seidl-Hohenveldern, I.: Völkerrecht, Bd. I, Köln—Berlin—München-Bonn, 1965. Zit.: Seidl-Hohenveldern.

— Transformation or Adoption of International Law into Municipal Law, 12 Int. Comp. L. Q., S. 88—124 (1963).

Seidl-Hohenveldern, J.: Die völkerrechtliche Haftung für Handlungen internationaler Organisationen im Verhältnis zu Nichtmitgliedstaaten, 11 Österr. ZöR, S. 497 f. 1961.

— Völkerrechtswidrige Akte fremder Staaten vor innerstaatlichen Gerichten, Festschrift 150 Jahre Carl Heymanns Verlag KG, Köln—Berlin—Bonn—München 1965, S. 591—619.

Sibert, M.: Traité de droit international public, Bd. I, Paris 1951.

Silving, H.: In re Eichmann: A Dilemma of Law and Morality, 55 A. J., S. 307—358 (1961).

Soldati, A.: La responsabilité des Etats dans le droit international, Paris 1934. Zit.: Soldati, Responsabilité.

Sørensen, M.: Principes de droit international public, 101 Rec. d. C., S. 1—251 (1960).

Sperduti, G.: L'invividu et le droit international, 90 Rec. d. C., S. 729—824 (1956).

Starke, J. G.: An Introduction to International Law, London 1954. Zit.: Starke, Introduction.

— Imputability in International Delinquencies, 19 Br. Y., S. 104—117 (1938).

— Studies in International Law, London 1965.

Strupp, K.: Das völkerrechtliche Delikt, Berlin—Stuttgart—Leipzig 1920. Zit.: Strupp, Delikt.

— Die völkerrechtliche Haftung des Staates, insbesondere bei Handlungen Privater, Kiel 1927.

Strupp, K. — *Schlochauer*, H. J.: Wörterbuch des Völkerrechts, Bd. I—III, Berlin 1960—1962. Zit.: W. d. V.

Suy, E.: Les actes juridiques unilatéraux en droit international public, Paris 1962.

Torres Gigena, C.: Asilo diplomatico, Buenos Aires 1960.

Travers, M.: Des arrestations au cas de venue involontaire sur le territoire, XIII Revue de droit international privé et de droit pénal international, S. 627—646 (1917).

— Le droit pénal international, Bd. I—V, Paris 1920—1922.

Triepel, H.: Völkerrecht und Landesrecht, Leipzig 1899.

Tunkin, G. J.: Alcuni nuovi problemi della responsibilità dello stato ne diritto internazionale, 11 Communicazioni e Studi, S. 3—49 (1960/62).

Verdross, A.: Völkerrecht, Wien 1964. Zit.: Verdross.

— Le fondement du droit international, 16 Rec. d. C., S. 251—321 (1927).

— Die mehrfache Bedeutung des diplomatischen Schutzrechtes, 86 Juristische Blätter (Wien), S. 581—583 (1964).

de Visscher, Ch.: La responsabilité des Etats, Bibliotheca Visseriana, tomus secundus, Leiden 1924.

Vitta, E.: La responsibilità internazionale dello Stato per atti legislativi, Milano 1953.

— Responsabilidad de los estados, 12/13 Revista española, S. 11—29 (1959/60).

Wengler, W.: Völkerrecht, Bd. I—II, Berlin—Göttingen—Heidelberg 1964. Zit.: Wengler.

Winnefeld, H.: Der Auslieferungsverkehr und der Rechtshilfeverkehr in Strafsachen zwischen der Bundesrepublik und dem Ausland, 28 Monatsschrift der Vereinigung Deutscher Auslandsbeamten, S. 101—129 (1965).

Woetzel, R.: The Nuremberg Trials in International Law with a Postlude on the Eichmann Case, London 1962.

Zellweger, E.: Die völkerrechtliche Verantwortung des Staates für die Presse, Zürich 1949.

FSC
www.fsc.org
MIX
Papier | Fördert gute Waldnutzung
FSC® C083411

Kolibri 360 GmbH
Ferdinand-Jühlke-Straße 7
99095 Erfurt, Deutschland
produktsicherheit@kolibri360.de

Druck:
CPI Druckdienstleistungen GmbH
im Auftrag der
Kolibri 360 GmbH
Ferdinand-Jühlke-Str. 7
99095 Erfurt